Sarah Böhm

FOTO-STREIFZÜGE DURCH DIE NATUR

humboldt

INHALT

VORWORT

12 Jahre ist es nun her, dass ich das erste Mal bewusst ein Foto schoss. Nach einem Familienurlaub in Norwegen und der Sichtung der Fotos, die zumeist eher misslungen waren, beschäftigte ich mich mit der Frage,

- wie man fantastische Lichtstimmungen authentischer festhalten kann,
- wie man eine Fliege im Garten so groß abbildet, dass man sogar die Facettenaugen erkennt
- und vor allem, wie man es schafft, heimische Wildtiere aufzuspüren und ein scharfes Foto von ihnen als Andenken an die Begegnung mit nach Hause zu bringen.

Damals half mir das Forum für Naturfotografen (naturfotografen-forum.de) sehr, die angelesenen Techniken umzusetzen und neue Ideen kreativer darzustellen. In diesem Forum im Netz tummeln sich Anfänger, Hobbyfotografen und auch professionelle Fotografen, die auf der Plattform Bilder einstellen und sie besprechen. Schnell wurde die Fotografie ein wichtiger Bestandteil meines Lebens, und ich ließ keine Gelegenheit aus, um mich zu verbessern. Dabei verbrachte ich viel Zeit in der heimischen Natur, lernte über die Tier- und Pflanzenwelt dazu und hatte dort Zeit zum Nachdenken und Runterfahren. Gerade in der stressigsten Zeit in meinem Leben, im Tiermedizinstudium, half mir dies ungemein, um auf andere Gedanken zu kommen und mich wieder neu zu fokussieren.

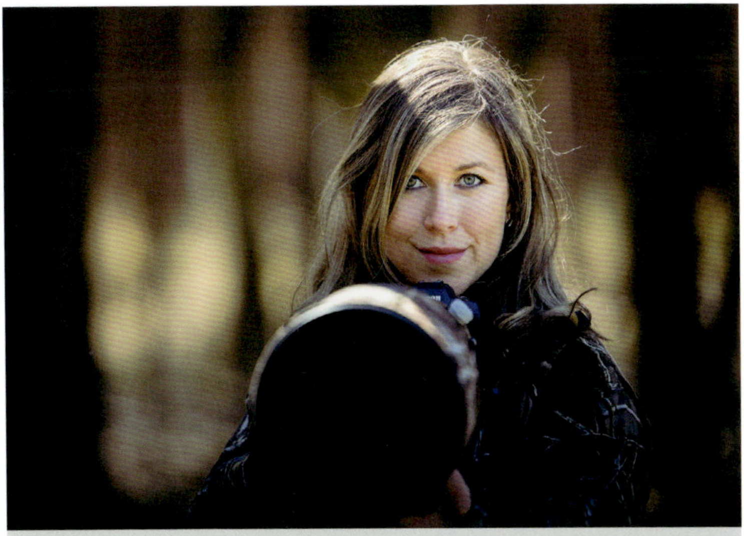

Die Fotografie ist meine Leidenschaft.

In den letzten Jahren stellte ich mir dabei oft die Frage, was ein gutes Foto wirklich ausmacht, und kam zu dem Schluss, dass es zwar bestimmte Regeln und Vorgaben gibt, an die man sich halten kann, dass aber am Ende immer der Geschmack des Betrachters entscheidet. Für den einen ist ein klassisches Tierporträt am schönsten, der andere sieht im Lebensraumbild eines Tieres mehr Spannung. Wichtig ist also, dass einem das eigene Foto gefällt und man versucht, seinem Weg zu folgen.

Ich möchte dir mit diesem Buch dabei helfen, deinen Weg zu finden und dir die ersten Bausteine für schöne Naturfotos mitgeben. Gemeinsam werden wir die Technik der Fotografie erforschen, uns von Bildgestaltungsmöglichkeiten inspirieren lassen und schlussendlich in den Workshops die Kamera zücken und in der Natur üben, üben, üben.

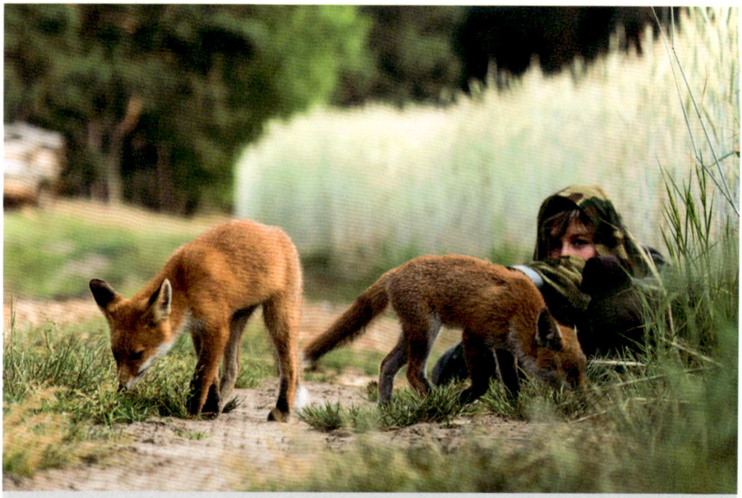

Den Wildtieren ganz nah

Über mich

Ich wurde 1989 in Frankfurt (Oder) geboren und lebte danach im schönen Brandenburg. Nachdem ich mein Tiermedizinstudium in Berlin absolviert hatte, verschlug es mich nach Neuruppin. Seither arbeite ich dort als amtliche Tierärztin und setze mich privat für den Tier- und Naturschutz ein. In meiner Heimat, dem Schlaubetal, bin ich Gründungsmitglied des „Fördervereins Schlaubetal e. V.“, der sich für den Schutz der heimischen Natur des Naturparks einsetzt.

Während meiner Studienzeit entdeckte ich die Naturfotografie für mich, und seither fotografiere ich neben meiner Arbeit in jeder freien Minute draußen in der heimischen Natur. Ich brachte mir die Fotografie selbst bei und lernte dabei vor allem von anderen Fotografen.

Vor einigen Jahren wurde ich durch die Fotografie auf das Thema „Rehkitzrettung mittels Wärmebilddrohne“ aufmerksam und gründete 2021 den Verein „Kitzrettung OPR e. V.“. Außerdem bin ich Mitglied der GDT (Gesellschaft für Naturfotografie) und bringe jährlich einen regionalen Kalender mit Fotos aus meiner Heimat heraus. Wenn du mehr über mich und meine Arbeit als Fotografin erfahren möchtest, dann schau gerne in den sozialen Netzwerken vorbei:

- Facebook: Sarah Böhm – Fotografie
- Instagram: sarah_boehm_photography

Erläuterung deines Ratgebers

In diesem Buch wirst du zuerst einen Überblick über die Technik deiner Kamera erhalten, denn gerade das bereitet zu Beginn oft Schwierigkeiten. Aber keine Sorge: Es ist gar nicht so kompliziert, wie es auf den ersten Blick scheint! Ich empfehle dir, zusätzlich das Handbuch deiner Kamera zur Hand zu nehmen, denn dort finden sich viele wichtige Details zu den Einstellmöglichkeiten und der Bedienung deines Kameramodells.

HINWEIS

Meistens beziehe ich mich bei den Angaben zur Technik auf das Equipment von Canon, da ich selbst damit arbeite. Jeder Hersteller hat seine Eigenheiten und teilweise eigene Bezeichnungen für bestimmte Elemente. Daher besteht keine Garantie auf Vollständigkeit.

Nach der Technik wird es künstlerisch, denn bei den Grundlagen der Fotografie dreht sich alles um die richtige Inszenierung deines Motivs. Das ist ein entscheidender Punkt, denn mit dem passenden Bildaufbau und der richtigen Gestaltung kannst du ganz bewusst eine bestimmte Bildwirkung vermitteln.

Es folgt ein kleiner Ausflug in die Bildbearbeitung, aber dieses Thema reißen wir nur an, da es sonst den Rahmen sprengen würde.

Es gibt viele Möglichkeiten, Bilder nachzubearbeiten. Für authentische Naturfotos benötigst du jedoch lediglich ein paar wenige, grundlegende Handgriffe.

Im Workshopteil erkunden wir die unterschiedlichen Bereiche der Fotografie und kommen von der Theorie in die Praxis. Es wird zu jedem Bereich mehrere Übungen mit Beispielbildern geben, und am Ende jeder Übung gibt es noch einen persönlichen Tipp von mir!

Ich wünsche dir nun viel Spaß beim Lesen, Lernen und Ausprobieren!

DIE PASSENDE AUSRÜSTUNG

Vielleicht bist du schon im Besitz einer Kameraausrüstung, vielleicht stehst du noch ganz am Anfang und überlegst dir gerade, welches Equipment dich zukünftig begleiten soll. Im ersten Kapitel dreht sich deshalb alles um unterschiedliche Kameratypen, Objektive, Filter und andere nützliche Hilfsmittel – für einen gut durchdachten Start in die Naturfotografie.

Auswahl des Equipments

Der Markt bietet mittlerweile viele Systeme, derer man sich bedienen kann. Doch entscheidet man sich nun für eine Bridgekamera oder soll es doch eine Systemkamera werden? Welche Objektive benötigt man für welchen Einsatzbereich? Die jeweiligen Antworten hängen von mehreren Faktoren ab, die man vor dem Kauf berücksichtigen sollte. Stelle dir deshalb zunächst folgende Fragen:

- Wie viel an Gewicht möchtest und kannst du auf den Touren mitnehmen?
- Möchtest du dich sowohl in der Landschafts-, als auch der Makro- und Tierfotografie ausprobieren oder konzentrierst du dich lieber auf einen Bereich?
- Wie viel möchtest du für dein Equipment ausgeben?

Um diese Fragen zu beantworten und die für dich passende Wahl zu treffen, stelle ich dir im Folgenden unterschiedliche Kameras, Objektive und weiteres Zubehör vor.

Kamera

Um zu entscheiden, welche Kamera du nutzen möchtest, solltest du beachten, dass davon auch die Objektivwahl abhängt. Verschiedene Hersteller wie Canon, Nikon, Sony, Fuji oder Olympus bieten eine große Auswahl an Kameras und Objektiven an. Die Wahl deiner Kamera entscheidet also automatisch über einen Großteil des restlichen Equipments.

Kamerasysteme

Insgesamt gibt es drei unterschiedliche Kamerasysteme: Kompaktkameras, Bridgekameras und Systemkameras, wobei Letztere noch einmal unterteilt sind in Spiegelreflex- und spiegellose Kameras. In den folgenden Abschnitten erfährst du mehr über die einzelnen Kamerasysteme.

Kompaktkameras sind klein und leicht, bieten jedoch nicht sehr viele Einstellungsmöglichkeiten. Sie besitzen einen recht kleinen Sensor, einen kleinen Zoombereich und liefern eine eher niedrige Bildqualität, sind dafür aber günstig in der Anschaffung. Man sollte allerdings beachten, dass bei einer Kompaktkamera keine Objektive gewechselt werden können.

Wie der Name schon verrät, handelt es sich bei einer **Bridgekamera** um eine „Brücke“, also eine Art Zwischenstufe zwischen Kompakt- und Systemkamera. Das bedeutet, sie vereint die Eigenschaften beider Systeme. Bridgekameras weisen einen hohen Brennweitenbereich auf, das Objektiv kann jedoch ebenfalls nicht gewechselt werden.

Bei einer **Systemkamera**, auch als Wechselobjektivkamera bezeichnet, können die Komponenten ausgetauscht werden. Man kann also an das Kameragehäuse (*body*) kompatible Objektive (*lens*) anbringen. Die Systemkamera wird in verschiedene Klassen unterteilt, wobei Spiegelreflexkameras und spiegellose Kameras am häufigsten verwendeten werden.

Die **digitale Spiegelreflexkamera (DSLR)** war lange Zeit marktführend im Naturfotografiebereich und erbringt hervorragende Leistungen. Die großen Bildsensoren, der schnelle Autofokus sowie zahlreiche Einstellungsmöglichkeiten machen sie zu einem geeigneten Arbeitswerkzeug für den Fotografen.

Das Licht wird über einen Spiegel in den Sucher reflektiert, weshalb man bei der DSLR ein reales Bild im Sucher sieht, jedoch kein fertig entwickeltes und an deine Einstellungen angepasstes Bild. Der Spiegelschlag erzeugt das Auslösegeräusch, was in der Wildtierfotografie bei empfindlichen Arten manchmal störend sein kann. Allerdings sind bei den modernen DSLRs die Auslösegeräusche sehr moderat, einige besitzen sogar einen Silent-Modus (Flüstermodus).

In den letzten Jahren sind **digitale spiegellose Kameras (DSLM)** aufgrund technischer Verbesserungen auf der Überholspur. Sie arbeiten, wie der Name bereits verrät, ohne Spiegel. Auf dem Display im Sucher siehst du also ein digital erzeugtes Bild, da das Licht direkt auf den Sensor fällt. Vorteilhaft ist, dass man so bereits das fertige Foto im Sucher oder Display sehen kann.

Zudem bieten diese Kameras weitere praktische Funktionen wie eine Augenerkennung für Tiere und Personen sowie einen Sucherzoom. Durch den fehlenden Spiegelschlag entfällt zudem das Auslösegeräusch beim elektronischen Verschluss, daher haben diese Kameras enorme Vorteile in der Wildtierfotografie, gerade bei störungsempfindlichen Arten. Ein Nachteil ist allerdings die recht kurze

Akkulaufzeit aufgrund des hohen Energieverbrauchs durch den elektronischen Sucher und das länger aktivierte Display.

Sensorgröße und Sensorauflösung

Die Sensorgröße der Kamera ist ein weiterer Faktor, den es zu beachten gilt. Geläufige Sensorgrößen (je nach Hersteller unterschiedlich bezeichnet) sind:

Vollformat (Kleinbildformat)/FX	36 x 24 mm
APS-C („Advanced Photo System Classic")/DX	22,3 x 14,9 mm 23,7 mm × 15,6 mm und weitere abweichende Größen
MFT (Micro-Four-Thirds)	17,3 x 13 mm

Aber was genau bedeutet das?

Durch die Objektive wird ein kreisförmiges Bild, der sogenannte Bildkreis, erzeugt. Der Sensor erfasst davon aber nur ein Rechteck, welches je nach verwendeter Sensorgröße unterschiedlich groß ist. Beim **APS-C- oder auch DX-Sensor** und beim **MFT** werden sozusagen die Ränder „weggeschnitten", das Rechteck wird kleiner.

Der **Vollformatsensor** (Kleinbildformat) entspricht dem damaligen analogen 35-mm-Film (Filmstreifen war 35 mm breit). Noch heute wird er als Referenzformat genutzt, er stellt den Faktor 1.0 als Vergleichsgröße zu den anderen Sensorgrößen dar.

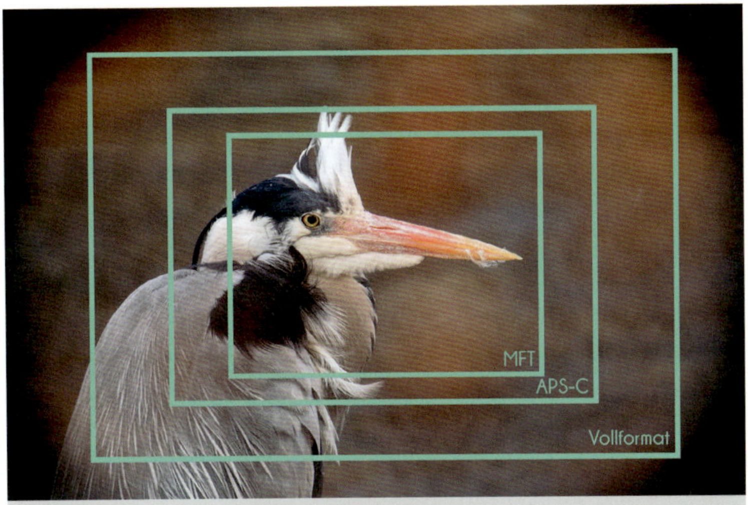

Bildausschnitte der einzelnen Sensorgrößen

Das Längenverhältnis der jeweiligen Sensorgröße im Vergleich zum Vollformatsensor bildet den sogenannten „**Crop-Faktor**“. Er zeigt an, um welchen Faktor das Bild im Vergleich zum Vollformat zugeschnitten wird.

BEISPIEL

Der Crop-Faktor bei einem APS-C-Sensor einer Canon beträgt 1,6 (bei Nikon nur 1,5). Das bedeutet, mit einem 200-mm-Objektiv erreichst du an einer Kamera von Canon mit APS-C-Sensor eine effektive Brennweite von 320, das Bild wirkt stärker „herangezoomt“. Das bedeutet aber nicht, dass du mit einer Crop-Kamera eine längere Brennweite deines Objektivs erhältst, sondern nur, dass durch den kleineren Sensor mehr vom Bild weggeschnitten wird.

Ein Vollformatobjektiv kannst du getrost an einer APS-C-Kamera nutzen (Achtung: Crop-Faktor beachten!), ein APS-C-geeignetes Objektiv jedoch nicht an einer Vollformatkamera.

Woran liegt das?

Der Durchmesser des Bildkreises muss mindestens genauso groß sein wie die Diagonale des Sensors, besser noch größer. Bei der Verwendung von APS-C bzw. DX-Objektiven an Vollformatkameras reicht der erzeugte Bildkreis nicht aus, um den Sensor der Kamera vollständig auszuleuchten. So entstehen schwarze Schatten in den Randbereichen des Bildes und das Foto wird unbrauchbar.

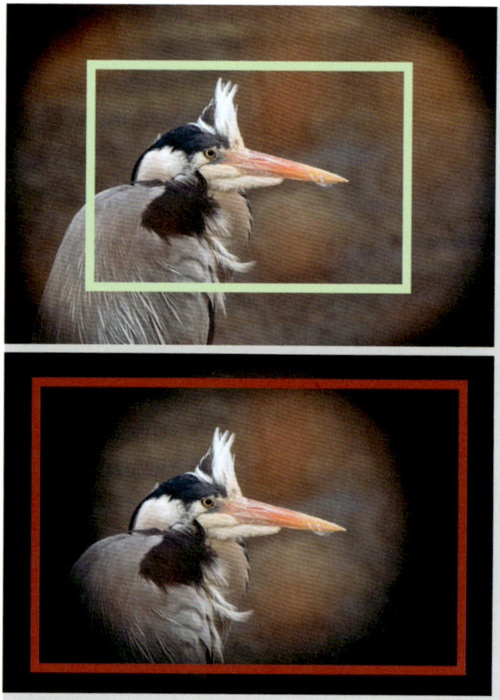

Oben: Bildausschnitt bei einem Vollformatobjektiv an einer APS-C-Kamera; unten: Bildausschnitt bei einem APS-C-Objektiv an einer Vollformatkamera

Bedeutet ein größerer Sensor auch gleichzeitig mehr verfügbare Pixel (Bildpunkte), also eine höhere Sensorauflösung?

Das muss nicht so sein. Es können auch genauso viele Pixel auf einem kleineren Sensor untergebracht werden, diese sind dann jedoch physikalisch kleiner. Kleinere Pixel können nicht so viel Licht aufnehmen wie größere, was bei schlechten Lichtbedingungen zu verminderter Bildqualität, weniger Dynamikumfang und mehr Bildrauschen führen kann. Daher sollte bei hohen Megapixelzahlen wie 45 oder 50 der Sensor entsprechend groß sein.

PROFITIPP

Der Markt ist groß, doch mit einer Systemkamera (egal ob DSLR oder DSLM) kannst du im Naturfotografiebereich nichts falsch machen. Eine Vollformatkamera liefert meiner Meinung nach die besten Ergebnisse, doch auch einige Crop-Kameras sorgen für zufriedenstellende Resultate.

Außerdem können dir weitere Faktoren bei der Entscheidungsfindung behilflich sein: Wenn du zum Beispiel ein Schwenkdisplay bevorzugst, weil du dich weder verbiegen noch einen Winkelsucher nutzen möchtest, kann auch das ein Kriterium für den Kauf deiner Kamera sein.

Wofür du dich auch entscheidest, wichtiger als die Kamera ist der Mensch, der das Foto gestaltet und mittels Lichtnutzung und Bildaufbau ein einzigartiges Foto erschafft.

Objektive

Auch hier stehen dir viele Optionen zur Verfügung, allerdings hängen diese von deinem Kamerasystem ab. Wenn du eine Systemkamera gewählt hast, kannst du Wechselobjektive verwenden. Welche Faktoren beim Objektivkauf eine Rolle spielen, erfährst du jetzt.

Brennweite

Stelle dir zuerst die Frage, für welchen Bereich der Fotografie du gerüstet sein möchtest. Wenn du sowohl in der Landschafts- als auch in der Tierfotografie aktiv werden willst, dann schau dich am besten nach einem Weitwinkelobjektiv, ein oder zwei Zwischenbrennweiten und einem Teleobjektiv um.

Darüber hinaus gibt es außerdem Objektive wie beispielsweise Superweitwinkel oder Tilt-Shift-Objektive. Diese können deine Ausrüstung zu einem späteren Zeitpunkt ergänzen.

Objektiv	Brennweite
Weitwinkel	< 24 mm
Normalbrennweite	24–70 mm
Telebrennweite	> 70 mm

Zur Erinnerung aus dem Physikunterricht: Die Brennweite ist der Abstand zwischen der Hauptebene der Linse und dem Brennpunkt dahinter und bestimmt somit den Bildwinkel.

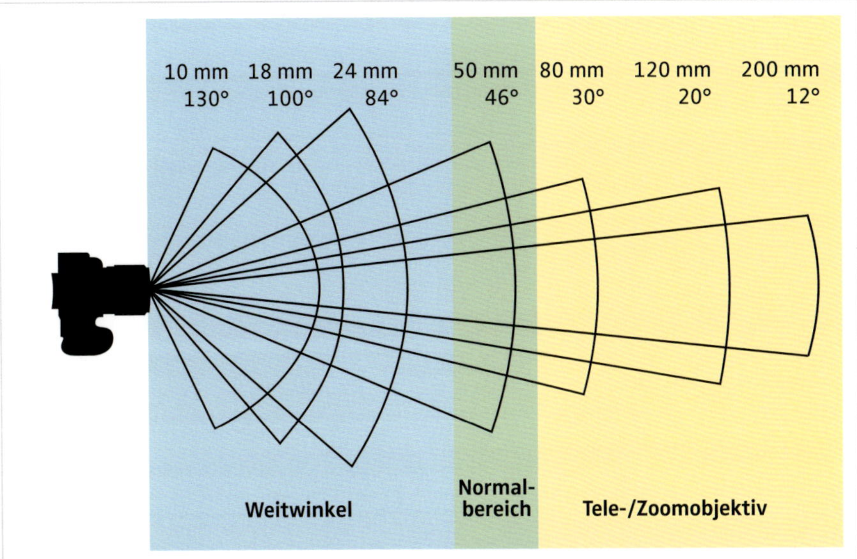

Unterschiedliche Brennweiten und Bildwinkel

Ein Weitwinkelobjektiv mit 24 mm Brennweite an einem Vollformatsensor weist 84 Grad und einen großen Bildausschnitt auf, ein Objektiv mit 200 mm jedoch nur noch 12 Grad und einen kleinen Bildausschnitt, man sieht dementsprechend mehr Umgebung auf dem Foto. Mit Teleobjektiven kannst du auf Distanz bleiben, was z. B. in der Tierfotografie enorm von Vorteil ist; ein Weitwinkelobjektiv nutzt du hingegen eher in der Landschaftsfotografie, wenn du viel Umgebung abbilden möchtest.

Dasselbe Motiv mit unterschiedlicher Brennweite:

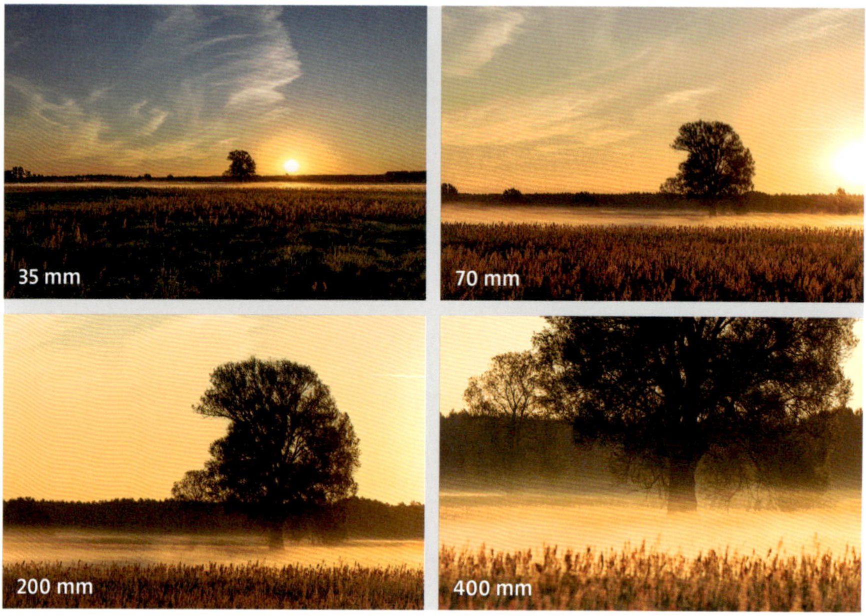

Bei **Festbrennweiten** ist die Brennweite bauartbedingt vorgegeben, ähnlich wie bei unseren Augen. Sie weisen im Allgemeinen eine höhere Lichtstärke und bessere Abbildungsleistung auf und sind bei kürzeren Brennweiten recht leicht und kompakt. Dafür sind sie eher unflexibel und man würde insgesamt relativ viele Objektive benötigen, um den Brennweitenbereich abzudecken, den man für mehrere Einsatzgebiete benötigt.

Ein **Zoomobjektiv** kann, wie der Name bereits verrät, heranzoomen und ist somit variabler als eine Festbrennweite. Dabei unterscheidet man grundsätzlich zwischen Weitwinkel-, Standard- und Telezoomobjektiven. Es existieren sehr gute Zoomobjektive mit einer hohen Lichtstärke und einem sehr guten Auflösungsvermögen, diese sind aber nicht ganz billig. Wichtig ist dabei, die Anfangsblende zu beachten. Sie sollte möglichst weit öffnen können, damit du genügend Licht einfangen kannst (z. B. Canon RF 15–35 mm F2.8L IS USM für DSLM).

Bei sogenannten Superzoom-Reiseobjektiven (z. B. Tamron 18–400 mm F 3.5–6.3), die einen sehr hohen Brennweitenbereich abdecken, leidet leider die Bildqualität zugunsten der hohen Flexibilität. Zum Einstieg und für Reisen sind diese Objektive aber nicht verkehrt und vor allem recht günstig zu erwerben.

Ob man für den Telebereich – also für weit entfernte Motive – ein Zoomobjektiv oder eine Festbrennweite nutzt, hängt von qualitativen Faktoren und persönlichen Präferenzen ab. Ein Telezoomobjektiv bietet in Sachen Flexibilität und Gewicht Vorteile, vor allem, wenn man auf Reisen ist oder neben der reinen Wildtierfotografie auch mit längeren Brennweiten für die Landschaftsfotografie arbeiten möchte. Die neueren Telezooms stehen den Festbrennweiten qualitativ bei sehr guten Lichtverhältnissen kaum in etwas nach. Bei schlechteren Lichtverhältnissen kann man die höhere Anfangsblendenzahl der Zoomobjektive auch mit einer leistungsstarken Kamera und einer höheren ISO-Zahl ausgleichen; ein wenig Einbuße in der Bildqualität wird man aber zugunsten der Flexibilität in jedem Fall hinnehmen müssen. Die Festbrennweitenobjektive im Telebereich sind qualitativ überlegen, aber eben auch schwerer und vor allem teurer.

EXKURS: LUFTFLIMMERN

Ein Problem, welches sich durch eine größere Brennweite mit Teleobjektiven ergibt, ist das vermehrte Einfangen von „**Luftflimmern**": Wenn die Sonne den Boden erwärmt, steigt oft wärmere Luft auf und beginnt zu wabern – dein Foto wird dadurch nicht ganz knackig. Verhindern kannst du das nicht, aber du kannst den Effekt durch die Verwendung einer geringeren Brennweite sowie durch den richtigen Auslösemoment abschwächen, denn das Luftflimmern ist nicht in jeder Sekunde gleich stark.

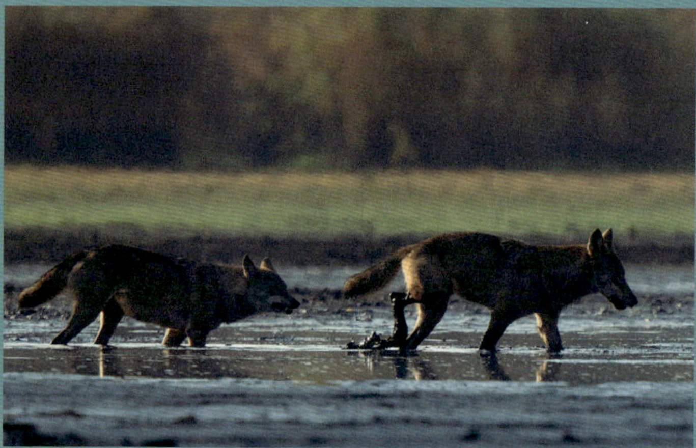

Trotz des erkennbaren Luftflimmerns im Hintergrund sind die beiden Wölfe scharf abgebildet.

Um mit Festbrennweiten etwas flexibler zu sein, kannst du auch einen **Telekonverter** zwischen Kamera und Objektiv anbringen, der die effektive Brennweite deines Objektivs verlängert und somit stärkere Vergrößerungen ermöglichen kann. Mit einem 2-fach-Konverter erreichst du beispielsweise an einer Vollformatkamera mit einem 500-mm-Festbrennweitenobjektiv eine effektive Brennweite von 1000 mm. Dafür wird allerdings die maximale Blendenöffnung reduziert und du verlierst entsprechend an Lichtstärke.

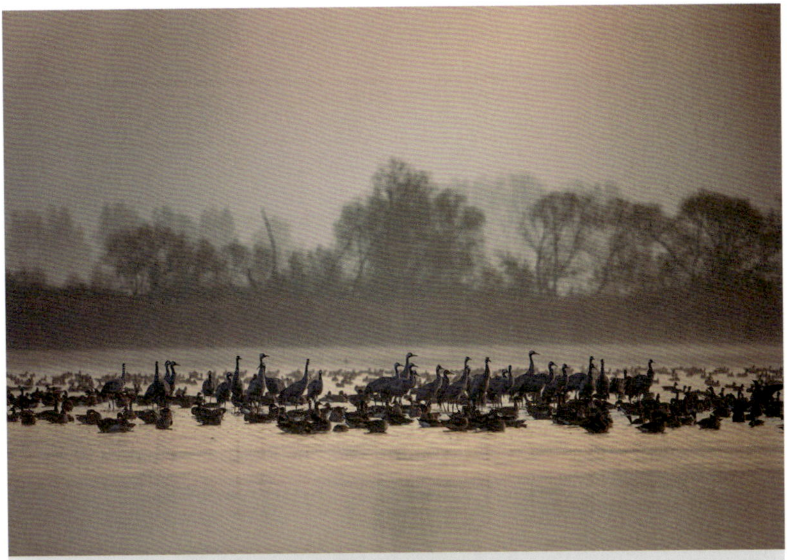

Canon 5d III | 500 mm | f/4 | ISO 800 | 1/1250 s

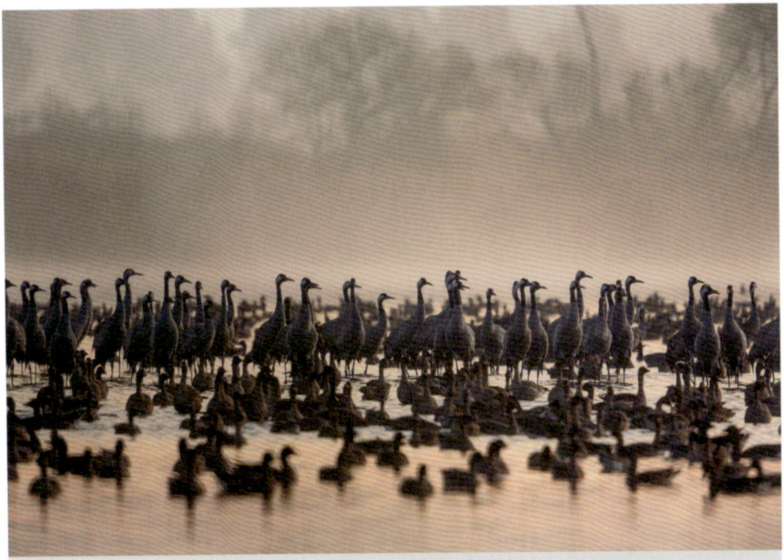

Canon 5d III | 500 mm + 2-er-Konverter | 1000 mm | f/8 | ISO 1600 | 1/200 s

Auflösungsvermögen

Wir haben bereits die Auflösung des Sensors angesprochen, doch auch bei den Objektiven ist das Auflösungsvermögen relevant. Die optische Auflösung gibt an, wie viele Linienpaare pro Millimeter (LP/mm) vom jeweiligen Objektiv noch getrennt voneinander dargestellt werden können. Je höher der Wert, desto besser ist die optische Auflösung.

Diese Fähigkeit hat Auswirkungen auf die Bildqualität, ist allerdings auch abhängig von den Einstellungen der Blende und der Brennweite. (Über die Brennweite hast du im vorherigen Kapitel alles erfahren; mehr zum Thema Blende kannst du im gleichnamigen Kapitel auf Seite 55 nachlesen.) Das höchste Auflösungsvermögen wird bei den meisten Objektiven zwischen den Blenden 3 und 8 erreicht. Bei extrem offenen Blenden wie beispielsweise 1.2 ist die Auflösung etwas gemindert.

Lichtstärke

Vergleichen wir die Linse des Objektivs mit unserem Auge: Wenn helles Sonnenlicht ins Auge scheint, schließt die Iris die Pupille (Irisblende), um so den Lichteinfall in das Auge zu regulieren. Bei Dunkelheit wird die Pupille hingegen so weit wie möglich geöffnet, um das Restlicht einzufangen.

So kannst du dir das auch mit der Blende am Objektiv vorstellen: Die Lichtstärke, die vom Hersteller des Objektivs angegeben wird (1:2.8 steht z. B. für eine Blende von 2.8), ist die größtmögliche Blendenöffnung des jeweiligen Objektivs. In vielen Bereichen der Naturfotografie ist eine möglichst lichtstarke Linse von Vorteil (z. B. Tierfotografie, Makrofotografie, Nachtaufnahmen in der Landschaftsfotografie).

Weitere Faktoren

Die Abbildungsqualität eines Objektivs ist ein weiterer entscheidender Faktor. Sie lässt sich allerdings nicht auf einen bestimmten Wert festlegen, denn es handelt sich um mehrere Aspekte, die dabei eine Rolle spielen:

- hohe Schärfe, v. a. in den Randbereichen und bei Offenblende
- hohe Farb- und Kontrastwiedergabe
- geringe Verzeichnung (tonnen-/kissenförmige Wölbung des Fotos)
- wenig chromatische Aberrationen (farbige Umrandungen von Objekten)
- geringere Vignettierung (schwarze Ränder im Randbereich)
- präziser Autofokus

Auch die Präzision der Feinmechanik ebenso wie die der Elektronik sowie die Verarbeitung der Linsen bestimmen die Abbildungsleistung eines Objektivs.

Bei hochwertigeren Objektiven (beispielsweise der L-Serie von Canon) sorgt eine bessere **Abdichtung** für Schutz gegen das Eindringen von Spritzwasser und Staub.

Ein eingebauter **Bildstabilisator** ist zudem bis zu einem gewissen Grad hilfreich gegen ungewolltes Verwackeln. Das ist insbesondere bei der Freihandfotografie wichtig, weshalb du darauf achten solltest, dass das Symbol IS (bei Canon) oder VR (bei Nikon) auf dem Objektiv vermerkt ist. Bei anderen Marken gibt es wieder andere Abkürzungen, aber in der Beschreibung findest du, ob ein Bildstabilisator vorhanden ist oder nicht.

Auch **Gewicht und Größe** des Objektivs spielen eine Rolle. Bedenke, dass du oft mehrere Objektive auf deinen Touren mitnehmen möchtest. Gerade lichtstarke Festbrennweiten mit großen Linsendurchmessern sind nicht unbedingt rückenfreundlich, und nicht alle von uns schaffen es täglich ins Fitnessstudio.

Du solltest die Wahl deiner Objektive also gut durchdenken und in jedem Fall auf dein Kamerasystem abstimmen, denn nicht nur die Kamera ist entscheidend für eine gute Bildqualität, sondern auch die Objektive.

Zusatzequipment und Hilfsmittel

Stative und Co.

Auch wenn man sich das Stativ aufgrund des Gewichts auf längeren Touren lieber sparen würde, geht es oft nicht ohne. Gerade in der Landschaftsfotografie ist es unverzichtbar, bei Ansitzfotografie auf Wildtiere auf jeden Fall empfehlenswert. Aber auch mit dem Makro- oder dem Lupenobjektiv benötigt man bisweilen den stabilen Helfer.

Stabilität, hohe Traglast und **geringes Gewicht**, das sind die wichtigsten Faktoren für ein gutes Stativ. Es gibt sie aus Holz, Aluminium, Carbon, Magnesium oder Basalt. Jedes Material bietet Vor- und Nachteile bezüglich der oben genannten Kriterien. Natürlich spielen auch die **Robustheit**, die **Dämpfung gegen Schwingungen**, der flexible Einsatz durch **Umbauoptionen** und natürlich der **Preis** eine Rolle, daher solltest du dir gut überlegen, welches Stativ dein treuer Begleiter werden soll. Ich persönlich bevorzuge Stative aus Carbon, denn sie sind leicht und handlich, aber dennoch stabil und tragfähig genug für mein Equipment.

Wer es flexibel mag, für den gibt es ein Schraubsystem, wie beispielsweise beim *Novoflex Triopod*: Aus einem Dreibein- wird so schnell ein Einbeinstativ oder ein kleines Tischstativ ... Flexibler geht es kaum! Für die genaue Ausrichtung und Handhabung deiner Kamera kannst du auf deinem Stativ zudem Kugelköpfe, Wegeneiger, Fluidköpfe, Gimbalköpfe, Panoramaköpfe oder Videoneiger befestigen. Je nach Einsatzbereich gibt es zwischen den Systemen Vor- und Nachteile – an dieser Stelle ins Detail zu gehen würde allerdings den Rahmen des Buches sprengen. Ausführliche Informationen zu dem Thema findest du problemlos im Internet.

Doch auch ohne Stativ kannst du einzigartige Momente wunderbar festhalten. Wenn du bodennah arbeitest, kann ein **Bohnensack** zum Auflegen des Objektivs sehr praktisch sein. Und wenn du keinen zur Hand hast, kannst du durchaus kreativ werden: Der Rucksack oder die eigenen Beine als Auflagemöglichkeit leisten in der Not ebenfalls gute Dienste. Bei guten Lichtbedingungen und kurzen Verschlusszeiten kannst du zudem freihand scharfe Fotos schießen.

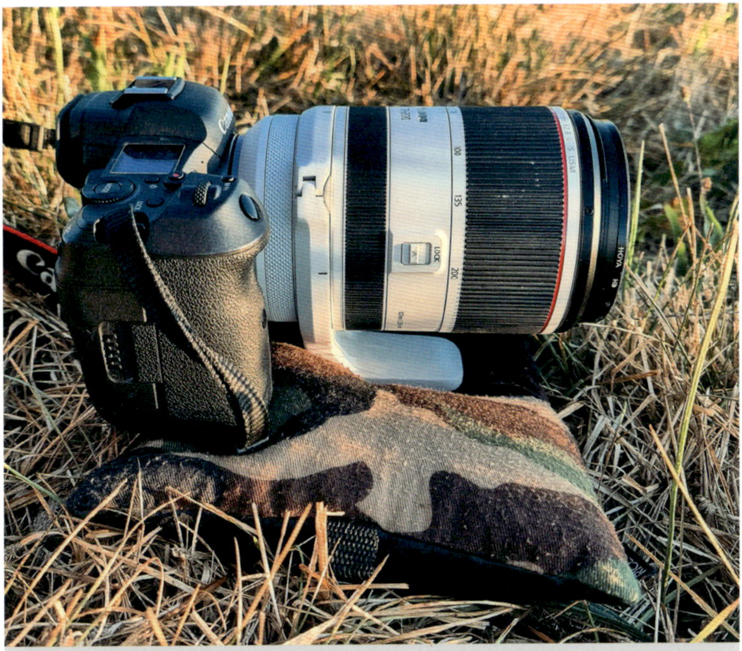

Bohnensäckchen zur Auflage der Kamera und des Objektivs

Filter

Filter, also optische Elemente, die das einfallende Licht beeinflussen, sind in der Landschaftsfotografie in bestimmten Bereichen unverzichtbar. Grundsätzlich unterteilt man die wichtigsten Filter für die Naturfotografie in folgende Kategorien:

- UV-Filter
- Polarisationsfilter
- Graufilter
- Grauverlaufsfilter

Filter gibt es in verschiedenen Formen. Mal sind sie rund und werden direkt an das Objektiv geschraubt, mal sind sie eckig und werden in eine montierte Filterhalterung geschoben. Wichtig ist, dass das gewählte Filtersystem handlich und schnell anzubringen ist. Außerdem sollte es zum jeweiligen Objektiv passen bzw. sollten Adapter genutzt werden können, um die unterschiedlichen Objektivdurchmesser abzudecken. Die Filter verfügen idealerweise über eine gute Qualität und weisen keinen Farbstich auf, denn sonst werden die Fotos beispielsweise schnell magentastichig.

UV-Filter sollen die UV-Strahlung blocken, jedoch sind heutzutage die vergüteten Linsen bereits ausreichend dagegen geschützt. Dieser Filter empfiehlt sich als Schutz vor Kratzern auf der Linse, hat aber ansonsten keinen nennenswerten Effekt.

Polarisationsfilter sind sehr wichtig in der Landschaftsfotografie, denn sie lassen nur Licht bestimmter Schwingungsrichtungen durch. Diesen Effekt kann man als Fotograf nutzen, um beispielsweise Reflexionen zu unterdrücken, Grüntöne zu intensivieren sowie das Himmelsblau zu verstärken. Im Wald lassen sich dadurch zum Beispiel unerwünschte Reflexe auf dem Blattwerk vermeiden. Außerdem wirken die Farben durch den Filter satter. Der Polfilter gehört für mich daher in jedes gute Filterset.

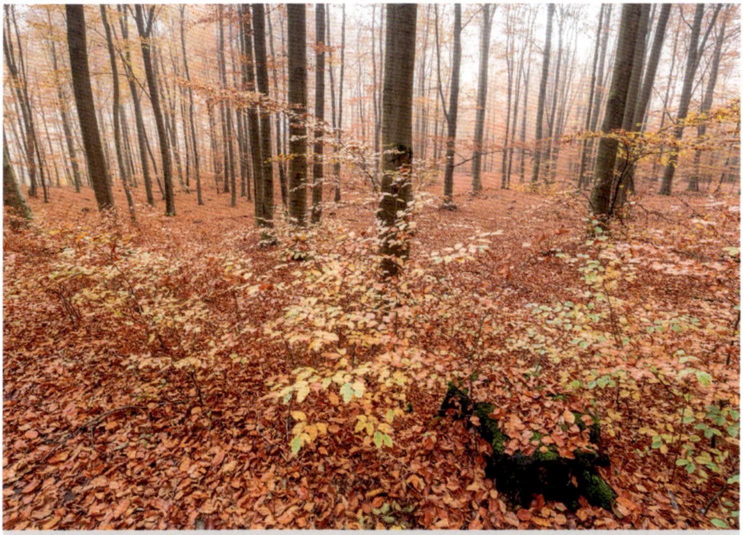

Bei diesem Foto wurde kein Filter benutzt, die Aufnahme wirkt flach und kühl.

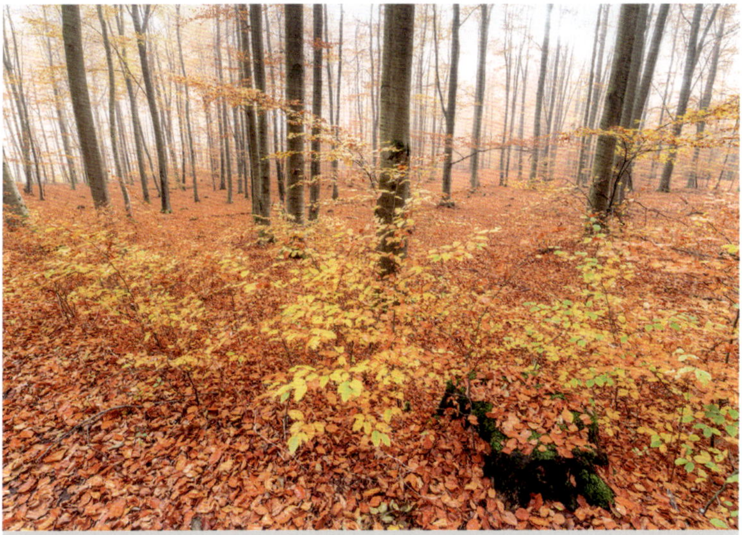

Dieselbe Aufnahme mit Polarisationsfilter: Die Farben sind satter und kräftiger.

Graufilter (auch ND-Filter genannt) dämpfen das einfallende Licht, ähnlich wie eine Sonnenbrille. Diese Filter gibt es in verschiedenen Stärken, sie lassen dementsprechend mehr oder weniger Licht durch. So kann man längere Belichtungszeiten erreichen, wenn man zum Beispiel bewegtes Wasser weich darstellen oder schnell ziehende Wolken dynamisch einfangen möchte. Je höher die Dichte des Filters, desto weniger Licht dringt hindurch.

Häufig verwendete ND-Filter

Neutraldichte	Faktor/Verlängerung Belichtungszeit	Reduktion Anzahl Blendenstufen
0,9	8	–3
1,8	64	–6
3	1000	–10

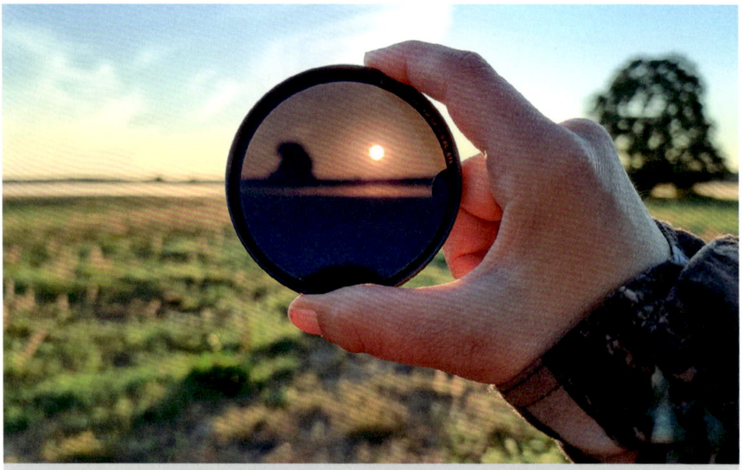

Das einfallende Licht wird durch den Graufilter abgeschwächt – ähnlich wie bei einer Sonnenbrille.

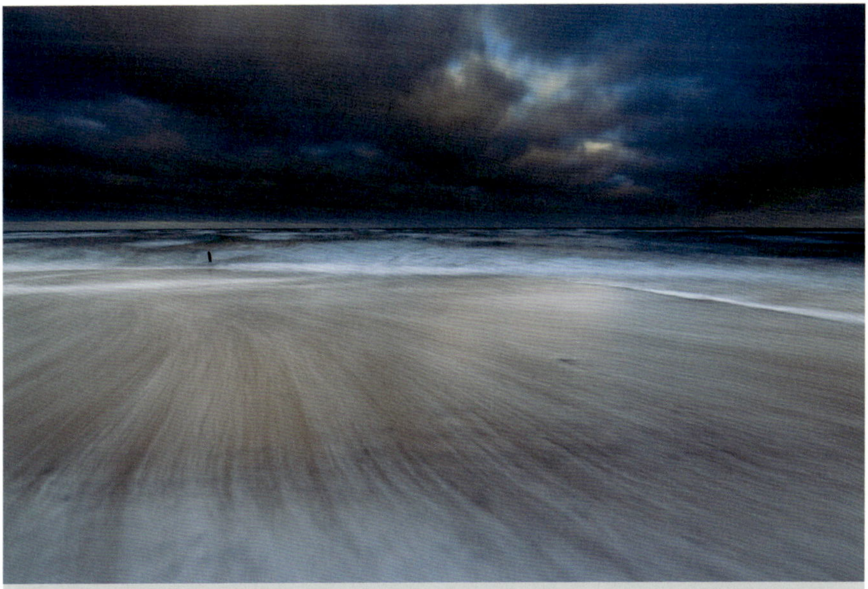

Einsatz des Graufilters: Die Belichtungszeit wurde auf 2,5 s verlängert, dadurch wirkt das Wasser weich und gestaltet den Vordergrund.

Grauverlaufsfilter (oder GND-Filter) funktionieren ähnlich wie Graufilter, lassen jedoch das Licht an verschiedenen Stellen unterschiedlich stark hindurch. Dieser Übergang von dunkel nach hell kann weich verlaufen oder aber eine harte Übergangskante aufweisen, welche zum Beispiel für klare Horizontlinien am Meer gut geeignet ist.

Sogenannte *softe* Verläufe kannst du sehr gut nutzen, wenn du Sonnenauf- und -untergänge fotografieren möchtest und der Himmel etwas abgedunkelt werden muss, damit der Vordergrund nicht zu dunkel wird. Achte jedoch darauf, nicht zu hohe Dichten zu wählen, da sonst bestimmte Motive, die nahe der Horizontlinie liegen, zu dunkel werden können. Auch wirken manche Fotos durch zu starken Filtereinsatz unnatürlich, da der Vordergrund unter Umständen zu hell werden kann.

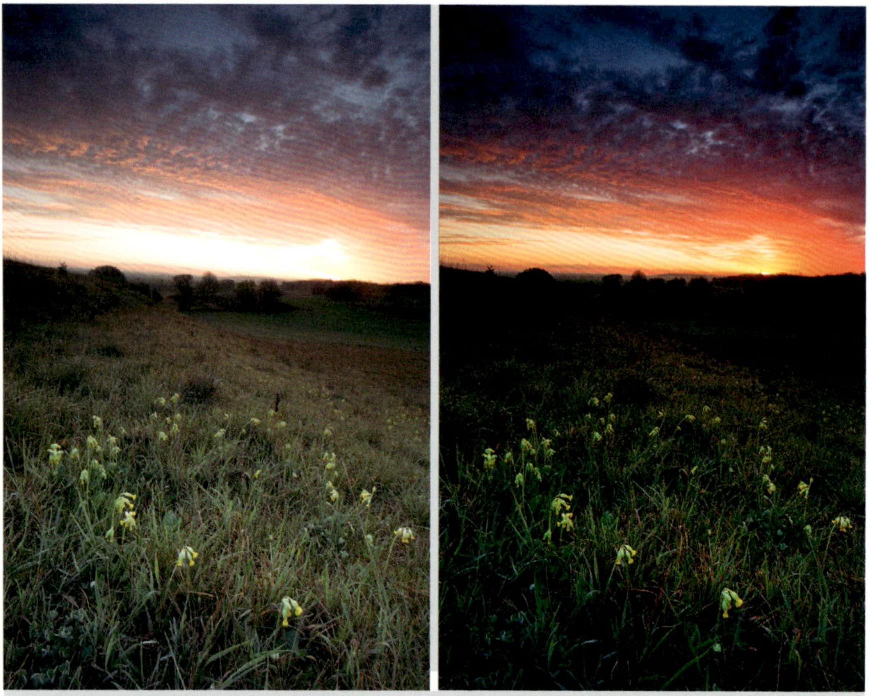

Bei der Aufnahme ohne Filter (links) ist der Himmel zu hell. Mit Grauverlaufsfilter (rechts) kommt die Farbenpracht des Sonnenuntergangs zum Vorschein.

Kabelauslöser/Funkauslöser

Ein weiteres Hilfsmittel, das ich persönlich immer im Rucksack habe, ist ein Kabel- oder Funkauslöser. Gerade bei längeren Belichtungszeiten ist dieser für eine verwacklungsfreie Aufnahme wichtig, da man die Kamera für die Auslösung nicht berühren muss.

Es gibt natürlich auch andere Optionen wie den Selbstauslöser der Kamera oder das Auslösen per Touch-Funktion direkt auf dem Display, doch mit einem extern angeschlossenen Auslöser gehst du auf Nummer sicher, dass du nicht versehentlich die Kamera etwas zu sehr berührst und sie dadurch zum Schwingen bringst.

Bei der Betätigung des Selbstauslösers vergeht zudem oft zu viel Zeit und du riskierst, die schöne Stimmung und den perfekten Moment zu verpassen. Deshalb greife ich gerade in der Landschaftsfotografie zum Kabelauslöser und kann diesen sehr empfehlen. Außerdem kannst du problemlos Handschuhe tragen und musst die Arme nicht ständig anheben, um auszulösen – auch ein angenehmer Nebeneffekt!

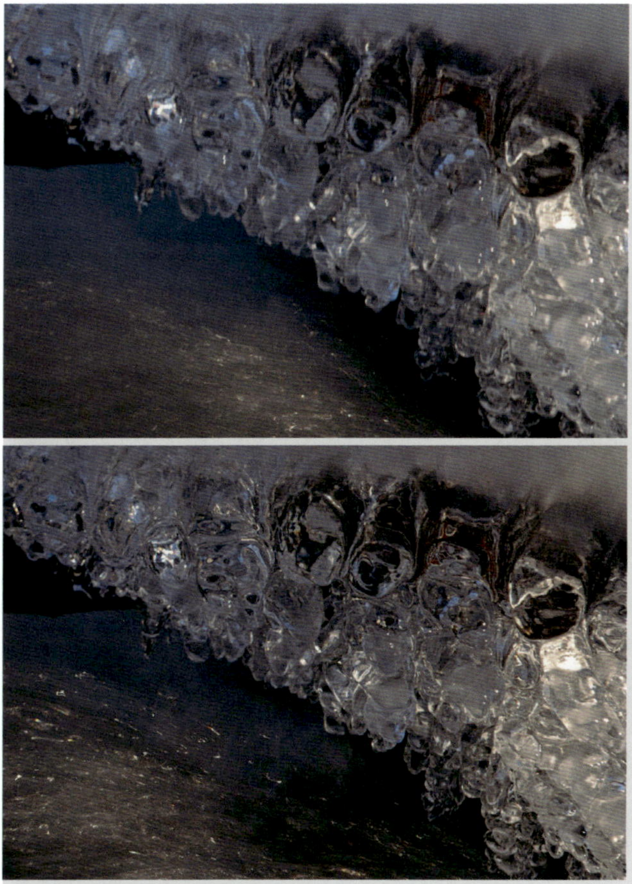

Verwackelte Aufnahme (oben) durch Auslösen an der Kamera vs. scharfe Aufnahme (unten) mithilfe des Kabelauslösers

Reflektor/Diffusor

Diese beiden Utensilien erwartet man eher in einem Studio für Porträtfotografie, doch auch in der Naturfotografie, speziell im Makrobereich, finden sowohl der Reflektor als auch der Diffusor ihre Berechtigung. Mit dem Diffusor, einem milchig-durchscheinenden, runden Stoffstück, kann man das Motiv wunderbar leicht abschatten, ohne dass es zu dunkel wird. Hier empfiehlt sich eine Halterung mit einer Klemme, damit du den Diffusor direkt am Stativ oder am Rucksack befestigen kannst und die Hände für die Kamera frei hast.

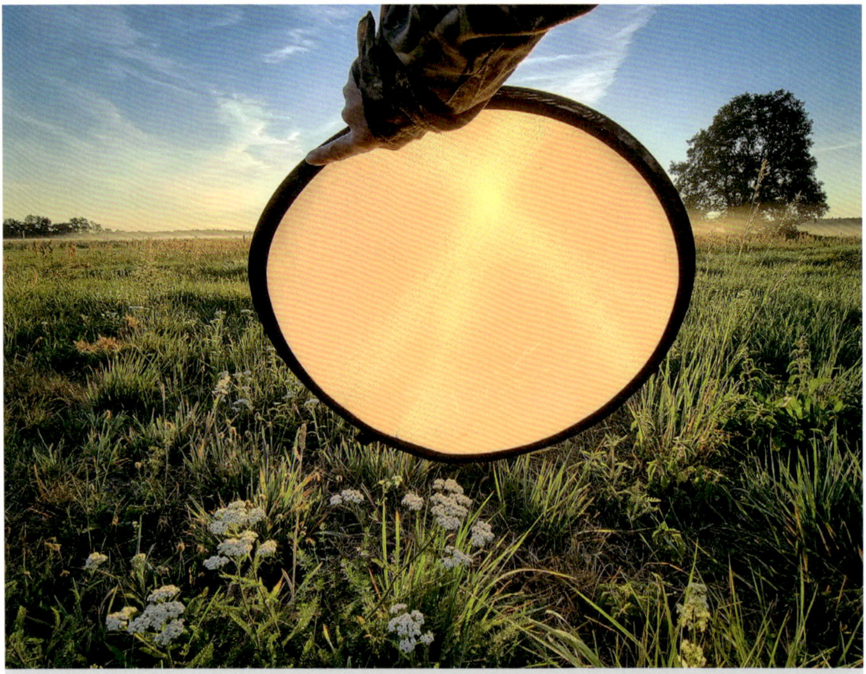

Bei zu starker Sonneneinstrahlung kannst du mithilfe eines Diffusors ganz leicht für einen weichen Schatten auf deinem Motiv sorgen.

Mit einem Reflektor, also einem reflektierenden Stoffstück, lässt sich im Gegenlicht das Motiv mit natürlichem Licht aufhellen, ohne dass du dafür eine künstliche Lichtquelle nutzen musst. Ich persönlich finde diese Variante des Aufhellens schöner als den Blitzeinsatz, aber dafür muss natürlich auch die Sonne scheinen. Reflektoren gibt es in Gold- oder Silbertönen. Je nach gewünschtem Lichteffekt sind eher kühle Silber- oder warme Goldtöne zu nutzen.

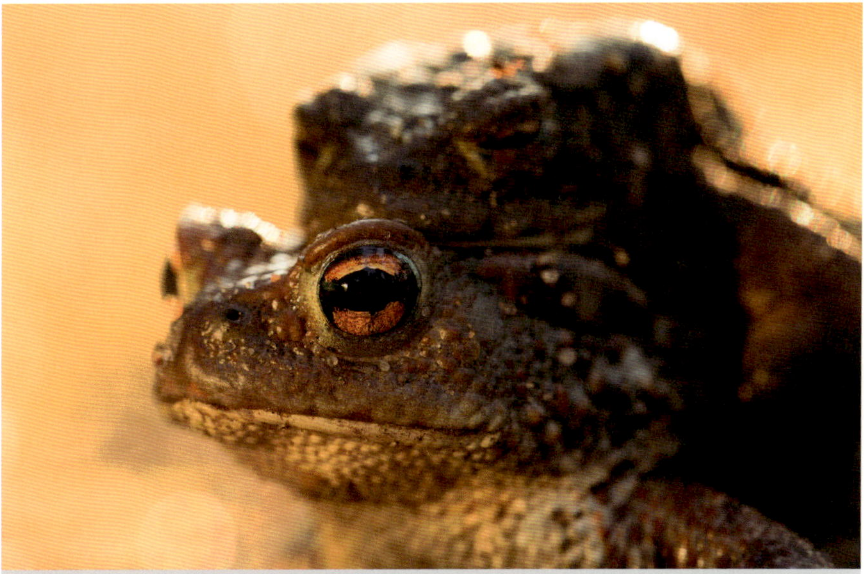

Erdkrötenpaar, aufgehellt im Gegenlicht mit goldenem Reflektor

Reinigungsset

Nichts ist ärgerlicher, als zu Hause am PC festzustellen, dass man bei der Gegenlichtaufnahme Fussel und Staub auf der Linse hatte. Deshalb dürfen Blasebalg und Putztuch sowie Linsenreinigungsspray für Linse und Filter in der Fototasche nicht fehlen. Auch Staubkörner innerhalb der Kamera sind lästig, sie zeigen sich durch Sensorflecken auf dem Foto. Kamerahersteller bieten oft einen Reinigungsservice des Sensors an, den du ab und an ruhig nutzen solltest. Man kann Sensorflecken zwar später in der Bildbearbeitung wegstempeln, aber das ist aufwendig und vermeidbar.

Fotorucksack

Um Kamera, Objektive und andere Hilfsmittel sicher zu verstauen, solltest du dir unbedingt überlegen, welcher **Fotorucksack** dich begleiten darf. Dabei kannst du dir folgende Fragen stellen:

- Wie viel Equipment möchtest du verstauen?
- Benötigst du Platz für zusätzliche Utensilien?
- Wie viel darf der gefüllte Rucksack wiegen?
- Soll der Rucksack auch mal als Handgepäck mit ins Flugzeug?

Weiterhin spielen Verarbeitung und Material eine Rolle, denn der Rucksack sollte am besten wasserabweisend sein oder zumindest einen integrierten Regenschutz haben. Nass wird es immer mal, da sollte das Equipment nichts abbekommen. Der Tragekomfort durch Rückenpolsterung und entlastende Gurte ist auch nicht ganz irrelevant, schließlich schleppt man das gute Stück manchmal viele Stunden durch die Landschaft.

Zum Fotorucksack gibt es auch Alternativen, zum Beispiel eine Umhänge- oder eine Fahrradtasche sowie einen Fototrolley. Da kommt es ganz auf deine persönlichen Bedürfnisse und Vorlieben an, wofür du dich letzten Endes entscheidest.

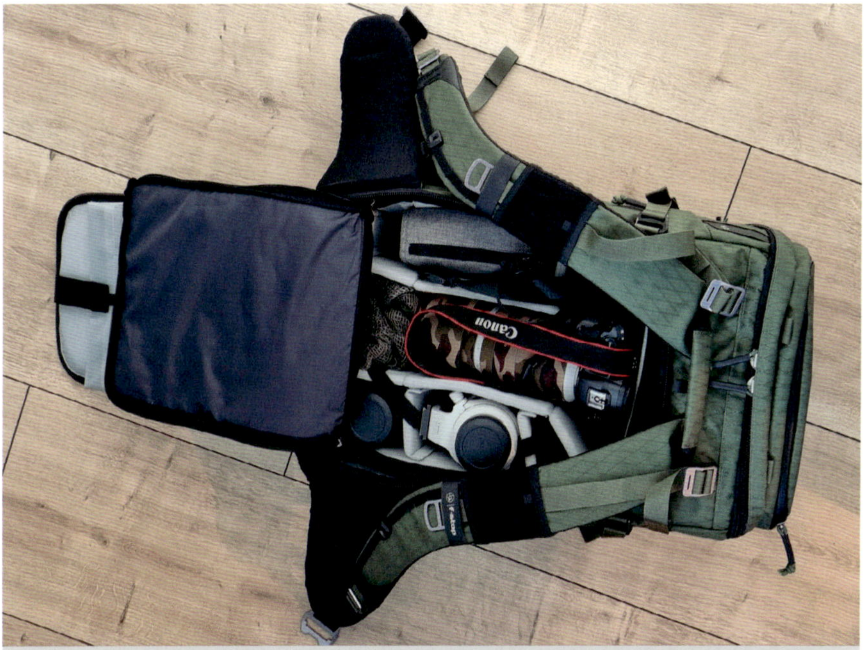

Der gut gefüllte Fotorucksack – dein treuer Begleiter

Sonstiges

Neben deinem Standard-Fotoequipment gehören auch **Verpflegung** und einige andere sinnvolle Utensilien wie **Stirnlampe** und **Insektenspray** mit ins Gepäck. Du bewegst dich als Naturfotograf viel im Wald und auf Wiesen, weshalb ein guter Schutz vor Zecken, Mücken und Hirschlausfliegen unumgänglich ist. Wähle deine Bekleidung dementsprechend (lange Hosen, lange Ärmel, festes Schuhwerk) und schütze dich vor den Plagegeistern, so gut es eben geht.

Kokosöl soll als Prophylaxe helfen, indem du deine Beine und Arme damit einreibst. Ansonsten bleibt dir immer noch Autan oder Antibrumm.

Zu guter Letzt empfiehlt sich ein leichtes **Fernglas**, denn oft sind Tiere gut versteckt und gerade auf weite Entfernungen nicht immer gleich auszumachen. Tarnung spielt in der Tierwelt eine große Rolle, weshalb du generell besonders aufmerksam Ausschau halten solltest.

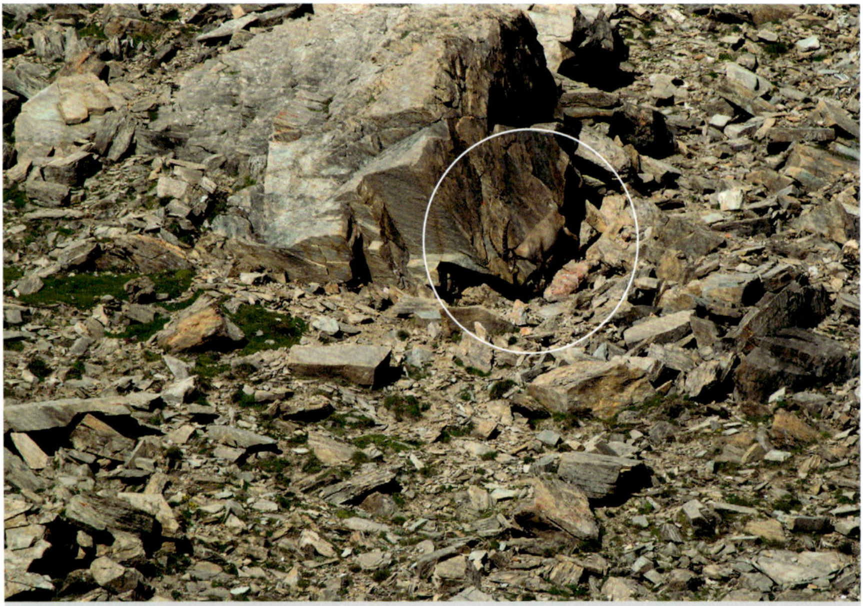

Der Steinbock ist durch seine Färbung gut an die Umgebung angepasst und mit bloßem Auge kaum zu erkennen.

DEINE FOTOTOUR: WAS MUSS MIT?

- Kamera und Objektive
- ggf. Extender, Adapter, Zwischenringe
- leere Speicherkarten
- geladene Akkus
- Schnellwechselplatte
- Gegenlichtblende
- Diffusor/Reflektor, ggf. Blitzlicht
- Zusatzequipment (z. B. Filter, Kabel- oder Funkauslöser, Fernglas, Stirn- oder Taschenlampe)
- Stativ und/oder Bohnensack
- zusätzliche Tarnung (z. B. Tarnschals etc.)
- Mikrofasertuch zur Reinigung für unterwegs
- Objektiv- und Kameradeckel
- Regenschutz für dich und dein Equipment
- Insektenschutz
- ggf. Handschuhe, Mütze, Halstuch, Wechselsocken
- Verpflegung, Taschentücher, ggf. Medikamente

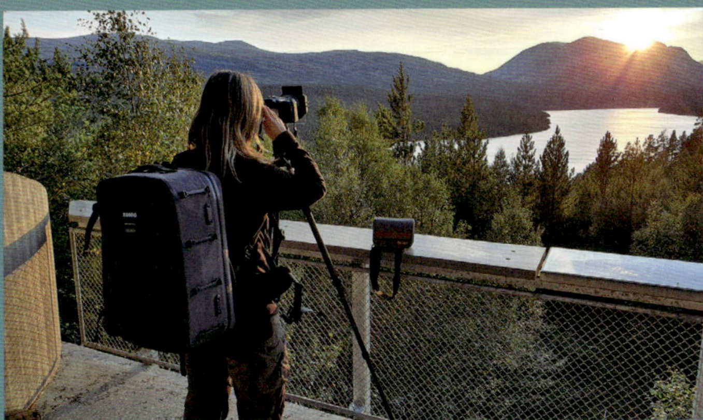

Gut ausgerüstet unterwegs

Bücher, Internet und Apps

Über die Ausrüstung haben wir nun gesprochen. Also: Kamera schnappen und nichts wie los? So dachte ich zumindest am Anfang auch, bis ich auf einer wichtigen Tour meine Akkus vergaß oder ein anderes Mal keine Speicherkarte eingelegt hatte. Manchmal verpasste ich auch ganz einfach den Sonnenaufgang, weil ich am Abend zuvor nichts vorbereitet hatte.

Natürlich geht auch spontan oft alles gut, aber ein wenig Vorbereitung kann dennoch nicht schaden. Vor meinen Touren checke ich beispielsweise immer den Wetterbericht. Meistens schaue ich kurz vor dem Einschlafen und noch einmal direkt am Morgen auf den Wetterradar von **wetteronline.de**. Oft lassen sich schöne Lichtstimmungen erahnen, wenn man die Wolkenbewegung zuvor abschätzt. Ist es morgens zum Beispiel im Osten wolkenlos, aber ansonsten bewölkt, kann es beim Sonnenaufgang zu einem wahren Farbenfeuerwerk kommen.

Auch bei wechselhaftem Wetter kann man dank der Voransicht bereits grob planen, an welchem Fotospot es eventuell eine spektakuläre Aussicht mit einem heranziehenden Gewitter geben könnte. Falls kurzfristig eine Tour ansteht, schaue ich ab und zu auch auf Webcamseiten wie **meteoblue.com**; dort kann man einen Blick auf die aktuelle Wolkensituation der Webcams in der Nähe werfen.

Hundertprozentig kann man sich zwar nie auf die Vorhersagen verlassen, und es gehört auch immer etwas Glück und das richtige Timing dazu, aber ein kurzer Blick aufs Wetter ist dennoch eine enorme Hilfe.

Fast noch wichtiger ist es jedoch, die Himmelsrichtung sowie die genaue Uhrzeit bei Sonnenauf- und -untergang zu kennen, um bei der Landschaftsfotografie das perfekte Bild im Voraus zu planen. Dazu kann man eine **Sonnenstand-App** (z. B. Sonnenverlauf) nutzen, die einem den genauen Stand der Sonne im Tagesverlauf sowie die aktuelle Sonnenauf- und -untergangszeit anzeigt.

Um die heimische Pflanzen- und Tierwelt besser kennenzulernen und Arten bestimmen zu können, bieten sich diverse **Naturführer** in Buchform an. Eine gewisse Grundkenntnis ist von Nutzen, da man viele Arten nur an bestimmten Orten oder zu bestimmten Zeiten findet.

PROFITIPP

Wenn es morgens nach draußen geht, um Tiere zu fotografieren, überprüfe ich vor allem die Windrichtung, da sich Wildtiere deutlich leichter ungestört beobachten lassen, wenn man sich ihnen gegen den Wind nähert.

GRUNDLAGEN DER TECHNIK

Zum richtigen Kameraequipment gehört auch ein technisches Verständnis für die Einstellungen deines Werkzeugs. Das Menü bietet schier endlose Einstellungsmöglichkeiten, und die vielen Rädchen und Tasten können schon mal für Verwirrung sorgen. In diesem Kapitel erkläre ich dir die wichtigsten Parameter und ihr Zusammenspiel, damit du problemlos die richtigen Einstellungen für dein perfektes Foto findest.

Kameramodus

Es gibt verschiedene Modi an deiner Kamera, die du auswählen kannst. Dabei handelt es sich um voll- oder halbautomatische Modi sowie rein manuelle Einstellungsmöglichkeiten.

Die **Programmautomatik** (P-Modus) erlaubt es der Kamera, die Blende sowie die Verschlusszeit vollautomatisch einzustellen. Du hast daher keinen Einfluss auf die Werte und bist in deiner Fotografie ggf. etwas weniger flexibel.

Im A- oder Av-Modus (je nach Hersteller), auch **Blendenvorwahl** oder Belichtungszeitautomatik genannt, wird die Blende wie gewünscht eingestellt, und je nach vorhandenem Licht und manuell vorgenommenen ISO-Einstellungen wählt die Kamera dann automatisch die passende Belichtungszeit.

Im S- bzw. Tv-Modus, auch als Blendenautomatik oder **Zeitvorwahl** bezeichnet, wird die Belichtungszeit von dir gewählt und die Blende – je nach Lichtsituation – automatisch von der Kamera berechnet. Wenn dabei allerdings die Blendenwerte, die zum Erreichen der eingestellten Verschlusszeit nötig wären, nicht erreicht werden können, wird dies (meist durch Blinken) angezeigt und du musst entsprechend nachjustieren.

Im **BULB-Modus** kannst du die Verschlusszeit manuell steuern. Gerade bei Langzeitbelichtungen und in der Nachtfotografie ist dieser Modus gefragt. Solange der Auslöser gedrückt bleibt, ist der Verschluss geöffnet und es wird belichtet. Um Verwacklungen zu vermeiden, empfiehlt sich hierbei der Einsatz eines Kabel- oder Funkauslösers sowie eines Stativs.

Im **M-Modus** können die Aufnahmeparameter Blende, ISO-Wert und Verschlusszeit manuell eingestellt werden. In bestimmten Situationen kann dies sehr nützlich sein, zum Beispiel bei Langzeitbelichtungen (dynamisches Wasser), bei denen man sowohl die Blende als auch die Verschlusszeit kontrolliert einsetzen möchte. Allerdings muss dann auf die korrekte Belichtung geachtet werden.

PROFITIPP

Der M-Modus erfordert eine gewisse Selbstverständlichkeit im Umgang mit deiner Kamera. Anfängern empfehle ich daher, sich erst einmal mithilfe der voll- bzw. halbautomatischen Modi mit der Kamera vertraut zu machen und sich ein wenig auszuprobieren, bevor es ans Eingemachte geht.

Je nach Kamerahersteller gibt es zudem spezielle **Aufnahmeprogramme** wie beispielsweise den Sport- oder den Porträtmodus. Für den Beginn sind diese Programme hilfreich, wenn man sich noch an die manuelle Anpassung gewöhnen muss. Aber sie haben auch Nachteile, da man kaum Einfluss auf die Einstellungen hat und vieles der Kamera überlässt.

Autofokus

Um ein Motiv scharfzustellen, kannst du entweder manuell direkt am Objektiv den entsprechenden Drehring betätigen, oder du nutzt den Autofokus (AF), der bei Aktivierung misst und – wie der Name schon sagt – automatisch auf das Motiv scharfstellt. Heutzutage werden hauptsächlich passive Autofokussysteme genutzt, bei denen nur das vom Motiv abgestrahlte oder reflektierte Licht verwendet wird. Grundsätzlich misst dieses System entweder den Kontrast direkt auf dem Bildsensor (Kompaktkameras, spiegellose Systemkameras, Spiegelreflexkameras im Live-view Modus), nutzt den Phasenvergleich als Messmethode (Spiegelreflexkamera) oder kombiniert beide Messmethoden als Hybridmodell.

Mit den Autofokus-Messfeldern (sichtbare weiße Kästchen im Sucher oder auf dem Display deiner Kamera bei Aktivierung des Autofokus) kannst du erkennen, wo die Autofokus-Sensoren angeordnet sind, bzw. steuerst du so den Messbereich.

Wenn dein AF besonders präzise gesetzt werden soll, arbeitest du am besten mit einem einzelnen AF-Feld, während du bei fliegenden bzw. bewegten Objekten mehrere AF-Messfelder auswählen solltest. In den modernsten Kameras sind mittlerweile auch Augenerfassungen für Tiere und Personen vorhanden, weshalb die Trefferquote für scharfe Fotos deutlich gestiegen ist. Ansonsten kannst du auch noch zwischen One-Shot AF (bzw. Single AF bei Nikon) und Servo

AF (bzw. AF Continuous bei Nikon) wählen. Beim One-Shot AF wird das Motiv bei halb durchgedrücktem Auslöser nur einmal anfokussiert, weshalb sich diese Einstellung eher für statische Motive eignet. Bei sich schnell bewegenden Motiven ist der Servo AF sinnvoll, da das Objekt bei halb durchgedrücktem Auslöser sozusagen „verfolgt" wird. Dann gibt es noch den AI Focus AF, bei dem der AF-Modus automatisch zwischen One-Shot AF und Servo AF wechselt, sobald sich das Motiv bewegt.

Belichtung

Belichtungsmessung

Ein Foto korrekt zu belichten war vor einigen Jahrzehnten noch wesentlich schwerer. Anstelle eines manuellen Belichtungsmessers regelt die Kamera heutzutage das meiste für uns.

Gemessen wird dabei das vom Objekt reflektierte Licht. Stell dir vor, dass deine Kamera bei der Messung von einem grauen Mittelton als Referenzwert ausgehen wird. Dieser Grauwert wird so verstanden, dass er genau 18 Prozent Lichtreflektion verursacht. Bei starken Abweichungen wird die Kamera aber nicht korrekt belichten können, so zum Beispiel bei einem weißen Motiv vor einem weißen Hintergrund. Es wird hier viel mehr Licht reflektiert, also wird die Kamera versuchen, die Verschlusszeit zu verkürzen oder die Blende zu schließen und somit ein unterbelichtetes Foto ausgeben, welches eher dem mittleren Grau entspricht.

Man muss in solchen Fällen also die Belichtung manuell korrigieren, um der Kamera mitzuteilen, dass das Foto heller belichtet werden soll, um dem Weiß zu entsprechen. Andersherum funktioniert das genauso. Als Messmethoden stehen dir vier verschiedene zur Auswahl:

- Mehrfeldmessung
- Selektivmessung
- Spotmessung
- Mittenbetonte Integralmessung

Als Standardeinstellung ist die **Mehrfeldmessung** eingestellt. Hierbei wird das gesamte Bild in mehrere Zonen unterteilt, in denen Helligkeit und Farbverteilung gemessen werden. Weiterhin sagt der gewählte Autofokuspunkt der Kamera, wo der Schwerpunkt liegen soll. Auch diese Information hat einen Einfluss auf die Messung: Die entsprechenden Messfelder werden stärker gewichtet. Dann wird der durchschnittliche Belichtungswert berechnet – das Ergebnis ist oft stimmig und ausgeglichen.

Bei der **Selektivmessung** wird autofokusunabhängig ein Kreis um die Mitte des Suchers herum zur Belichtungsmessung herangezogen (ca. zehn Prozent des Sucherfeldes). Alle anderen Bereiche außerhalb des Kreises werden nicht berücksichtigt. So kann man zum Beispiel bei starken Gegenlichtaufnahmen das Motiv noch korrekt belichten, dafür wird dann aber die Umgebung zu hell und hat keine Struktur mehr.

Bei der **Spotmessung** wird ein sehr kleiner Bereich des Sucherbildes in die Messung einbezogen, noch kleiner als bei der Selektivmessung. Die Messung ist dadurch in diesem Bereich sehr präzise und kann unter anderem in der Naturfotografie genutzt werden, wenn man sehr helle oder dunkle Bereiche im Bild hat, wie zum Beispiel ein angestrahlter Vogel vor einem dunklen Hintergrund. Es hängt vom Kameramodell ab, ob sich der Messbereich mit dem AF-Messfeld verknüpfen lässt und somit nicht nur in der Bildmitte misst. Am besten schaust du in deinem Kamerahandbuch nach. Die **mittenbetonte Integralmessung** ähnelt der Mehrfeldmessung, bezieht also das gesamte Bild mit ein. Der Schwerpunkt wird bei dieser Messmethode allerdings auf den mittleren Bereich gelegt.

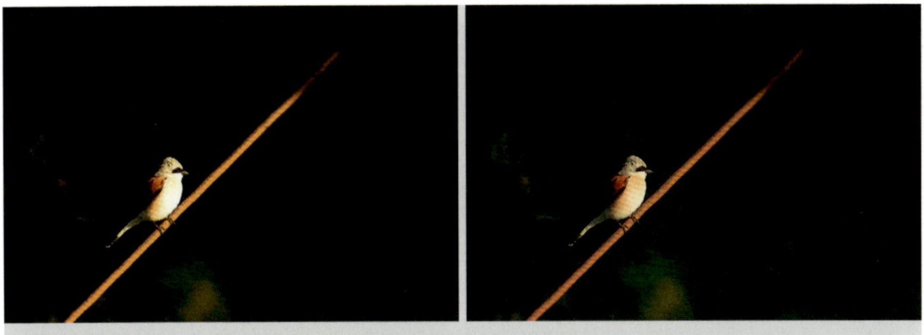

Links ist der Körper des Vogels überbelichtet, rechts wurde mithilfe der Spotmessung auf dem Vogel eine Überbelichtung des hellen Gefieders vermieden.

Histogramm und Belichtungswarnung

Allein auf dem Display lässt sich die Belichtung oft aufgrund der umgebenden Lichteinflüsse schlecht bewerten. Ein Blick auf das **Histogramm** kann da schnell Abhilfe schaffen. Sieh am besten im Handbuch deiner Kamera nach, wie du dir das Histogramm anzeigen lassen kannst. Dieses Diagramm zeigt die Tonwertverteilung an: links die Tiefen, in der Mitte die Mitteltöne und rechts die Lichter. Die X-Achse zeigt dabei den Tonwertumfang von Schwarz nach Weiß, die Y-Achse die Tonwerthäufigkeit an. Je höher der Ausschlag, desto häufiger ist der Tonwert vertreten. Bei zu dunklen Bildern rutscht „der Berg“ nach links, während bei sehr hell belichteten Bildern der Ausschlag auf der rechten Seite zu verzeichnen ist.

Eine gleichmäßige Verteilung der Tonwerte ist bei ausgewogen belichteten Bildern wünschenswert. Bei High-Key- oder Low-Key-Aufnahmen hingegen sind Grenzwerte gewünscht bzw. werden sogar absichtlich erzeugt – darauf gehe ich im Kapitel „Grundlagen der Bildgestaltung“ unter „Malen mit Licht“ noch etwas genauer ein. Insgesamt ist darauf zu achten, dass nicht nur die Mitteltöne vertreten sind – dann fehlt dem Bild nämlich Kontrast, den man aber notfalls später bei der Bildbearbeitung wieder hinzufügen kann.

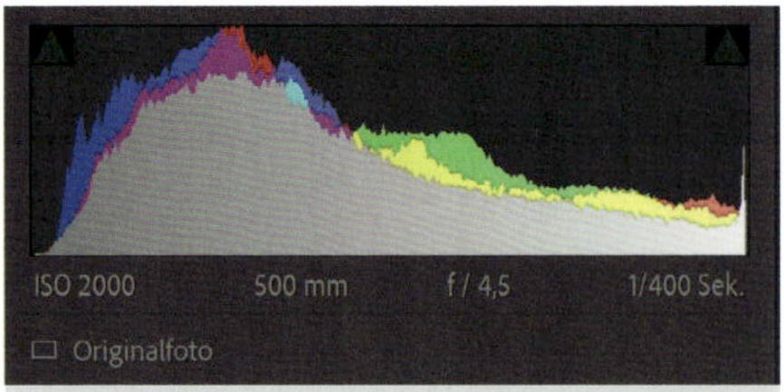

Ausgewogenes Histogramm

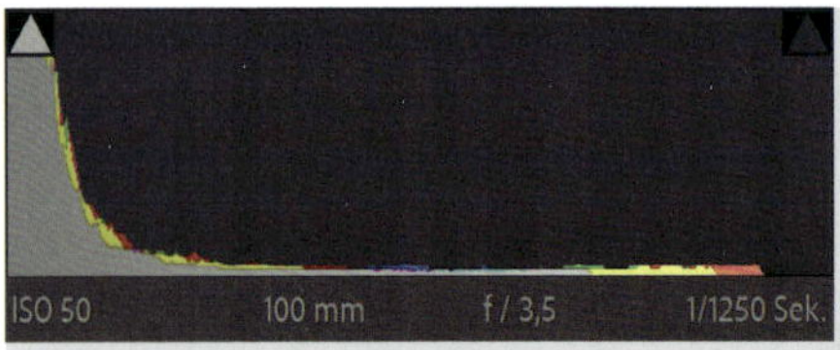

Sehr dunkel belichtetes Foto, Ausschlag auf linker Seite

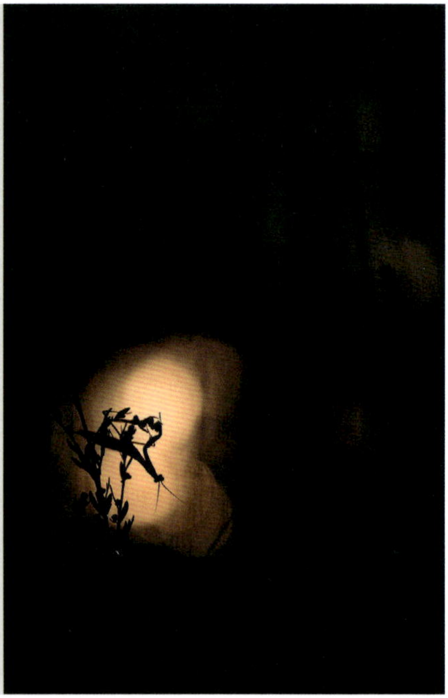

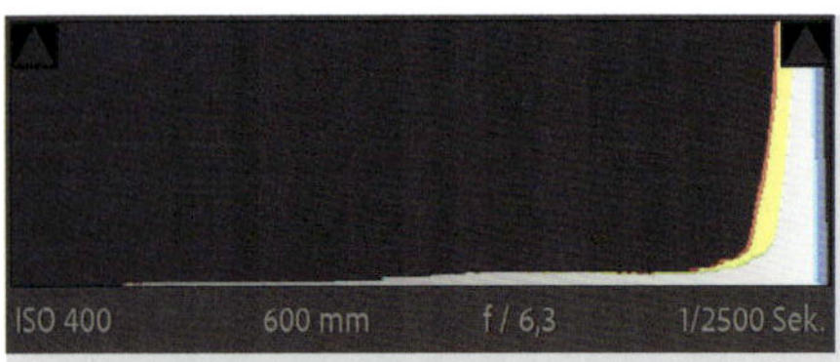

Sehr hell belichtetes Foto, Ausschlag auf rechter Seite

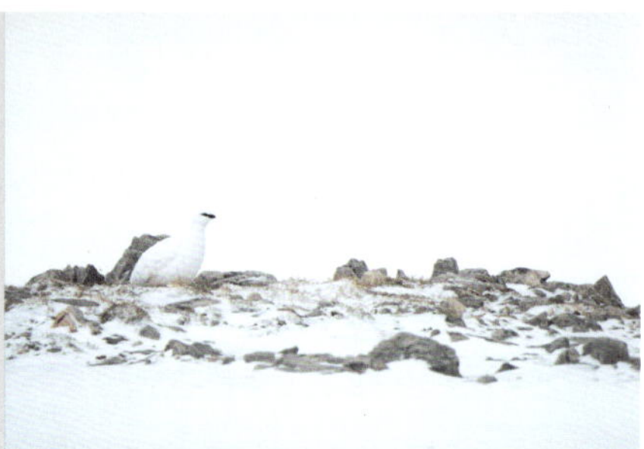

PROFITIPP

Du kannst außerdem die Über- und Unterbelichtungswarnung in deiner Kamera einstellen (Benutzerhandbuch beachten), wodurch überstrahlte oder zu dunkle Flächen farblich markiert aufleuchten. Alternativ kannst du dir diese Flächen auch nachträglich in Bearbeitungsprogrammen am PC anzeigen lassen.

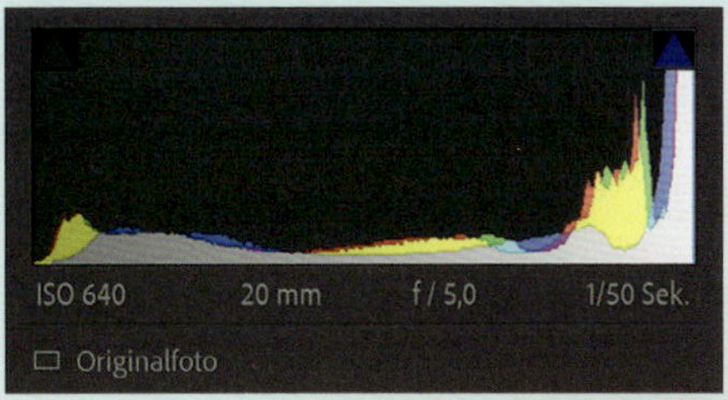

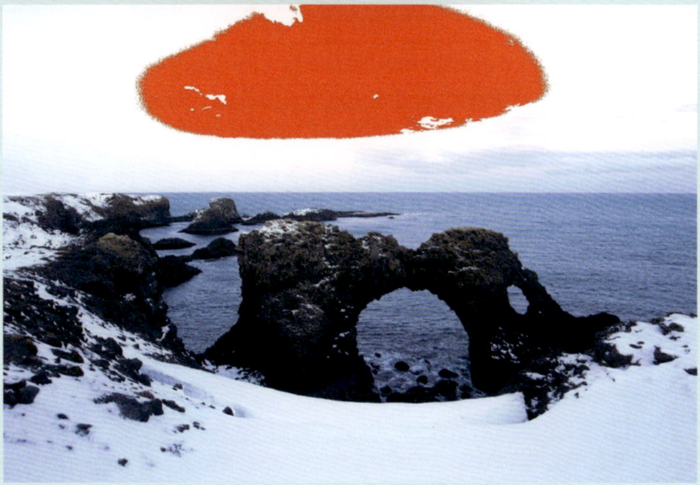

Teile des Himmels sind überbelichtet und leuchten rot auf.

Belichtungskorrektur

Wenn du vor Ort feststellst, dass die Belichtung deines Fotos nicht deinen Wünschen entspricht, dann hast du die Möglichkeit, dem direkt entgegenzuwirken. Als Erstes solltest du die Einstellungen von Blende und ISO-Zahl überprüfen. Bei einer hohen Filmempfindlichkeit am Tag können gewisse Szenen zu hell geraten; bei wenig Licht und starker Abblendung wird dein Bild hingegen schnell etwas zu dunkel. Generell ist das Zusammenspiel zwischen Blende und ISO-Zahl wichtig, um eine korrekte Belichtung zu erreichen und schnell korrigierend Einfluss zu nehmen. Mehr dazu erfährst du im Kapitel „Belichtungszeit".

Als weitere Möglichkeit gibt es die **Belichtungskorrektur**, mit der du von der gemessenen Belichtung in Lichtwerten („EV": *Exposure Value*) abweichen kannst. Meist bieten sich 1/3-Schritte an, um eine feine Abstufung zu erreichen. Ist dein Foto zu hell, korrigiere etwas nach unten, also nach links in den negativen Bereich. So kannst du Einfluss auf die Belichtung nehmen, ohne dass du groß im Menü herumsuchen musst. Vor allem in der Tierfotografie ist das entscheidend, denn oft hat man keine Zeit, die ISO anzupassen oder andere Einstellungen zu überprüfen. Das Einstellrädchen der Belichtungskorrektur lässt sich hingegen fix betätigen.

HDR/Belichtungsreihen

Um eine möglichst ausgewogene Belichtung bei schwierigen und kontrastreichen Lichtsituationen (meist im Gegenlicht) zu erreichen, können **Belichtungsreihen** angefertigt werden. Man nimmt dabei mehrere Fotos von der gleichen Situation auf, nur mit unterschiedlichen Belichtungen. Am PC werden die Fotos dann übereinandergelegt und als **HDR** (*High Dynamik Range*) ausgegeben. Wenn man es nicht übertreibt, kommen dabei natürlich wirkende Gegenlichtaufnahmen heraus.

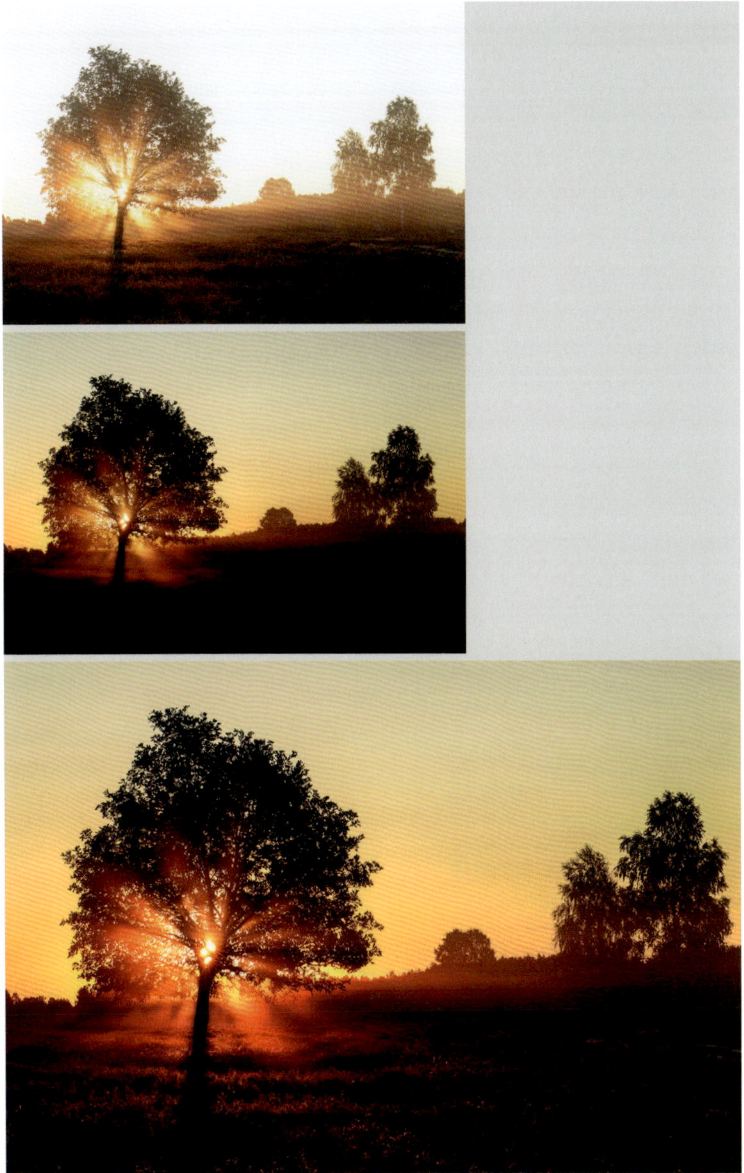

Aus einer hellen und einer dunklen Aufnahme (oben) wird ein ausgewogenes HDR (unten).

Farbtemperatur und Weißabgleich

Definitionsgemäß ist die Farbtemperatur ein Messwert des Farbtons einer bestimmten Lichtquelle und wird in Kelvin angegeben. Beim Weißabgleich wird die Farbtemperatur der Aufnahme der Farbtemperatur des Lichts am Aufnahmeort angepasst, die von vielen Faktoren der Umgebung beeinflusst wird.

In der Regel schafft die Kamera mit dem automatischen Weißabgleich eine realistische Farbwiedergabe, aber es gibt auch Lichtsituationen (Dämmerung, Kunstlicht), in denen diese nicht dem Empfinden des menschlichen Auges entspricht. Weiß wird dann nicht als Weiß wiedergegeben, sondern bekommt einen Farbstich.

Wir sind es gewohnt, rötliche Lichttöne als warm zu bezeichnen, bläuliche hingegen als kühl. Aber auf der Farbtemperaturskala wirst du sehen, dass kalte Farben eine hohe Farbtemperatur haben, warme hingegen niedrige. Als neutrales Licht gelten 5000–6500 Kelvin, das entspricht ungefähr dem Tageslicht.

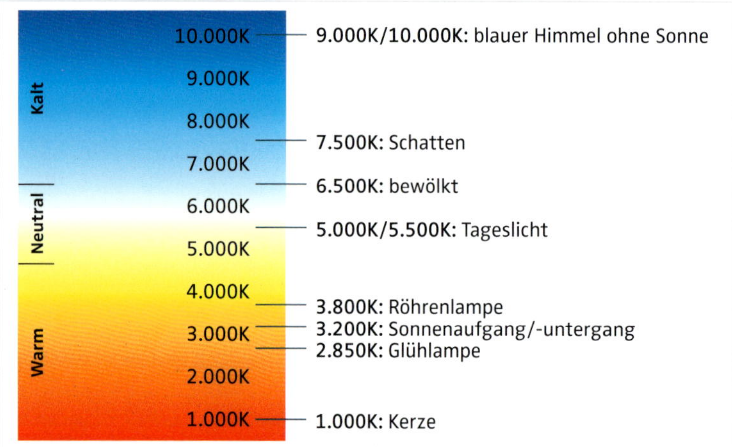

Farbtemperaturen auf der Kelvinskala

Wenn du einen Blick in dein Kameramenü wirfst, dann wirst du beim Weißabgleich verschiedene Vorbelegungen finden, die du auswählen kannst. Der automatische Weißabgleich (AWB) reguliert, zumindest tagsüber, gut die Farbtemperatur zwischen Werten von 3000–7000 Kelvin. Du kannst den Weißabgleich aber auch manuell anpassen oder andere Settings wie „bewölkt“ oder „Schatten“ einstellen, je nachdem, wie du die Farbtemperatur einschätzt.

Du wirst vermutlich feststellen, dass das Bild wärmer wird, wenn du eine höhere Zahl auf der Skala in der Kamera einstellst – dabei hatten wir doch gerade gesagt, dass ein höherer Kelvinwert einer kühleren Farbtemperatur entspricht ...? Besser vorstellbar wird dieser Effekt, wenn man die Angabe der Farbtemperatur in Mired (inverse Megakelvin) betrachtet. Das ist sozusagen der Kehrwert der Kelvinzahl. Die beiden Werte sind also gegenläufig, so zum Beispiel: 5000 Kelvin = 200 Mired oder 10000 Kelvin = 100 Mired.

Du kannst dir dementsprechend vorstellen, dass du mit einer höheren Zahl auf deiner Menüskala dein Bild „erwärmst“, es mit einer niedrigeren Zahl jedoch „abkühlst“. Als Beispiel nehmen wir eine kühle Lichtstimmung wie zur Blauen Stunde: Stellst du nun einen niedrigen Wert ein, „denkt“ deine Kamera, dass sie das warme Licht wegfiltern muss und erzeugt daher ein kühler wirkendes Foto. Am besten probierst du es anhand eines Fotos mit unterschiedlichen Weißabgleichen einfach mal aus!

Wenn du im RAW-Format fotografierst, kannst du den Weißabgleich im Nachhinein sehr präzise am PC regulieren. Da dein Monitor in der Regel besser kalibriert ist als das Display deiner Kamera, wirst du dort eine Nachbearbeitung des Weißabgleiches besser vornehmen können.

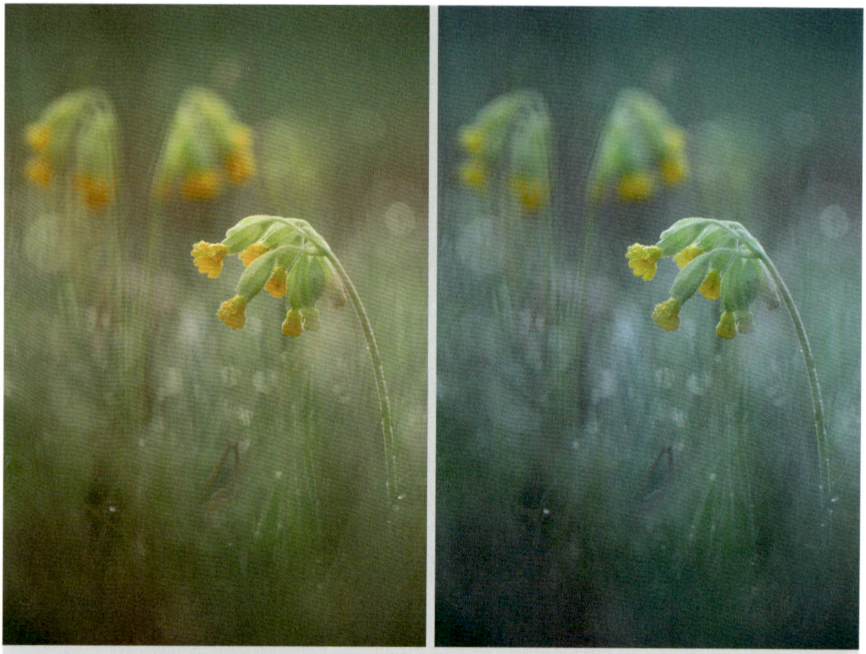

Links ein warmer Weißabgleich, rechts ein kühler Weißabgleich

PROFITIPP

Wir dürfen nicht vergessen, dass auch der künstlerische Faktor Aufmerksamkeit verdient, und für diesen benötigen wir oftmals einen leichten Farbstich. Wenn du zur Blauen Stunde unterwegs bist, dann sollte man das auf den Fotos erkennen können: Du kannst die Farbwiedergabe nutzen, um die kühle Stimmung zu vermitteln. Der automatische Weißabgleich wird dir in diesen Situationen wenig nützen, da er versuchen wird, das Weiß wirklich als Weiß darzustellen. Ein manuelles Anpassen durch ein „Abkühlen" des Bildes ist hier von Vorteil.

Blende

Im Kapitel „Objektive“ bin ich bereits auf das Thema Blende eingegangen. Dort haben wir die Blende mit der Iris in unserem Auge verglichen: Die Pupille stellt sozusagen die Blendenöffnung dar. Bei wenig Umgebungslicht zieht sich die Iris (Regenbogenhaut) zusammen, die Pupille weitet sich und lässt viel Licht hindurch. Bei viel Umgebungslicht weitet sich die Iris, die Pupille wird klein. So wird nur wenig Licht hindurchgelassen.

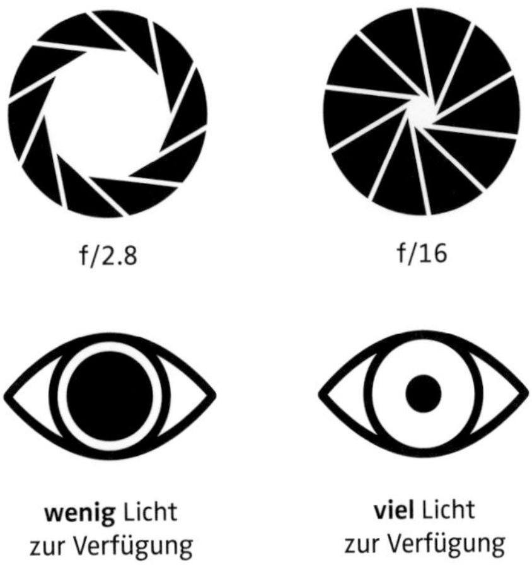

Die Kamerablende kann mit dem menschlichen Auge verglichen werden.

Die Blende bestimmt, wie viel Licht auf den Sensor der Kamera einfällt und lässt sich vom Fotografen steuern. Sie befindet sich an der hinteren Öffnung des Objektivs und weist mehrere Blendenlamellen auf, die sich öffnen und verschließen lassen. Die **Blendenzahl f** (engl. „*f-stop*“ für Verschluss) gibt an, wie groß die Öffnung der Blende ist. Je höher die Blendenzahl, desto geschlossener ist die Blende (auch Abblenden genannt) und desto weniger Licht fällt auf den Sensor. Je niedriger die Blendenzahl, desto offener die Blende und desto mehr Licht fällt hindurch.

Am besten probierst du es einfach mal aus: Gehe die Blendenstufen im A- bzw. Av-Modus durch und beobachte, wie sich die Verschlusszeit verhält. Je mehr du die Blende schließt, desto länger wird deine Belichtungszeit werden.

GUT ZU WISSEN

Objektive besitzen unterschiedliche Anfangsblenden. Als Offenblende bezeichnet man die kleinste Blendenstufe, die das Objektiv ermöglicht, bei der also am meisten Licht hineinfällt. Wichtig ist das vor allem für die Naturfotografie bei schwierigen Lichtverhältnissen, denn in der Dämmerung oder bei Nacht wirst du dankbar sein für die Lichtstärke deines Objektivs.

Schärfentiefe

In der Fotografie erscheint unser Motiv nur in einer Ebene scharf, der sogenannten **Schärfeebene**. Als Schärfentiefe wird die Ausdehnung des Bereiches vor bzw. hinter der Schärfeebene bezeichnet, den unser Auge aufgrund seines begrenzten Auflösungsvermögens noch als scharf wahrnimmt. In der Schärfeebene werden Bildpunkte annähernd scharf und als Punkt abgebildet, davor und dahinter als kreisförmige Flächen (Zerstreuungskreise). Je größer der Durchmesser dieser Kreise ist, desto unschärfer erscheinen sie und umgekehrt. Grundsätzlich ist dabei die Ausdehnung des Bereiches vor der Schärfeebene geringer als dahinter.

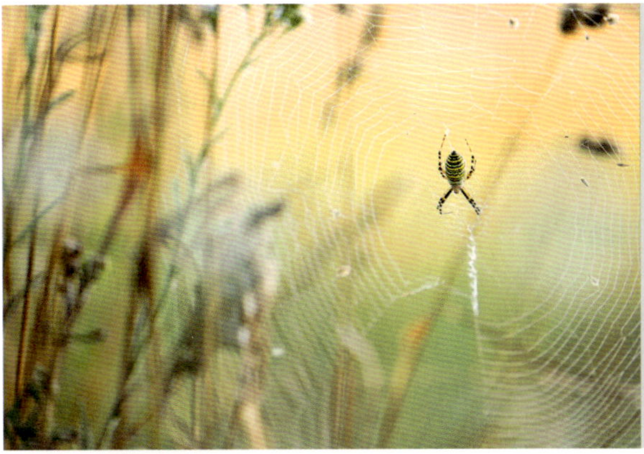

Weit geöffnete Blende f/2.8 (Belichtungszeit 1/125 s): Nur die Spinne ist scharf; Vorder- und Hintergrund verschwimmen in Unschärfe.

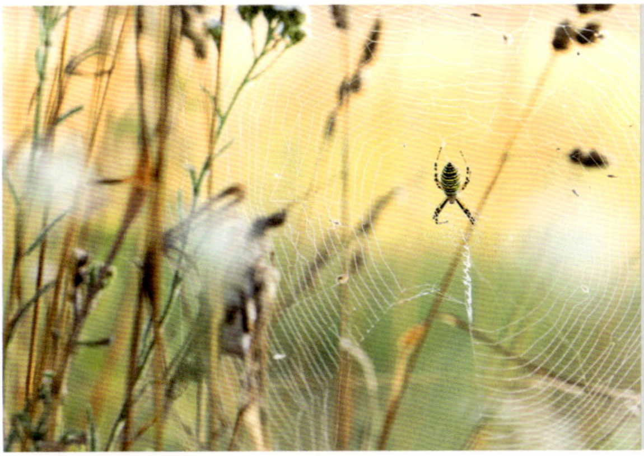

Leicht geschlossene Blende f/5.6 (Belichtungszeit 1/40 s): Vorder- und Hintergrund sind bereits etwas schärfer.

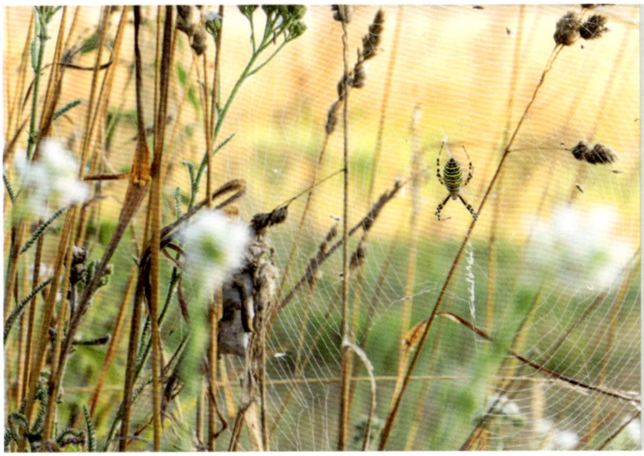

Stark geschlossene Blende f/20 (Belichtungszeit 0,3 s): Die einzelnen Stängel und das gesamte Spinnennetz sind scharf.

Die Schärfentiefe kann von verschiedenen Faktoren beeinflusst werden, zu denen die Größe der Blendenöffnung, der Abbildungsmaßstab bzw. der Motivabstand, die Brennweite des Objektivs und das Format des Kamerasensors gehören.

In Bezug auf die Blende lässt sich festhalten, dass eine weit geöffnete Blende (niedrige Blendenzahl) einen geringen Schärfentiefebereich aufweist, während dieser beim Abblenden erweitert wird.

Der **Abbildungsmaßstab** (ABM) ist ein weiterer wesentlicher Faktor, der Einfluss auf die Schärfentiefe hat. Ein kleiner ABM geht mit einem größeren Schärfentiefebereich einher, während ein großer ABM einen geringeren Schärfentiefebereich aufweist. Wenn du also mit einem Weitwinkelobjektiv, einem kleinen ABM und einer höheren Blendenzahl fotografierst, erreichst du einen großen Schärfebereich im Foto.

Die Schärfentiefe kann als Gestaltungsmittel in der Fotografie genutzt werden. Während in der Makrofotografie eine geringe Schärfentiefe mit markanten Schärfeverläufen bzw. Freistellungen beliebt ist, wird in der Landschaftsfotografie meist ein möglichst großer Schärfebereich angestrebt.

Freistellung meint, dass man ein Motiv möglichst separiert vom Hintergrund darstellt. So lenkt man die Aufmerksamkeit des Betrachters ausschließlich auf das Objekt, ohne dass das Auge abgelenkt wird. Durch das Spiel aus Schärfe und Unschärfe können interessante Bildwirkungen erreicht werden.

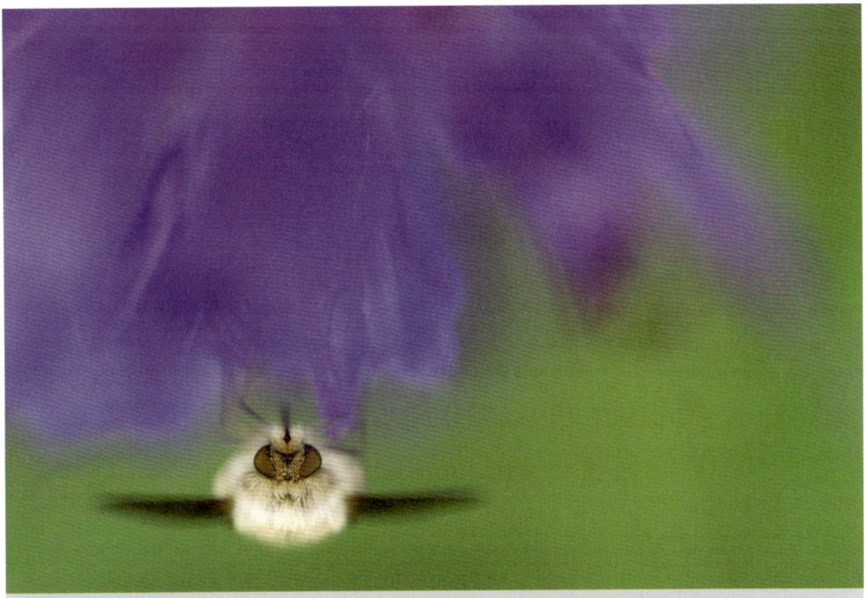

Durch eine geringe Schärfentiefe (Verwendung einer offenen Blende f/2.8 und einer Brennweite von 100 mm) wird der Wollschweber „freigestellt", das Auge des Betrachters ruht dadurch auf dem Hauptmotiv.

Hyperfokale Distanz

Gerade bei Landschaftsaufnahmen wird oft eine durchgängige Schärfe benötigt. Allein durch Abblenden ist es jedoch nicht getan, denn der Fokuspunkt spielt dabei ebenfalls eine wichtige Rolle.

Die technische Definition für die **hyperfokale Distanz** lautet wie folgt: Die endliche Gegenstandsweite, bei der, wenn auf diese fokussiert wird, im Unendlichen liegende Objekte mit akzeptabler Unschärfe abgebildet werden. Es handelt sich also um die Distanz zu deinem Motiv, bei der ein „unendlich" weit entferntes Objekt, wie z. B. Sterne am Nachthimmel, noch akzeptabel scharf dargestellt wird.

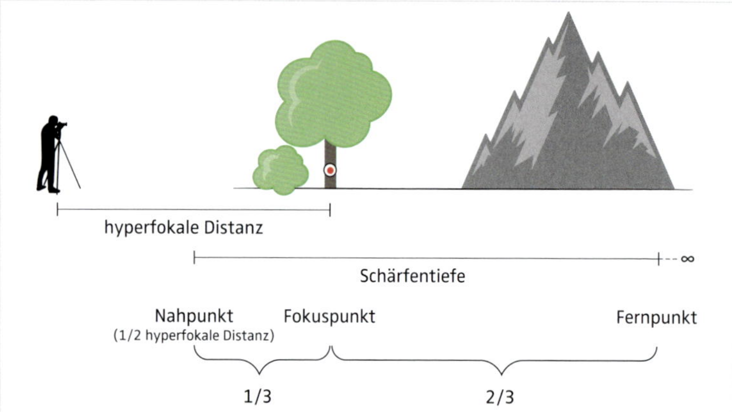

Die hyperfokale Distanz

Man kann die hyperfokale Distanz mithilfe der Brennweite, der eingestellten Blendenzahl sowie des Durchmessers der Zerstreuungskreise des Kamerasensors berechnen. Wenn der Fokus auf dem Punkt der berechneten hyperfokalen Distanz liegt (je nach Brennweite und Blende unterschiedlich), wird ab der Hälfte der Distanz alles bis zum Fernpunkt scharf wahrgenommen.

BEISPIELRECHNUNG

Brennweite: 16 mm, Blende: 11

Die Formel zur Berechnung der hyperfokalen Distanz lautet:

$$\frac{\text{Brennweite}^2}{\text{Blende} \times \text{Zerstreuungskreisdurchmesser}} + \text{Brennweite}$$

Bei einem Vollformatsensor ergibt das eine ungefähre hyperfokale Distanz von 0,8 m, was bedeutet, dass alles ab einer Entfernung von ca. 0,4 m bis ins Unendliche als scharf wahrgenommen wird.

Im Internet findest du für die Berechnung der hyperfokalen Distanz Tools und Rechner, du musst dir also nicht den Kopf zerbrechen.

Wichtig wird die hyperfokale Entfernung besonders dann, wenn du nahe Objekte im Vordergrund, zum Beispiel einen Stein am Strand, mit einem scharfen Hintergrund (See) verbinden möchtest. Damit beides annähernd scharf dargestellt wird, ist es wichtig, dass der Stein – wie in der Beispielrechnung beschrieben – nicht unter dem Nahpunkt von 0,4 m liegt, da er sich ansonsten nicht mehr in der Schärfeebene befindet. Wenn du hingegen etwas Abstand vom Stein schaffst, und seien es manchmal auch nur wenige Zentimeter, so kann dir dies ein (subjektiv wahrgenommen) durchgehend scharfes Foto verschaffen.

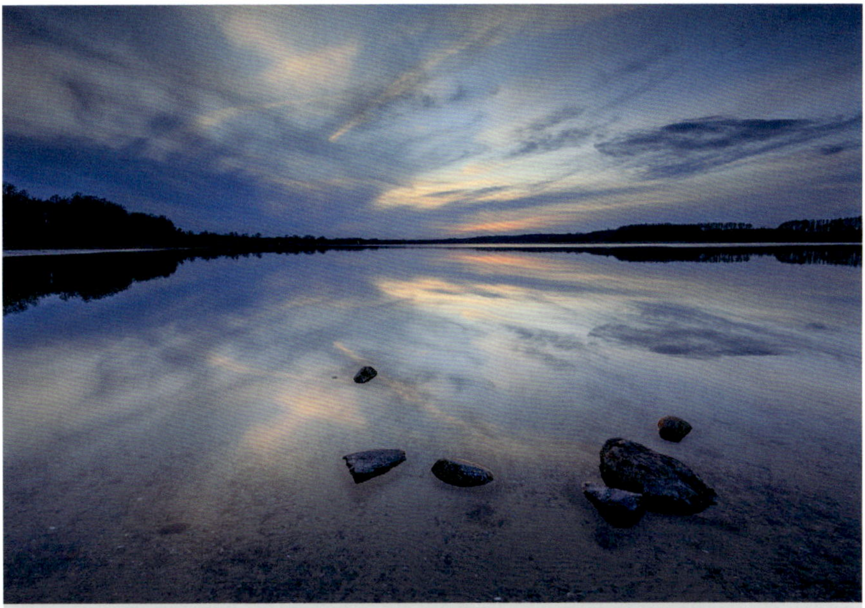

Unter Beachtung der hyperfokalen Distanz verfügt diese Aufnahme über eine durchgehende Schärfe.

Belichtungszeit

Die Belichtungszeit (engl. „*exposure time*") oder auch **Verschlusszeit** ist die Zeit, die der Sensor der Kamera dem einfallenden Licht ausgesetzt ist. Möchtest du sich schnell bewegende Motive fotografieren, ist eine kurze Verschlusszeit förderlich, um die Bewegung einzufrieren. Dazu benötigst du viel Licht, also öffnest du die Blende und wählst nötigenfalls eine höhere ISO-Zahl.

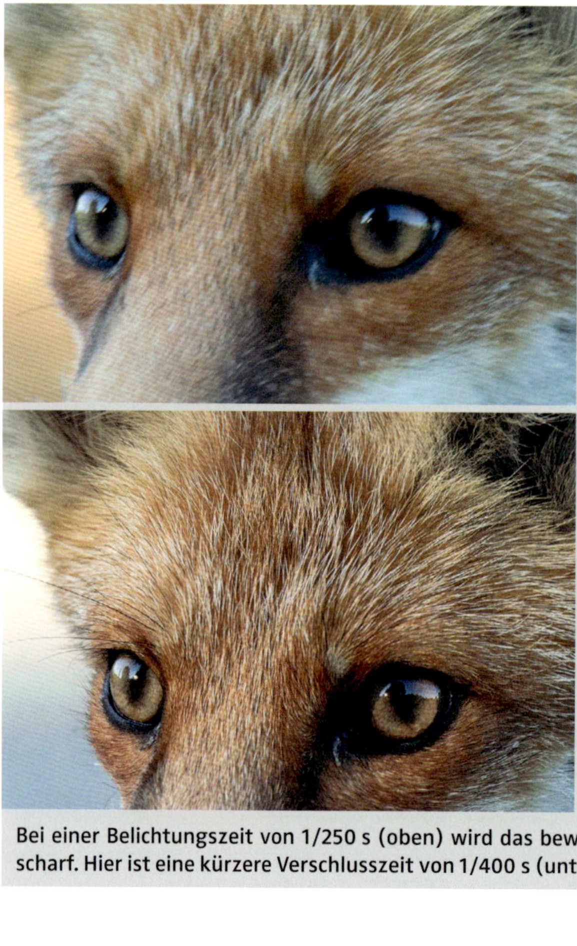

Bei einer Belichtungszeit von 1/250 s (oben) wird das bewegte Motiv unscharf. Hier ist eine kürzere Verschlusszeit von 1/400 s (unten) notwendig.

Um Dynamik (zum Beispiel rauschende Wellen oder ziehende Wolken) einzufangen, bietet sich hingegen eine längere Belichtungszeit an. Details hierzu findest du in den Kapiteln „Malen mit Licht" sowie „Landschaften" – dort spreche ich etwas mehr über das Thema Langzeitbelichtung.

PROFITIPP

Wenn die Belichtungszeit zu lang gewählt war, ist die Verwacklungsgefahr groß, vor allem bei Freihandaufnahmen. Mit einem Stativ kannst du versehentliche Schwingungen der Kamera praktisch auf null reduzieren – vorausgesetzt, du verwendest einen Kabelauslöser oder Ähnliches und das Motiv bewegt sich nicht. Gerade bei Landschaftsaufnahmen, bei denen du eine hohe Schärfentiefe erlangen und längere Verschlusszeiten in Kauf nehmen möchtest, ist daher ein Stativ notwendig.

ISO

Der Name leitet sich von der *International Organization for Standardization* ab. Zu analogen Zeiten wurde mit dieser Zahl die Lichtempfindlichkeit des Films angegeben: 100er, 400er, 1000er etc. Je höher die Filmempfindlichkeit, desto grobkörniger oder rauschender wurde das Bild. Das ist im Prinzip auch heute noch so, obwohl die modernen Kameras das Bildrauschen gut reduzieren können.

Der ISO-Wert steht bei den digitalen Kameras für die Lichtempfindlichkeit des Kamerasensors. Er bestimmt also, wie viel Licht in einer bestimmten Zeit einfällt. Je höher die ISO-Zahl, desto höher wird das Eingangssignal verstärkt und die Verschlusszeit verkürzt sich, aber auch Störsignale nehmen zu. Dies macht sich dann als Bildrauschen bemerkbar.

Es ist am Ende alles eine Frage des Abwägens: Ein scharfes Foto benötigt eine so kurze Verschlusszeit wie möglich, ohne dass dabei die ISO-Zahl zu hoch gesetzt wird und das Bildrauschen die Fotoqualität verringert. In der Tierfotografie kommt man um ein gewisses Bildrauschen oft nicht herum, während man bei der Makro- und der Landschaftsfotografie durch ein Stativ oder einen Bohnensack trotz längerer Belichtungszeit scharfe Fotos erhält.

Bei statischen Motiven kannst du dich also problemlos einer längeren Verschlusszeit bedienen und somit die ISO-Zahl geringer einstellen, um das Bildrauschen zu vermeiden. Bei sich schnell bewegenden Motiven geht das meist nicht, also erhöhst du in diesem Fall den ISO-Wert so weit wie nötig.

Starkes Bildrauschen durch einen ISO-Wert von 3200 (Nachtaufnahme)

SO GEHT'S: DIE RICHTIGE BELICHTUNG

Die drei wichtigsten Faktoren für die richtige Belichtung sind Blende, Belichtungszeit und ISO-Zahl, und sie beeinflussen sich gegenseitig. Wenn du einen Wert verstellst, müssen die anderen entsprechend angepasst werden.

Mein Tipp: Nimm dir Zeit, spanne die Kamera auf dein Stativ oder lege sie so ab, dass keine Verwacklungsgefahr besteht und probiere unterschiedliche Blendeneinstellungen, Belichtungszeiten und ISO-Werte aus. Du wirst sehen, wie sie miteinander zusammenhängen. Es sollte dir in Fleisch und Blut übergehen, sodass du später nicht mehr überlegen musst, welche Einstellungen am besten zur Situation passen.

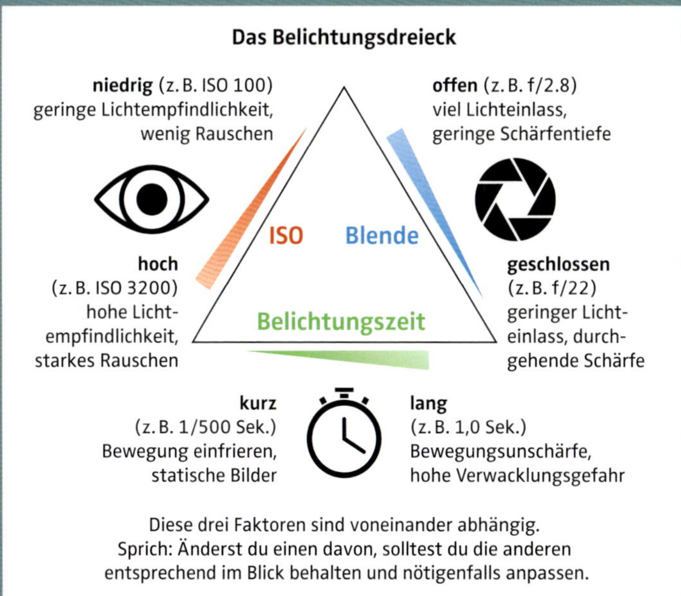

Dein Spickzettel für die perfekte Belichtung in jeder Situation

GRUNDLAGEN DER BILDGESTALTUNG

Im letzten Kapitel haben wir die Technik näher beleuchtet, jetzt geht es um den Bildaufbau und die Bildgestaltung. Denn die beste Technik nützt dir wenig, wenn du sie nicht für bestimmte Effekte einzusetzen weißt. Daher gebe ich dir in diesem Kapitel einige Hilfsmittel an die Hand, damit du deine Motive ansprechend in Szene setzen kannst.

Was genau macht ein Foto spannend? Wie lenkt man den Blick des Betrachters auf das Motiv? Ganz so einfach zu beantworten ist das nicht, denn beim Fotografieren in der Natur ist jede Situation anders. Es gibt jedoch gewisse Regeln, die man auch beim Malen eines Bildes beachtet und mit denen es dir gelingen wird, ein ansprechendes Foto zu „komponieren".

Bevor du auf den Auslöser deiner Kamera drückst, kannst du dir folgende Fragen stellen:

- Was soll mein Hauptmotiv sein?
- Wie werde ich das Foto aufbauen und welches Format wähle ich für die Situation?
- Was soll mein Foto ausstrahlen? Möchte ich Spannung oder eher Ruhe vermitteln?
- Aus welcher Perspektive werde ich das Motiv fotografieren?
- Wie soll die Blickführung durch mein Foto verlaufen?

Abbildungsmaßstab

Der Abbildungsmaßstab (ABM) stellt das Verhältnis der Bildgröße zur Gegenstandsgröße dar. Er ist abhängig von der verfügbaren Brennweite deines Objektivs sowie vom Abstand zu deinem Motiv und daher nicht immer frei wählbar. Durch ihn kannst du dich auf einen bestimmten Bildausschnitt konzentrieren (zum Beispiel bei einem Tierporträt) oder aber ein Tier in seinem Lebensraum darstellen. Mit geringerem Abstand zum Motiv und mit Verlängerung der Brennweite deines Objektivs nimmt der ABM zu. Bei einem ABM von 2 ist die Abbildung doppelt so groß wie der eigentliche Gegenstand. Sehr große Abbildungsmaßstäbe werden im Makro- und Mikrobereich erreicht.

MAKROFOTOGRAFIE

Makrofotografie bedeutet, dass das Bild des Objektes auf dem Sensor der Kamera mindestens genauso groß erscheint wie in der Realität. Dies entspricht einem Abbildungsmaßstab von 1:1 (Motiv wird in Lebensgröße abgebildet). Dennoch werden Aufnahmen von 1:10 bis 1:1 oft ebenfalls als Nahbereich- oder Makrofotografie angesehen.

Um einen großen Abbildungsmaßstab zu erreichen, kannst du dich folgender Hilfsmittel bedienen:

- Makroobjektiv: spezielles Objektiv, welches einen großen ABM ermöglicht
- Lupenobjektiv: spezielles Objektiv, welches noch größere ABMs ermöglicht als ein reines Makroobjektiv; für Bereiche von 1:1 bis 20:1 optimiert (mehr dazu im Kapitel „Insekten und Spinnen“)

- Balgengerät: verbindet Kamera und Objektiv, stufenweise Auszugsverlängerung möglich, vergrößert Abstand zwischen Sensor und Objektiv (=Bildweite) und somit ABM
- Zwischenringe: nicht variabler einsetzbarer Ring zwischen Kamera und Objektiv, vergrößert Bildweite und somit ABM

Bildausschnitt

Auch wenn wir vor Ort mit unseren Augen die gesamte Situation wahrnehmen können, kann die Kamera dies standardmäßig nicht. Daher musst du mit Bildausschnitten arbeiten, oder aber – um möglichst viel von der Szene zu erfassen – ein Panorama aufnehmen.

Mit dem passenden Ausschnitt kannst du wichtige Elemente des Bildes betonen. Ein großer Ausschnitt kann Weite vermitteln, ein enger hingegen kann sich auf ein Hauptmotiv konzentrieren und dadurch ausdrucksstärker sein. Durch die Nutzung unterschiedlicher Brennweiten kannst du den Ausschnitt vor Ort variieren. Manchmal hilft es, erst mit einem großen Bildausschnitt zu beginnen und sich dann immer näher heranzutasten. So kannst du zudem von ein und derselben Situation verschiedene Fotos mit nach Hause nehmen.

Aufnahmeformat

Das Format schon beim Fotografieren zu bestimmen, bietet dir einige Vorteile. Natürlich kannst du das Foto auch später zuschneiden, aber aus einem Querformat lässt sich oft kein vernünftig komponiertes Hochformat basteln und andersherum! Wenn du die Gelegenheit und ausreichend Zeit hast, bietet es sich an, von einer Situation sowohl Hoch- als auch Querformataufnahmen zu schießen, denn für spätere Zwecke weiß man nie, wofür man das Foto noch gebrauchen kann.

Mit dem Format als Gestaltungselement lässt sich das Auge des Betrachters lenken, und du kannst ganz leicht spezielle Bildaussagen unterstreichen. Das **Querformat** kommt unserer Sehgewohnheit zwar am nächsten, doch ein hoch aufragender Baum im Wald oder ein mächtiger Felsen werden eher durch ein **Hochformat** betont.

Perspektive

Du hast dein Motiv gefunden, bist dir aber nicht sicher, welchen Blickwinkel du verwenden sollst? In der Fotografie unterscheidet man zwischen den folgenden drei Perspektiven:

- Froschperspektive/Untersicht
- Normalperspektive
- Vogelperspektive/Aufsicht

Wie der Name schon sagt, fotografiert man bei der Untersicht bzw. **Froschperspektive** aus einer sehr niedrigen Ansicht und im Extremfall von unten nach oben. Die Untersicht ist niedriger als die Augenhöhe, man muss sich also dafür oft kleinmachen bzw. auf den Boden legen oder zumindest die Kamera sehr niedrig platzieren. Die Motive, die sich nahe an der Kamera befinden, wirken durch die Perspektive erhabener und größer, was man sich zunutze machen kann. Außerdem kannst du den Vordergrund bei dieser Perspektive gut in die Bildgestaltung miteinbeziehen, da er sehr prominent ist.

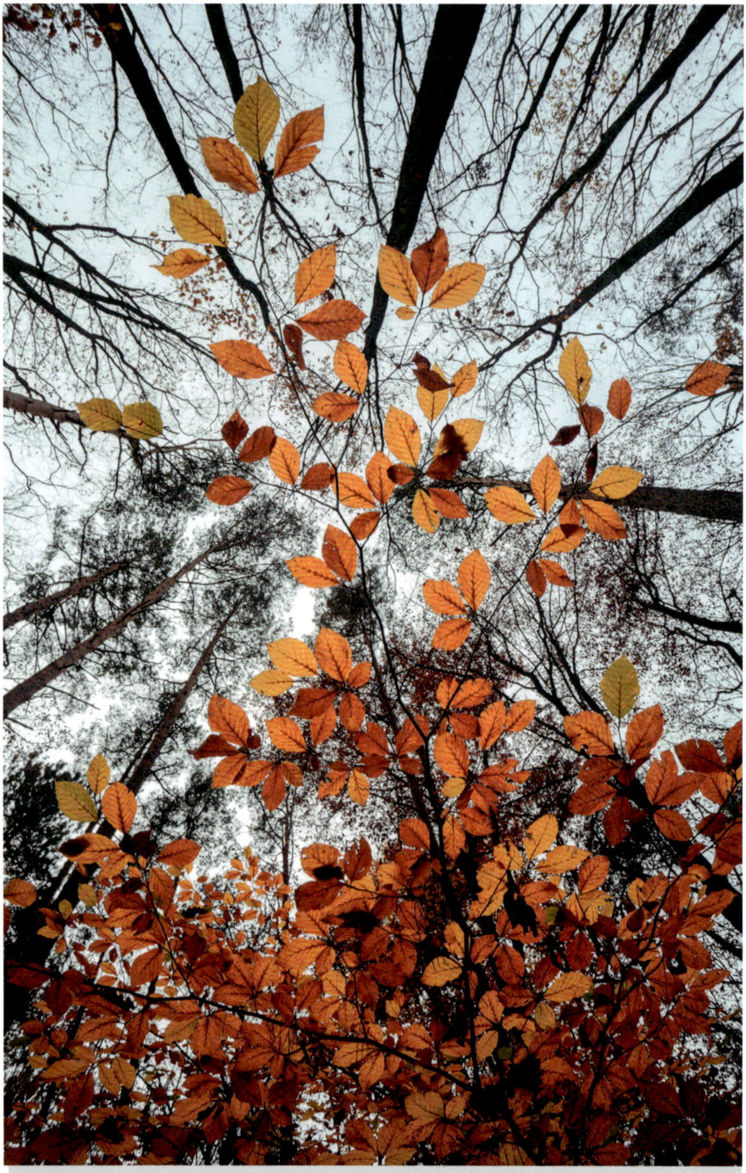

Von unten nach oben: die Froschperspektive

Die **Normalperspektive** ist die klassische Perspektive der Fotografie, bei der sich die Kamera auf Augenhöhe befindet. Ein gutes Beispiel sind Tierporträts, die besonders intensiv wirken, wenn du mit dem Motiv auf selber Höhe bist. Generell wird sehr häufig aus dieser Perspektive fotografiert, da sie am natürlichsten abbildet, was wir sehen.

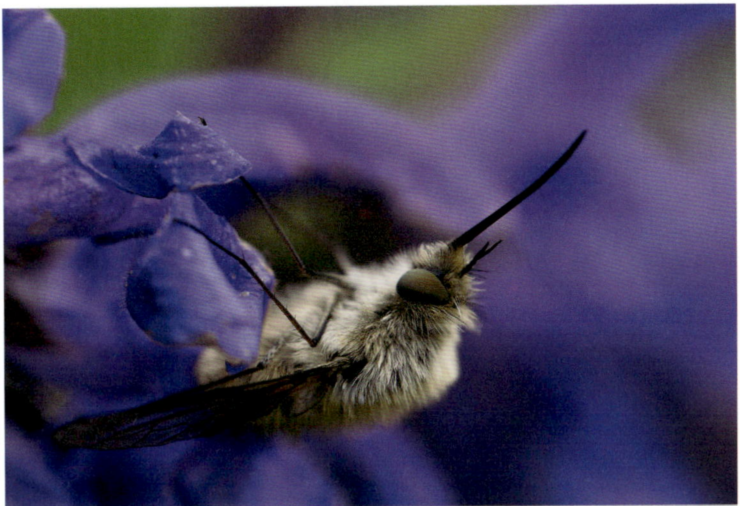

Gerade bei der Tierfotografie spielt die Normalperspektive eine wichtige Rolle.

Bei der Aufsicht bzw. **Vogelperspektive** werden Motive von weiter oben abgebildet. Wenn die Kamera dabei stark nach unten geneigt wird, gelangt man in die Vogelperspektive und als Extremform in eine Draufsicht, also 90 Grad nach unten gerichtet. Meist wirken die Motive dadurch klein und in die Umgebung integriert, du erhältst eine Art Übersichtsaufnahme. Bei Landschaftsaufnahmen lässt sich dadurch eine gute Staffelung des Vordergrundes erreichen, da dieser viel Fläche bietet. Draufsichten sind besonders bei Detail- und Strukturaufnahmen interessant, da sie eine vollständige Schärfe über das gesamte Bild ermöglichen.

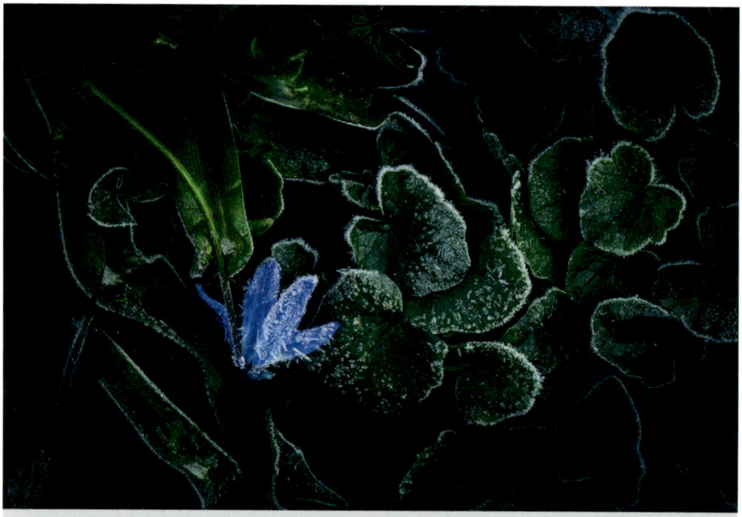

Der Waldboden von oben: Durch die Vogelperspektive kommt der Blaustern besonders gut zur Geltung.

PROFITIPP

Durch einen anderen Blickwinkel lassen sich unterschiedliche Bildwirkungen erzielen. Probiere es einmal selbst aus: Fotografiere dasselbe Motiv aus unterschiedlichen Perspektiven und schau dir die Ergebnisse hinterher in Ruhe an. Erkennst du einen Unterschied in der Wirkung?

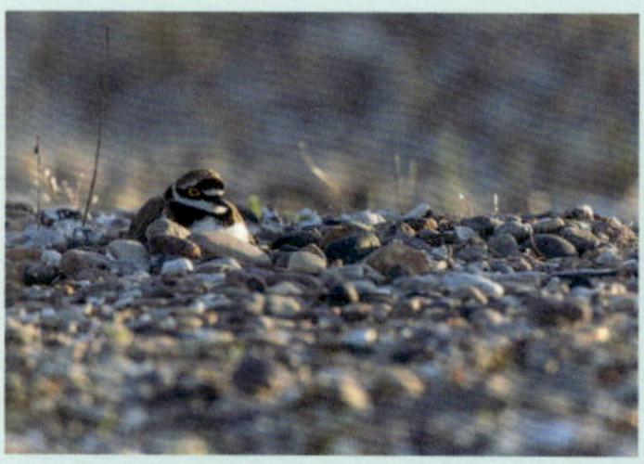

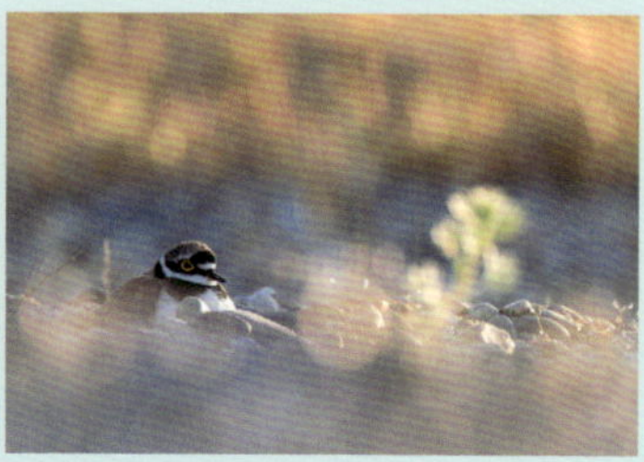

Links: aus dem Stand fotografiert; rechts: aus liegender Position aufgenommen

Bildaufbau

Grundsätzlich unterscheidet man beim Bildaufbau zwischen **Vordergrund**, **Mittelgrund** und **Hintergrund**. Durch diese Ebenen kannst du deinem Foto räumliche Tiefe verleihen und Bildspannung erzeugen, doch nicht immer benötigst du alle Ebenen in einem Foto, um dein Ziel zu erreichen.

Für ein ausgewogenes Landschaftsbild ist eine Tiefenwirkung im Bild zwar erstrebenswert, aber nicht immer ein Muss, da Spannung auch mit weniger Bildebenen und durch andere Bildgestaltungselemente erzeugt werden kann.

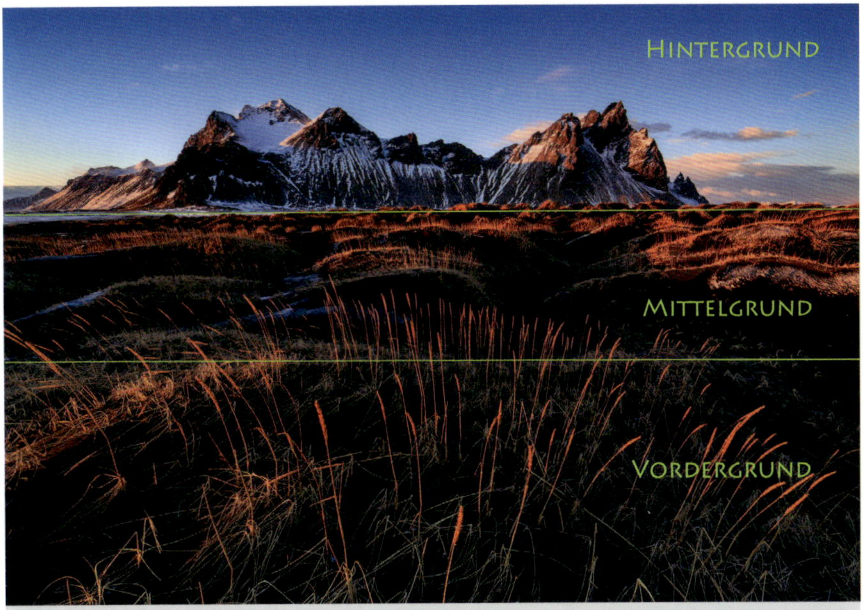

Das Landschaftsfoto kann in unterschiedliche Bildebenen eingeteilt werden.

Bildgestaltungsmöglichkeiten

Am Anfang gerät man gern in Versuchung, alles einfach in die Mitte zu setzen. Schließlich kann man das Bild ja noch nachträglich beschneiden, wozu da vorher schon über eine Platzierung im Bild nachdenken? Ganz so einfach ist es allerdings nicht, denn mit dem nachträglichen Beschnitt gehen dir wichtige Bildinformation verloren. Gerade beim späteren Druck deiner Fotos ist es wichtig, dass nicht zu stark beschnitten wurde, da sonst die Bildqualität leidet. Zudem wirken mittig platzierte Motive oft sehr statisch und erzeugen keine Spannung im Bild.

Eine Ausnahme gibt es in der Tierfotografie: Dort geht es hauptsächlich um den Faktor Zeit, und oft genug kann man froh sein, wenn man das Tier überhaupt scharf auf der Speicherkarte verewigt hat. Der Beschnitt erfolgt dann nachträglich am Rechner.

Für alle anderen Situationen gibt es Regeln oder Empfehlungen, die es dir als Fotograf erleichtern, deine Bildkomposition zu gestalten. Dabei wird das Bild gedanklich in ein Raster eingeteilt, und die einzelnen Bildbausteine erhalten ihren Platz darin.

Drittelregel

Teile dein Bild gedanklich in drei gleich große Teile auf, so ergeben sich neun gleich große Rechtecke. Wenn du nun deine Motive bzw. wichtige Linien deines Fotos in diese Linien setzt, ergeben sich schöne Kompositionen. Diese Regelung ist oft ein wenig leichter umzusetzen als der Goldene Schnitt.

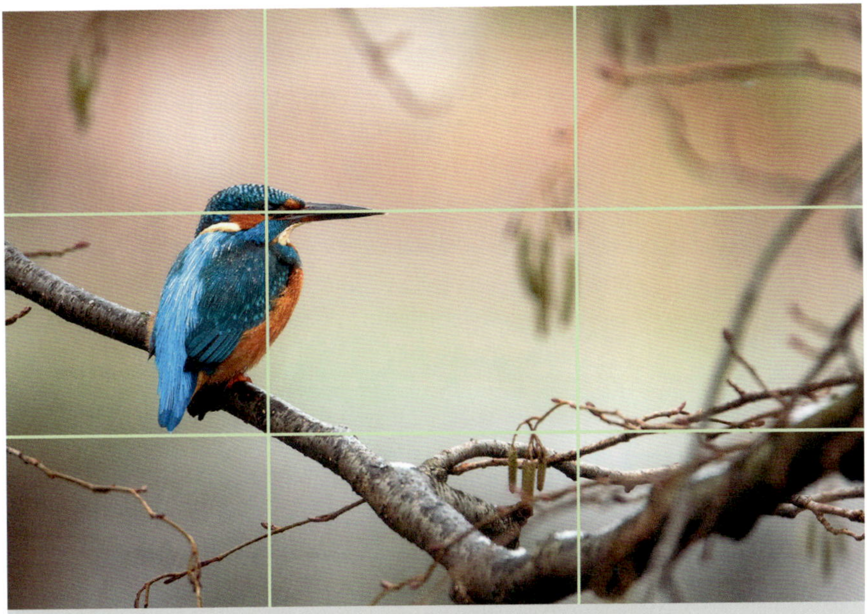

Das Auge des Eisvogels liegt genau im Schnittpunkt der Drittelregel.

Goldener Schnitt

Der Goldene Schnitt gilt seit der Antike als ein Stilmittel in der Kunst und in der Architektur. Er lässt sich als ein Teilungsverhältnis von Strecken bezeichnen und kann berechnet werden. Eine Strecke wird dabei so unterteilt, dass das Verhältnis der kleineren Teilstrecke (b) zur größeren Teilstrecke (a) dem der größeren Strecke a zur Gesamtstrecke (a+b) entspricht. Die Formel lautet also:

$$\mathbf{a/b = (a+b)/a}$$

Da man aber beim Fotografieren meist keine Zeit dazu hat, genaue Berechnungen anzustellen, kann man sich als Ausgangspunkt die Drittelregel vorstellen. Wie schon erwähnt, entstehen dann neun gleich große Rechtecke. Für den Goldenen Schnitt rückt man die Linien einfach weiter ins Zentrum des Fotos, sodass die Rechtecke nicht mehr gleich groß sind. Anhand dieses Schemas lassen sich nun Motive in dieses gedachte Linienkonstrukt setzen.

Im besten Fall platzierst du wichtige Bildpunkte (z. B. das Auge eines Tieres) im Schnittpunkt zweier Achsen, dem sogenannten Kreuzungspunkt. Solche Kompositionen werden im Allgemeinen als sehr harmonisch empfunden: Das Motiv befindet sich nicht mehr in der Mitte, aber auch nicht zu sehr am Rand. Du kannst auch später in der Bildbearbeitung ein Raster über dein Foto legen, um zu überprüfen, ob du die Motive richtig platziert hast.

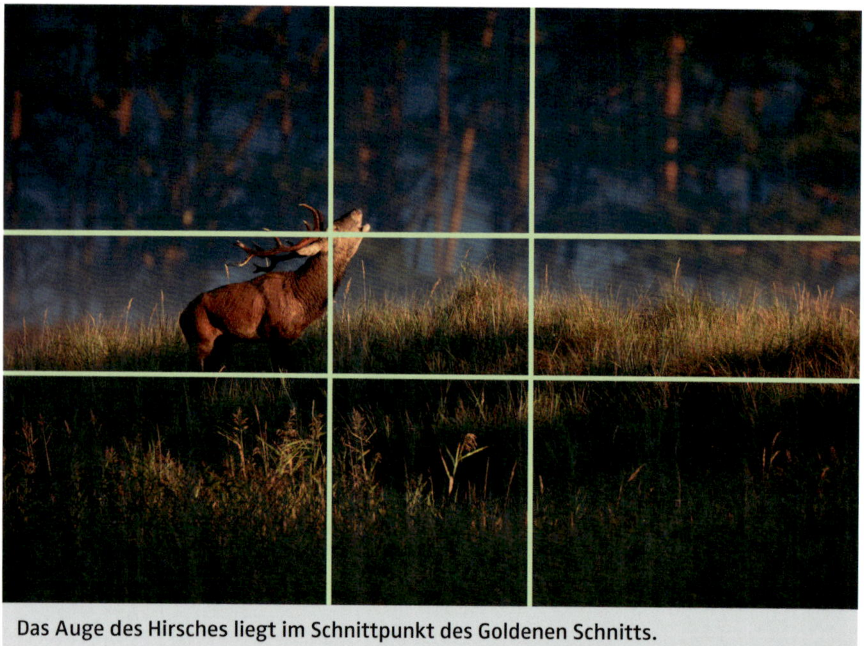

Das Auge des Hirsches liegt im Schnittpunkt des Goldenen Schnitts.

Linien

Linienführung ist ein wichtiges Element der Bildgestaltung, denn Linien sind allgegenwärtig: Es gibt waagerechte Linien, Horizontlinien und senkrechte Linien sowie diagonale und geschwungene Linien.

Waagerechte Linien vermitteln dem Betrachtenden Gleichgewicht. Sie nehmen die Dynamik aus dem Bild, erschaffen Ruhe und können durch verschiedene Ebenen auch Tiefe erzeugen. In der kreativen Fotografie kann man sie außerdem einsetzen, um einen plakativen Bildstil zu erhalten.

Die **Horizontlinie** als eine waagerechte Linie ist sehr wichtig, denn sie teilt das Foto in zwei Teile. Je nach Gewichtung des Vorder- oder Hintergrunds kann man die Horizontlinie verschieben. Ist der Vordergrund interessanter und du möchtest Tiefe im Bild erschaffen, ist es ratsam, die Horizontlinie in das obere Drittel des Bildes zu verschieben. Bei spannenden Hintergründen ist sie im unteren Drittel besser aufgehoben. So gelingt es dir, bestimmte Bildbereiche stärker zu betonen. Eine mittig platzierte Horizontlinie bietet sich bei symmetrischen Aufnahmen an, da sie das Bild perfekt teilt und Ruhe vermittelt – bei schönen Wasserspiegelungen zum Beispiel.

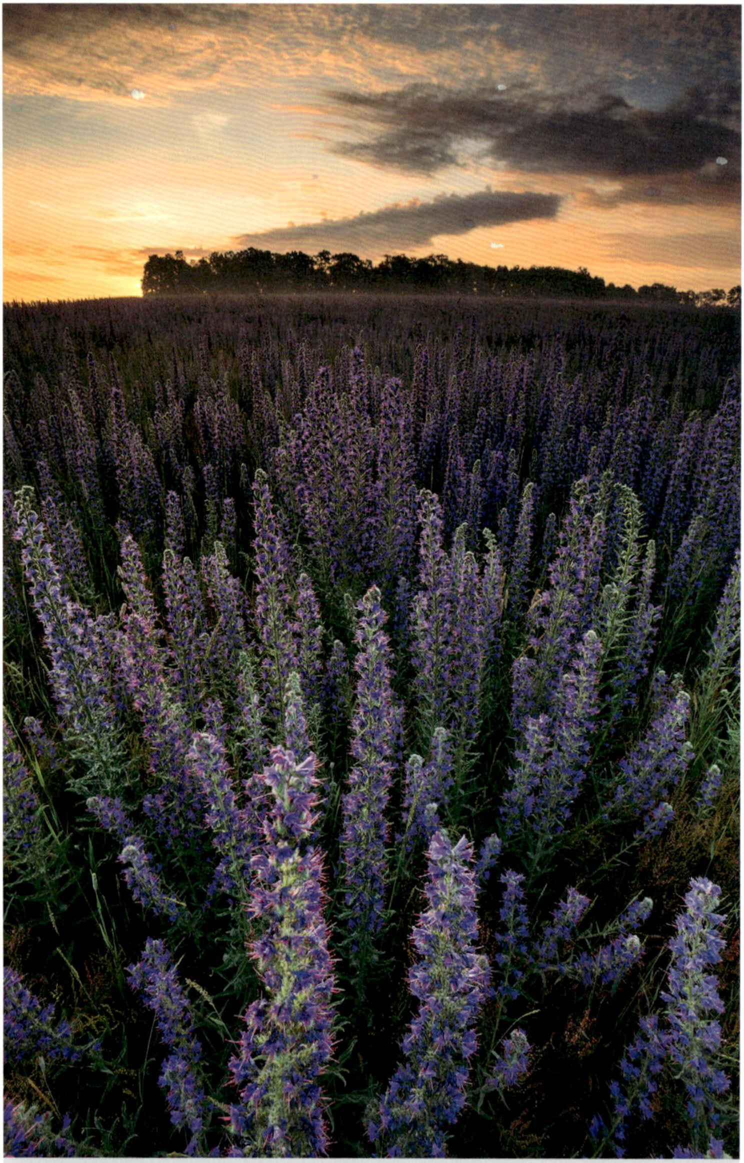

Die Horizontlinie wurde im oberen Drittel des Bildes platziert, um das Motiv im Vordergrund zu betonen.

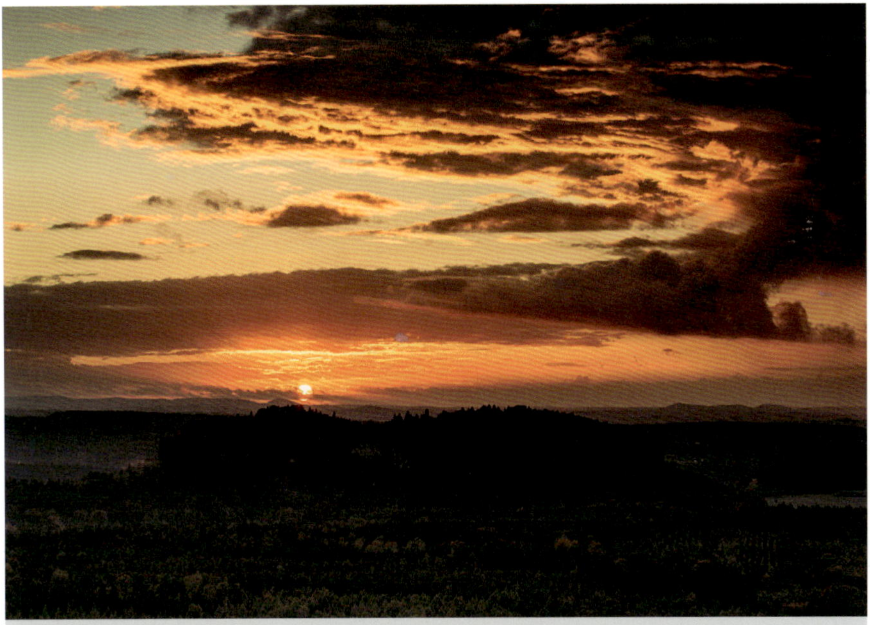

Durch eine Horizontlinie im unteren Drittel des Bildes wird der Blick des Betrachters auf den Hintergrund gelenkt.

Mit **senkrechten Linien** lassen sich wiederum Stärke, Erhabenheit und Standfestigkeit vermitteln. Besonders beeindruckend wirken sie, wenn man aus der Untersicht/Froschperspektive fotografiert.

Diagonale Linien hingegen bringen Spannung und Dynamik in dein Bild. Sie können genutzt werden, um Bildtiefe zu erzeugen (z. B. wenn sie auf einen Fluchtpunkt zulaufen). Wenn die Diagonale von links unten nach rechts oben verläuft, wird sie aufgrund der Leserichtung von links nach rechts als steigend bezeichnet. Eine von links oben nach rechts unten verlaufende Diagonale gilt als fallend. Fallende Diagonalen verlaufen daher optisch aus dem Bild hinaus, während steigende in das Bild hineinführen.

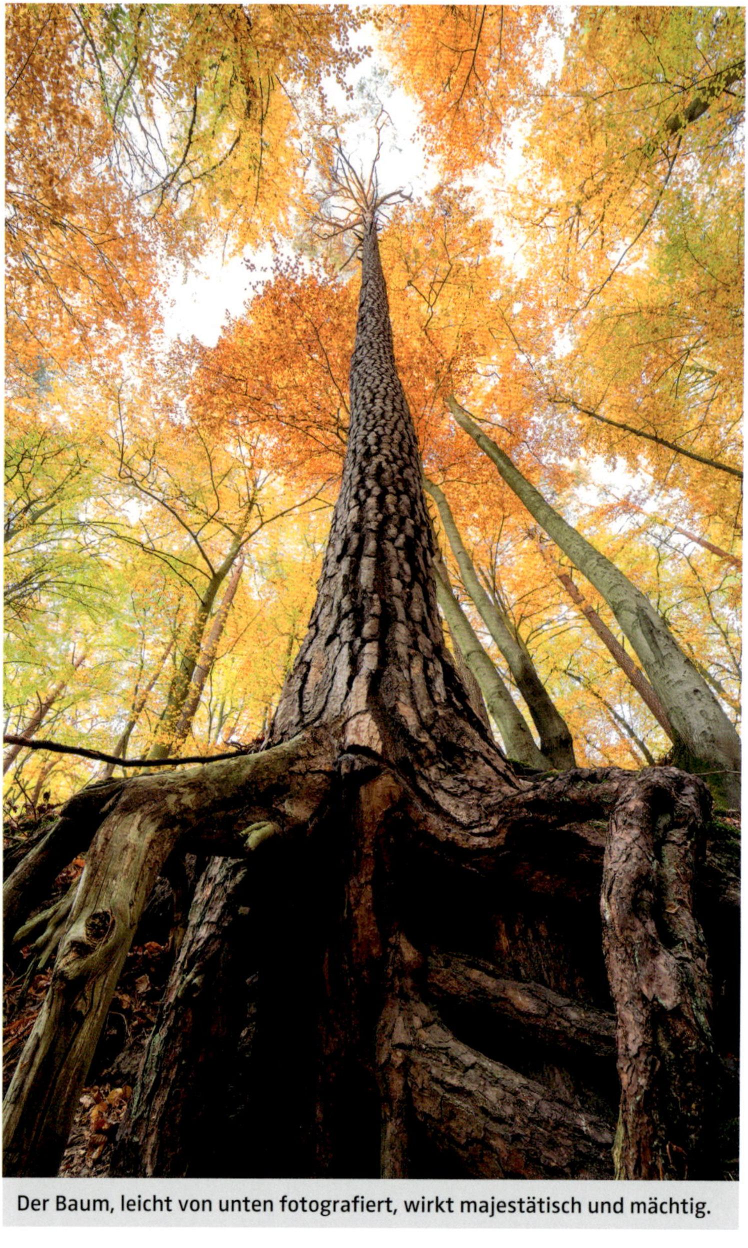

Der Baum, leicht von unten fotografiert, wirkt majestätisch und mächtig.

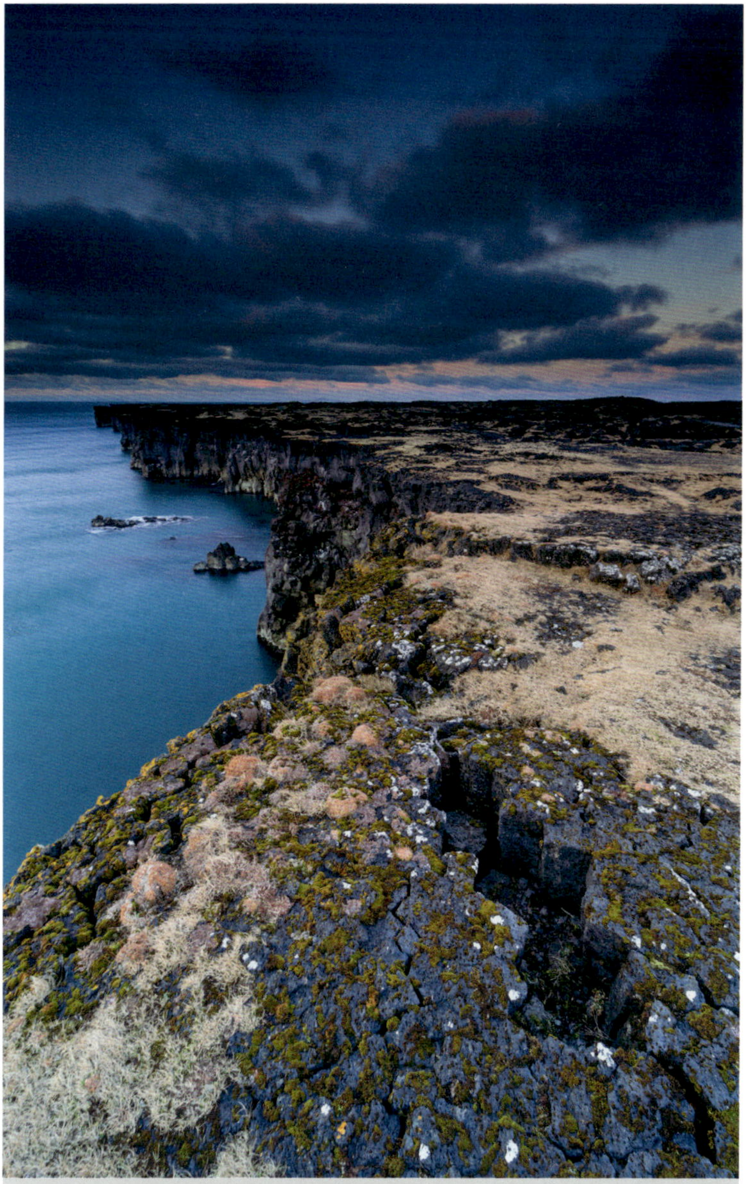

Der Felsspalt im Vordergrund verläuft diagonal von rechts unten nach links oben und erzeugt Spannung.

Geschwungene Linien haben einen fließenden Charakter. Sie können gut genutzt werden, um Motive optisch zu verbinden. Durch Wiederholungen kann zudem ein leicht hypnotischer Effekt erzielt werden.

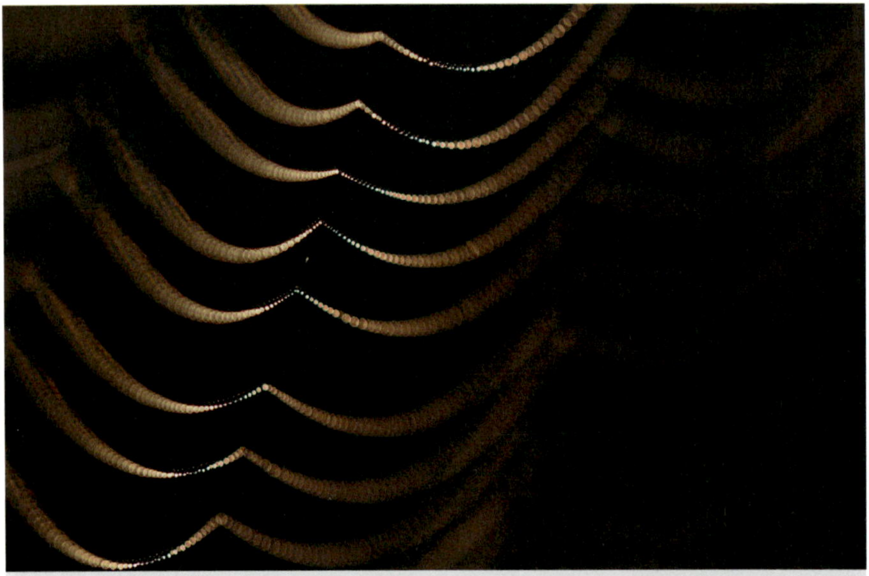

Sich wiederholende und geschwungene Spinnennetzfäden fesseln den Blick.

Dreieck

Eine Dreieckskomposition, in der zum Beispiel drei Motive in einem gedachten Dreieck liegen oder eine Umrahmung eine dreieckige Form aufweist, gilt als besonders harmonisch und ausgeglichen. Eine leicht mittige Positionierung des Motivs bietet sich hier an, um die ruhige Wirkung zu unterstreichen.

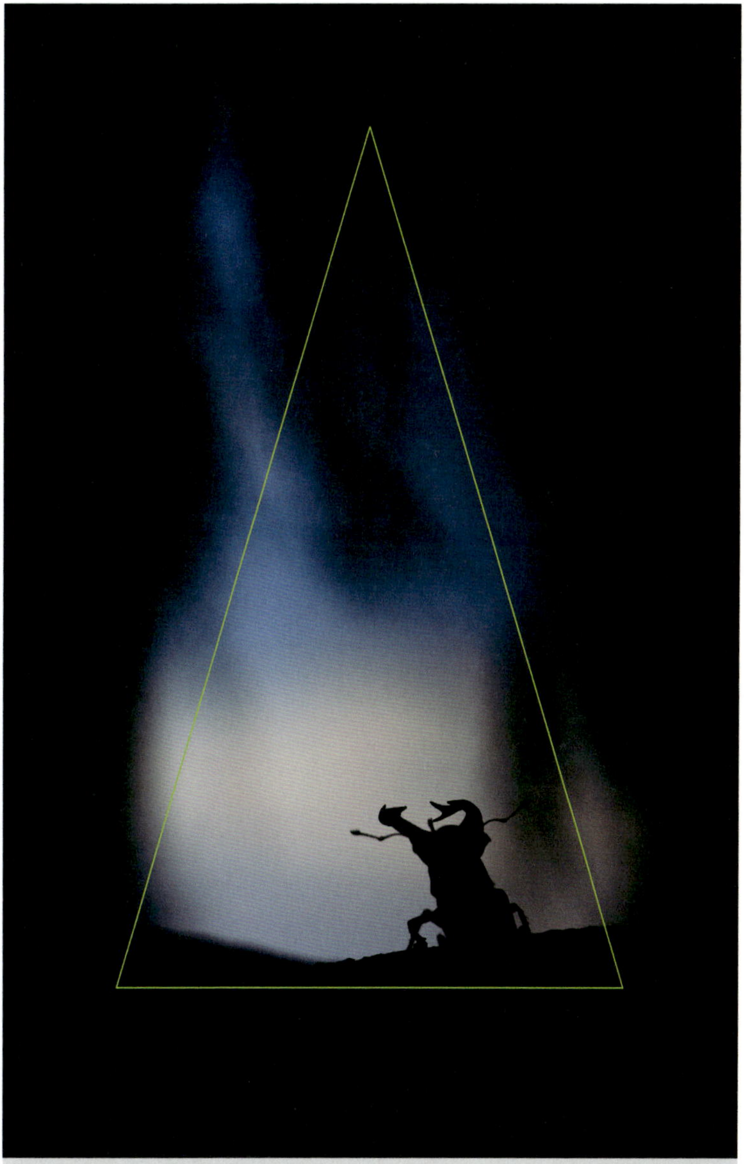

Der Hirschkäfer wird bewusst dreiecksförmig eingerahmt, um seine Silhouette harmonisch zu umschließen.

Rahmung

Einen natürlichen Rahmen am Rand deines Fotos zu kreieren, gelingt auf unterschiedlichste Weise, sei es durch Lichteinfälle, Reflexe oder durch Objekte im Vordergrund, durch die du hindurchfotografierst. Durch einen Rahmen um das ganze Motiv herum bildest du eine Art „Guckloch", wodurch der Eindruck des stillen Beobachters entsteht. Gerade in der Tierfotografie bietet sich das an; man kann so das zurückgezogene Leben der Wildtiere betonen.

In der Landschaftsfotografie kannst du ebenfalls Rahmen verwenden, um zum Beispiel einen eintönigen blauen Himmel gegen eine interessante Struktur im Vordergrund auszutauschen. Dazu beziehst du Objekte im Vordergrund mit ein, fokussierst diese aber nicht an. Äste im Vordergrund können z. B. den oberen Bildabschluss bilden und „beleben" den sonst eher langweiligen blauen Himmel.

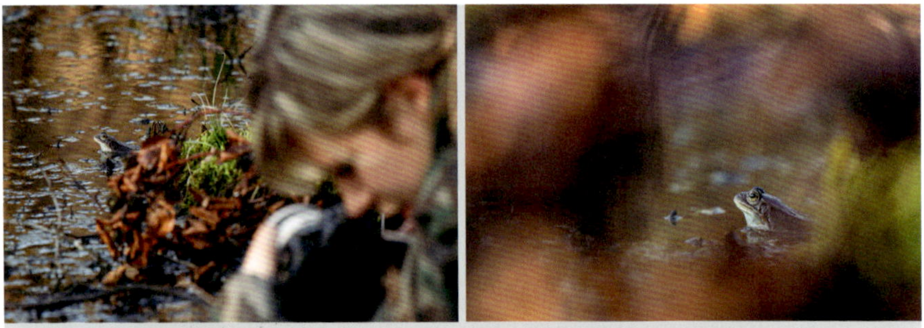

Der Grasfrosch wird durch das Blattwerk im Vordergrund eingerahmt.

PROFITIPP

Man muss sich nicht immer an alle Empfehlungen halten, sondern kann auch mal von allem abweichen. Auch ein chaotisches Bild ohne erkennbare Linienführung oder ein ganz am Rande platziertes und angeschnittenes Motiv hat seinen Reiz. Oder wie wäre es mit einem sich wiederholenden Hauptmotiv? Der Blick wird dadurch zwischen den Hauptmotiven hin- und hergeführt. Fakt ist: Du darfst deiner Kreativität durchaus freien Lauf lassen und deinen ganz eigenen Regeln folgen.

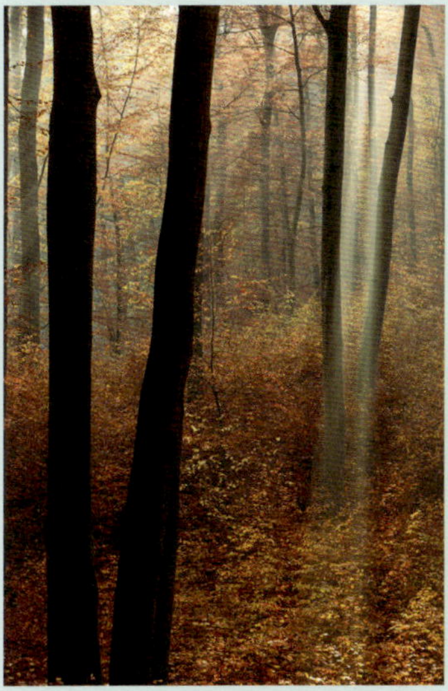

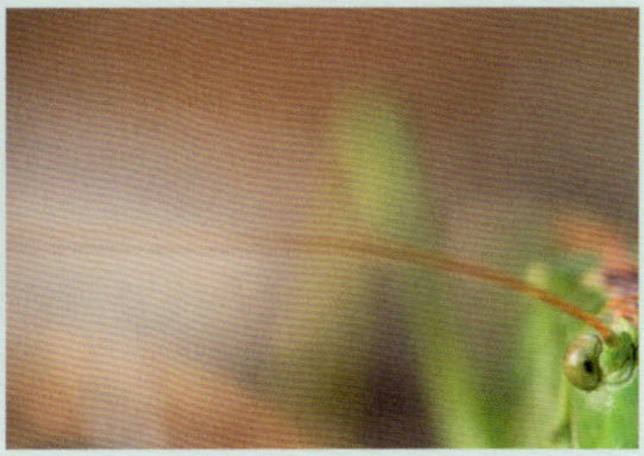

Lass deiner fotografischen Kreativität freien Lauf!

Malen mit Licht

Fotografie stammt aus dem Altgriechischen und heißt übersetzt „Malen mit Licht“. Nicht nur für die Entstehung eines Fotos ist Licht eine Voraussetzung, auch in der Gestaltung spielt es eine zentrale Rolle. Damit meine ich nicht die korrekte Belichtung, sondern viel eher die gestalterische Komponente. Ein Foto muss nicht immer gut ausgeleuchtet sein, um zu wirken. Vielmehr kann man den Blick des Betrachters durch das Spiel von Licht und Schatten auf das Motiv lenken, man kann Kontraste nutzen, Konturen beleuchten oder durch Schattenrisse ganz plakativ arbeiten. Durch den Einsatz des Lichts ergeben sich unzählige Möglichkeiten, und kein Motiv gleicht daher wirklich dem anderen.

Natürliches Licht nutzen

Während man im Studio auf Leuchten und Blitzlichter angewiesen ist, arbeitet man in der Naturfotografie meist mit dem vorhandenen Licht. Man hat also keine Konstante, sondern muss sich schnell auf verschiedene Lichtsituationen einstellen und lernen, sie zu nutzen.

Das schönste Licht des Tages gibt es leider zu sehr unchristlichen Zeiten, nämlich zum Sonnenauf- und -untergang. Nun wirst du dir vielleicht sagen: „Sonnenuntergang ist kein Problem, aber wozu denn früh aufstehen?“ Doch ich rate dir dennoch dazu, dich auch mal morgens aus dem Bett zu quälen. Viele Tierarten bewegen sich zu dieser Zeit des Tages draußen etwas ungestörter. Außerdem entgehen dir sonst wunderbare Stimmungen mit Nebel, Reif und Bodenfrost. Und wer die Ruhe liebt und gerne die Natur genießen möchte, ohne, dass ständig Jogger und Spaziergänger an einem vorbeilaufen, der kann das am besten in den frühen Morgenstunden tun.

Bei Sonnenschein hast du – je nach Positionierung zur Lichtquelle – unterschiedliche Möglichkeiten, zu fotografieren:

- Im Licht: Die Sonne hast du im Rücken.
- Streiflicht: Das Licht fällt von der Seite ein.
- Gegenlicht: Du fotografierst gegen die Sonne.

Im Licht zu fotografieren bedeutet, dass dir die Sonne auf den Rücken scheint und dein vor dir befindliches Motiv angeleuchtet wird. Bei nahen Motiven wie Pflanzen oder Insekten kannst du das Objekt bei Bedarf mittels eines Diffusors abschatten (manchmal tut es auch die eigene Hand oder der Rucksack, falls du gerade nichts anderes dabeihast). Mit unterschiedlichen Abschattungsebenen kannst du das Licht auf dem Foto stark verändern, von komplett angeleuchtet über partiell bis hin zu vollständig abgeschattet. Dadurch entstehen unterschiedliche Bildwirkungen.

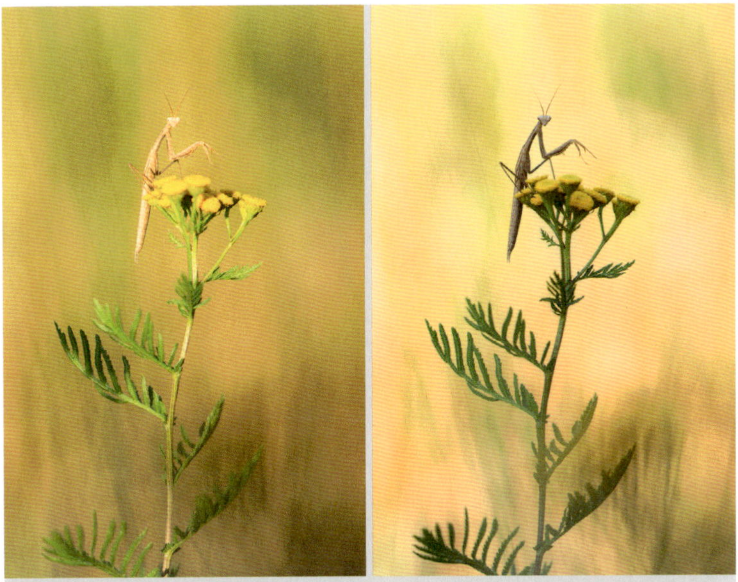

Links wurde die Gottesanbeterin im Licht fotografiert, rechts wurde das Motiv abgeschattet. Beide Aufnahmen sind „richtig“ belichtet.

Wichtig ist, dass keine zu starken Kontraste entstehen, denn dann wird die korrekte Belichtung problematisch. Wenn der Hintergrund zu stark angestrahlt, das Blümchen im Vordergrund aber zu sehr abgedunkelt wird, überstrahlt dein Hintergrund und das Motiv wird zu dunkel.

Streiflicht bedeutet, dass das Licht von der Seite auf die Szene einfällt. Damit kann man abwechslungsreiche Stimmungen erschaffen und Akzente setzen.

Gegenlicht ist wohl das am schwierigsten zu beherrschende Licht, aber für mich persönlich auch das spannendste. Tagsüber kannst du das Gegenlicht beispielsweise wunderbar für die Pflanzen- oder Amphibienfotografie am Wasser nutzen, da die Reflexe auf der Wasseroberfläche einen interessanten und abwechslungsreichen Hintergrund bilden.

In der Landschaftsfotografie fotografiert man oft gegen die auf- oder untergehende Sonne. Da die Kontraste sehr stark sind, bietet sich der Einsatz von Grauverlaufsfiltern an, zumindest bei halbwegs erkennbaren Horizontlinien. Im Wald hingegen ist das nicht sinnvoll, da du keine klare Horizontlinie hast und der obere Bildteil die Bäume zu stark abdunkeln würde.

Egal ob bei der Landschafts- oder der Makrofotografie: Sobald du den Bildausschnitt etwas unterhalb der einfallenden Sonne wählst, erhältst du dank der Sonnenstrahlen einen fantastischen Lichteffekt. Bei tief stehender Sonne fängst du so noch die letzten Strahlen ein, und die warmen Farben sorgen für einen ganz besonderen Bildlook. Kurz vor Sonnenuntergang hast du zudem manchmal die Chance auf einen dezenten, gelben, orangen oder roten Sonnenball, der dein Motiv als Hintergrund zusätzlich aufwertet.

ACHTUNG!

Bitte bei Gegenlichtaufnahmen nie direkt durch den Sucher in die Sonne schauen, vor allem nicht durch Teleobjektive. Nutze dafür lieber das Kameradisplay, ansonsten kann dein Auge Schaden nehmen.

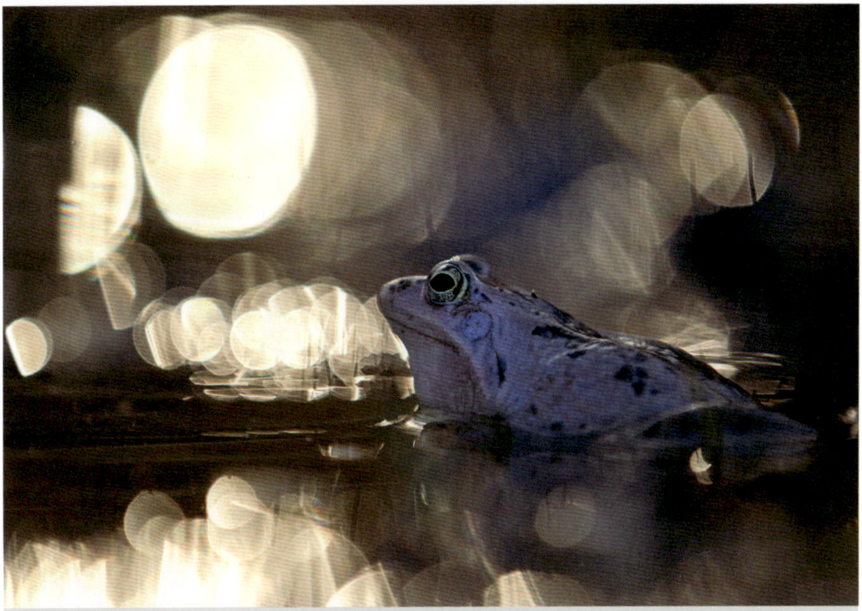

Moorfroschmännchen im Gegenlicht mit Wasserreflexen

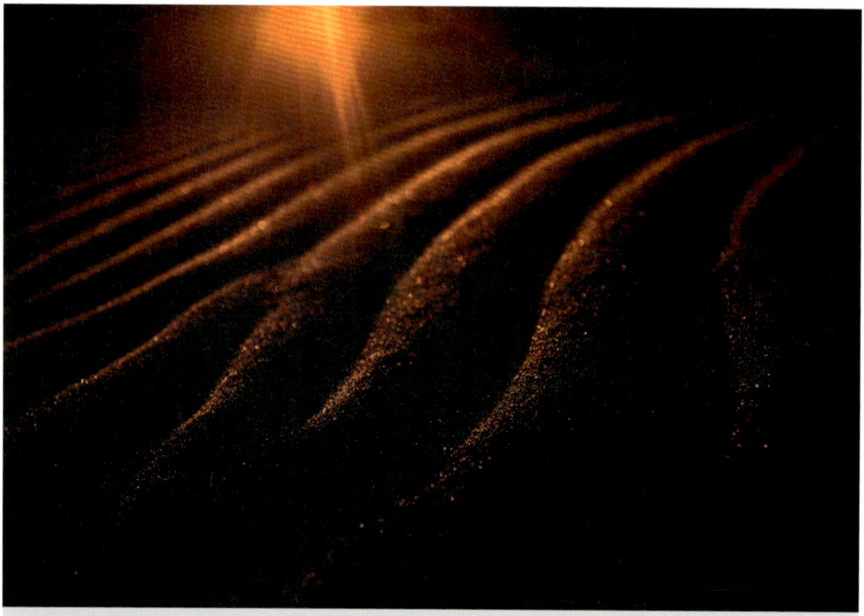

Sanddüne auf Island, im letzten Licht des Tages fotografiert

EXKURS: SCHATTENRISSE UND SILHOUETTEN

Besonders plakativ wirkende Fotos, die mithilfe des Gegenlichtes entstehen, sind **Schattenrisse**. Der Begriff bezeichnet eine Kontur oder eine Fläche, die sich stark vom Hintergrund abhebt. Dies kannst du erreichen, indem du z. B. ein Motiv gegen die tief stehende Sonne oder gegen den taghellen Himmel fotografierst, also das Gegenlicht nutzt.

Eine künstlerische Wirkung kannst du zudem durch die Betonung von Umrissen erreichen, indem die **Silhouette** des Motivs durch starke Unterbelichtung hervorgehoben wird. Dies erreichst du, indem du die Belichtung nach unten korrigierst, also alles etwas dunkler einstellst. Das Motiv ist dann nur noch anhand seiner Umrisse zu erkennen – es entsteht ein mystischer Eindruck.

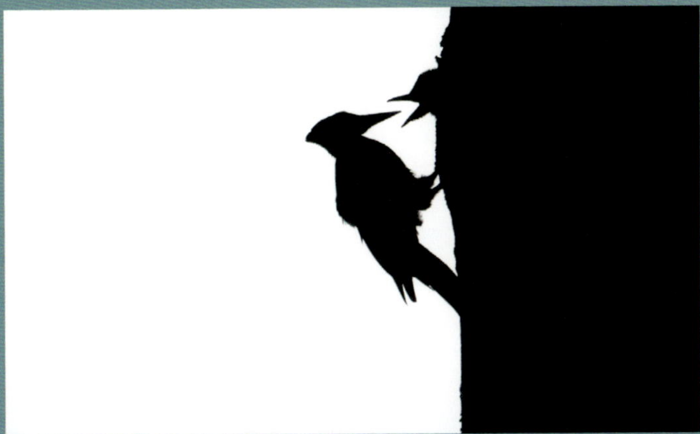

Schattenriss: Schwarzspecht bei der Fütterung im Mittagslicht

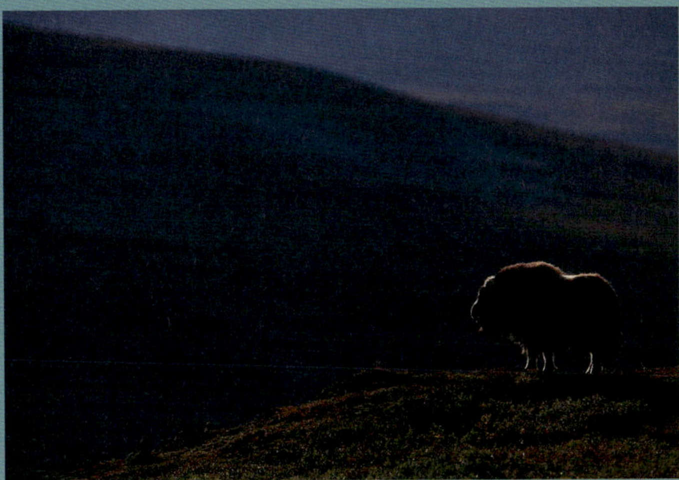

Der Moschusochse ist lediglich anhand seiner angestrahlten Silhouette zu erkennen.

Hartes Licht vs. weiches Licht

Diese Begriffe hast du bestimmt schon einmal gehört. **Hartes Licht** wird durch kleinflächige Lichtquellen erzeugt und ist geprägt von starken Kontrasten sowie harten Schlagschatten (pralle Mittagssonne). **Weiches Licht** hingegen wird durch große Abstrahlflächen erzeugt und ist eher diffus; die Kontraste werden geringer und die Schatten weich (z. B. an einem bewölkten Tag).

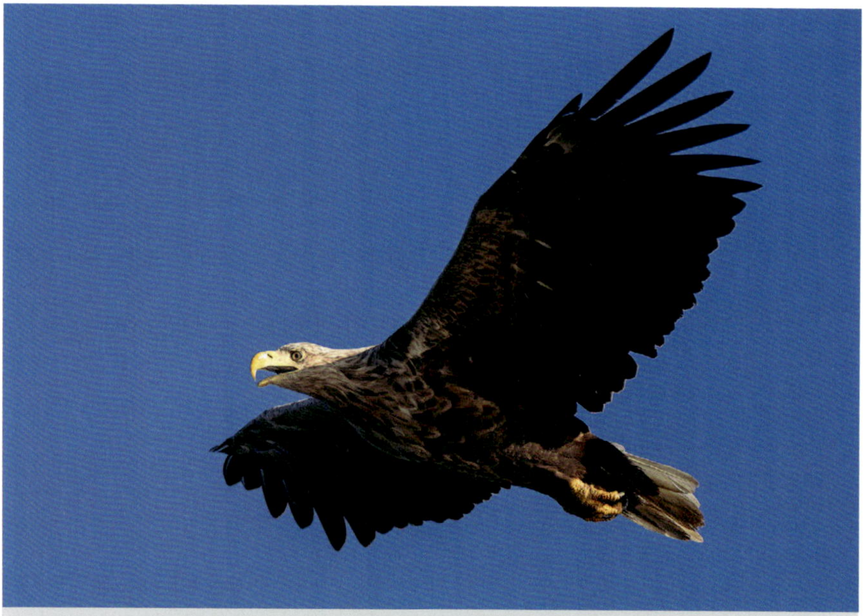

Bei diesem Seeadler im harten Mittagslicht sind die Kontraste zu hoch.

Für die meisten Fotos ist eher weiches Licht zu bevorzugen, da die harten Schlagschatten an den Motiven nicht besonders schön aussehen. Das heißt aber nicht, dass hartes Licht keine Berechtigung in der Fotografie hat. Kontraste sind nicht immer schlecht, oft kann man sie auch gezielt nutzen, um bestimmte Bildbereiche zu betonen und hervorzuheben.

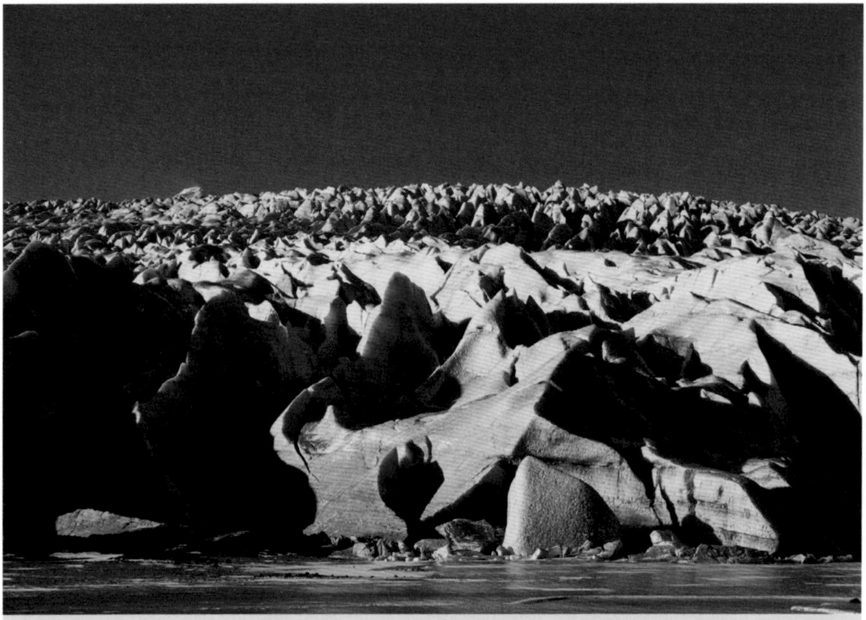

Schlagschatten sorgen am Gletscher für Kontraste und Plastizität. In diesem Fall war das harte Licht ein bewusst gewähltes Stilmittel.

Besonders schön ist weiches und warmes Licht, welches in unseren Breitengraden nur in den Morgen- und Abendstunden anzutreffen ist. Die Landschaft wird dann sanft ausgeleuchtet und die Kontraste sind gering.

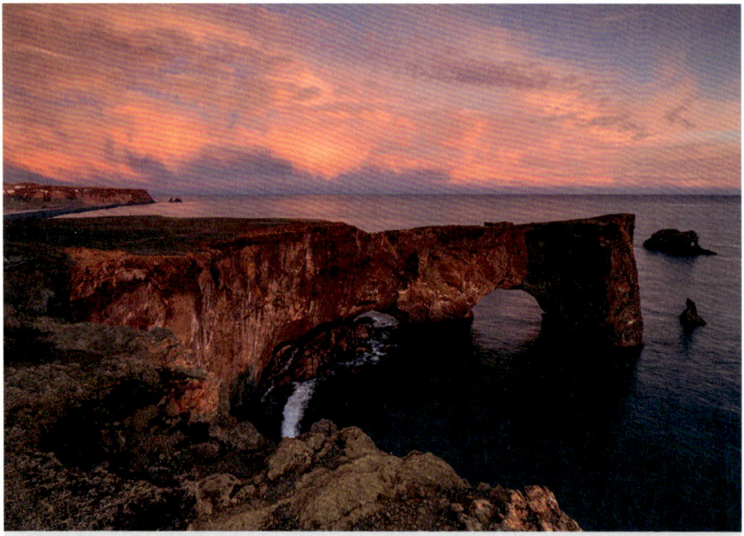

Das sanfte Abendlicht verleiht der Aufnahme eine warme Wirkung.

High-Key vs. Low-Key

Als Besonderheit der Gestaltung mithilfe von Licht lassen sich zudem High-Key- und Low-Key-Aufnahmen nennen. Ein **Low-Key-Foto** ist knapp belichtet, das Histogramm zeigt einen starken Ausschlag im linken Bereich. Was genau das bedeutet, kannst du im Kapitel „Belichtung“ nachlesen. Typischerweise eignen sich dunkle Motive vor dunklen Hintergründen besonders gut für ein Low-Key-Foto. Das einfallende Licht wird zum Beispiel genutzt, um Spotlights zu setzen oder Konturen zu betonen, während der Rest des Fotos von dunklen Tönen dominiert wird.

Beim **High-Key-Foto** wiederum wird ein helles Motiv vor einem hellen Hintergrund leicht überbelichtet fotografiert, der Ausschlag beim Histogramm ist entsprechend auf der rechten Seite zu finden. Wichtig ist hierbei die gleichmäßige und weiche Ausleuchtung des Motivs, da du bei dieser Art der Fotografie möglichst wenig Kontraste haben möchtest.

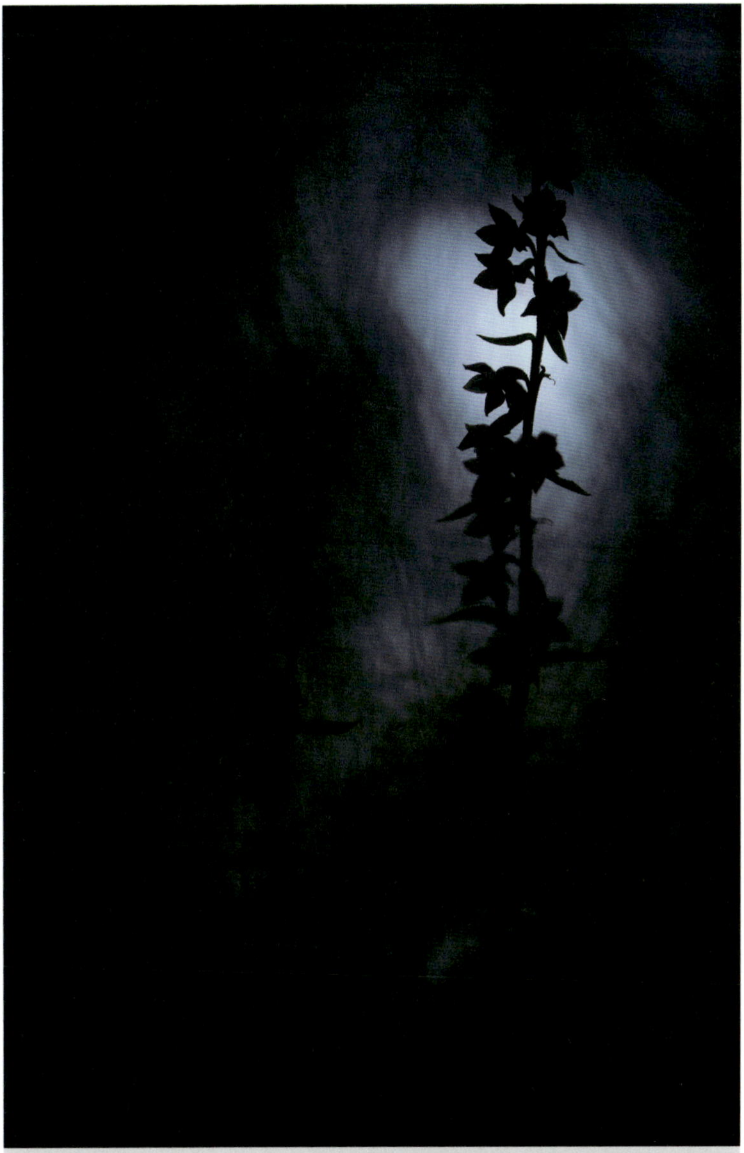

Eine wilde Orchidee als Low-Key: Durch die starke Unterbelichtung und das Fotografieren gegen den hellen Hintergrund sind nur die Umrisse der Blüten zu erkennen.

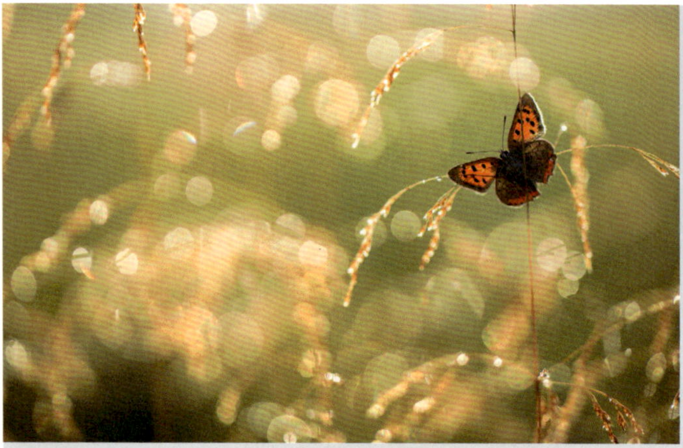

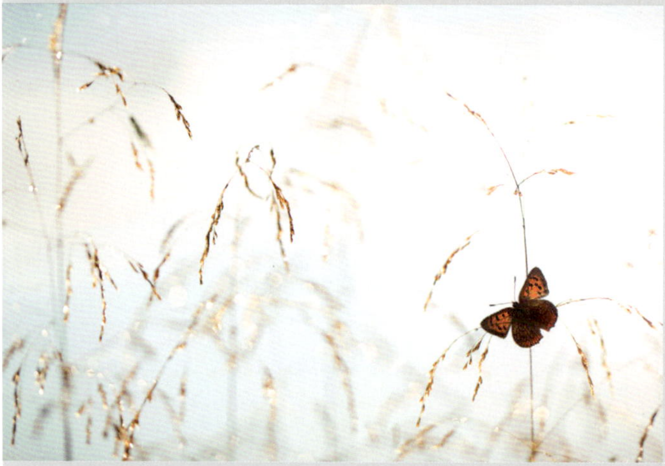

Der direkte Vergleich: oben eine Aufnahme mit „normalem" Gegenlicht, unten wurde dasselbe Motiv als High-Key-Foto gegen den Himmel fotografiert sowie überbelichtet.

Künstliche Lichtquellen

Das meiste regelt in der Naturfotografie das natürlich vorhandene Licht, doch bestimmte Situationen verlangen den Einsatz künstlicher Lichtquellen wie Blitzlicht oder Taschenlampen. Durch gezielte Positionierung der Lichtquellen lassen sich Motive besonders betonen, die ansonsten in der Umgebung untergehen würden. Bei manchen Makroaufnahmen ist die gleichmäßige Ausleuchtung des Motives durch Blitzeinsatz oder andere Lichtquellen zu empfehlen, da sonst schnell wichtige Details „verschluckt" werden (z. B. bei einem schwarzen Käfer vor hellem Hintergrund).

In der Nachtfotografie ist künstliches Licht oft unabdingbar, um den Vordergrund etwas heller darzustellen und somit bei Dunkelheit ein gut ausgeleuchtetes Foto zu bekommen. Im Kapitel „Nachtfotografie" gehe ich genauer auf dieses Thema ein.

Ich persönlich verzichte nach Möglichkeit darauf, Tiere anzublitzen. Wenn du gerne künstliche Lichtquellen in der Tierfotografie einsetzen möchtest, dann solltest du dich vorab ausführlich mit dem Thema Lichtschranken- und Blitzeinsatz beschäftigen, um die Tiere nicht zu stören oder empfindliche Arten ungewollt zu blenden.

Langzeitbelichtung

Durch eine längere Belichtungszeit lassen sich bestimmte Bildwirkungen erzielen: Man kann zum Beispiel Bewegungen einfangen und aus einem statischen Bild ein dynamisches machen. Anders als bei einer kurzen Verschlusszeit friert man die Bewegungen nicht ein, sondern lässt sie lebendig werden und kann sie dem Betrachter dadurch besser vermitteln.

Beliebte Einsatzbereiche der Langzeitbelichtung sind:

- Bewegtes Wasser, ziehende Wolken, Stürme
- Mitzieher von sich bewegenden Motiven
- Wischer durch Bewegen der Kamera

BEISPIEL

Nehmen wir als Beispiel einen See mit Wellengang und herannahendem Unwetter: Mit einer kurzen Verschlusszeit fängst du die Dramatik der Situation besser ein und erzielst Spannung, während du bei sehr lang gewählter Verschlusszeit Ruhe vermittelst und dem Bild etwas Märchenhaftes und Mystisches verleihst.

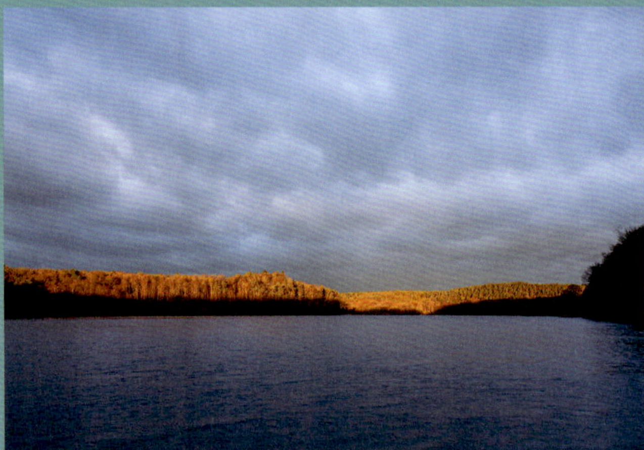

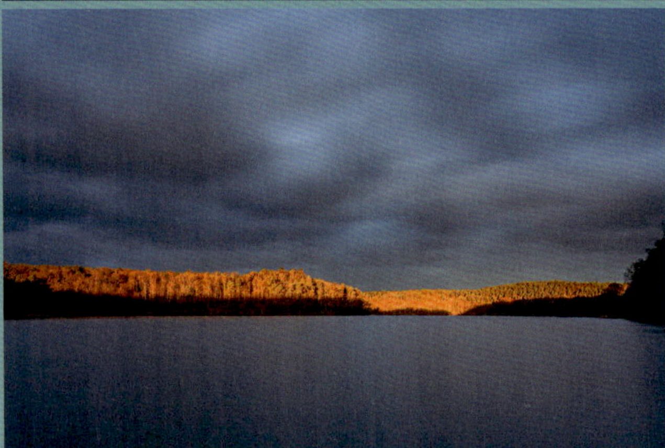

Dasselbe Motiv, oben mit 1/3 s und unten mit 13 s Belichtungszeit. Dadurch entsteht eine ganz andere Bildwirkung.

Bei sogenannten Mitziehern verfolgst du die Bewegung deines Motivs mit der Kamera mit. Auch hier ist eine längere Verschlusszeit notwendig, damit dein Hauptmotiv scharf bleibt und alles andere verschwimmt. Mehr zum Thema Wischer und Mitzieher findest du im gleichnamigen Kapitel auf Seite 274.

Um deine Verschlusszeit genau festzulegen, gehst du am besten in die Blendenautomatik (längste mögliche Verschlusszeiten bis zu 30 Sekunden) oder in den BULB-Modus (längere Verschlusszeiten als 30 Sekunden möglich). Auch im M-Modus lässt sich die Belichtungszeit manuell anpassen, doch in diesem Modus musst du die Blendenöffnung ebenfalls manuell steuern.

Am besten probierst du das Ganze mit einer Bildreihe an einem bewölkten Tag oder abends aus. Schnapp dir ein Stativ (lange Belichtungszeiten führen ansonsten zu unschönen Verwacklungen) und einen Kabel- oder Funkauslöser und suche dir ein fließendes Gewässer. Nun wähle zuerst eine kurze Belichtungszeit von beispielweise 1/500 s. Danach verlängerst du sie immer weiter, bis du bei mehreren Sekunden angekommen bist. Du wirst sehen, wie sehr sich die Wirkung des Wassers verändert.

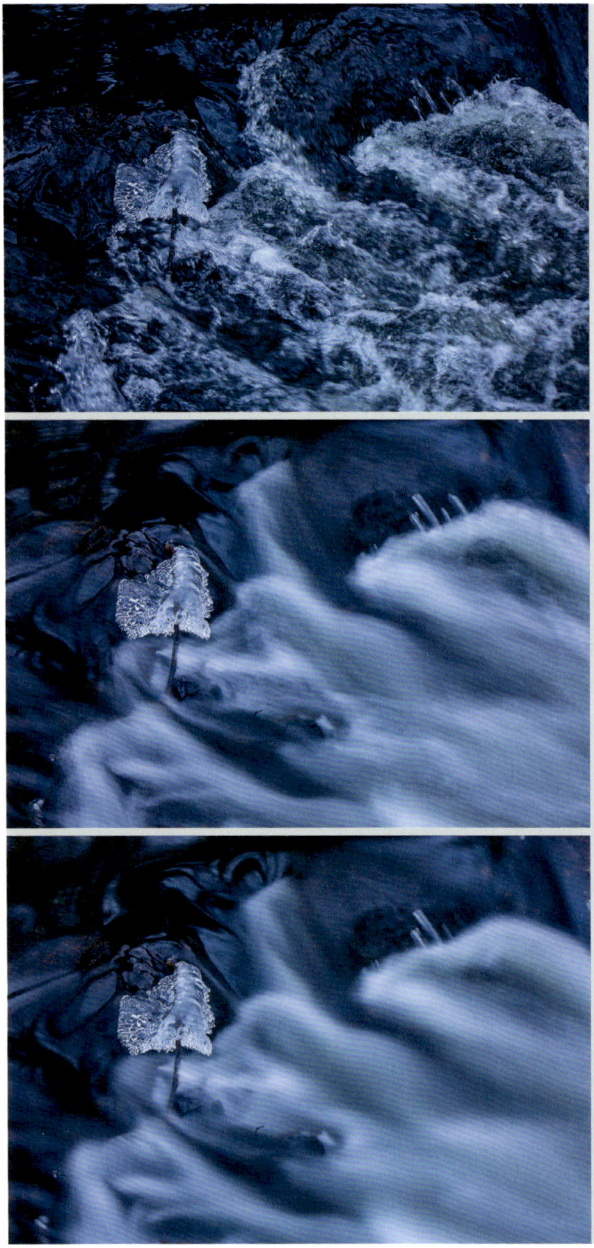

Verschlusszeit von oben nach unten: 1/100 s, 1,3 s, 10 s

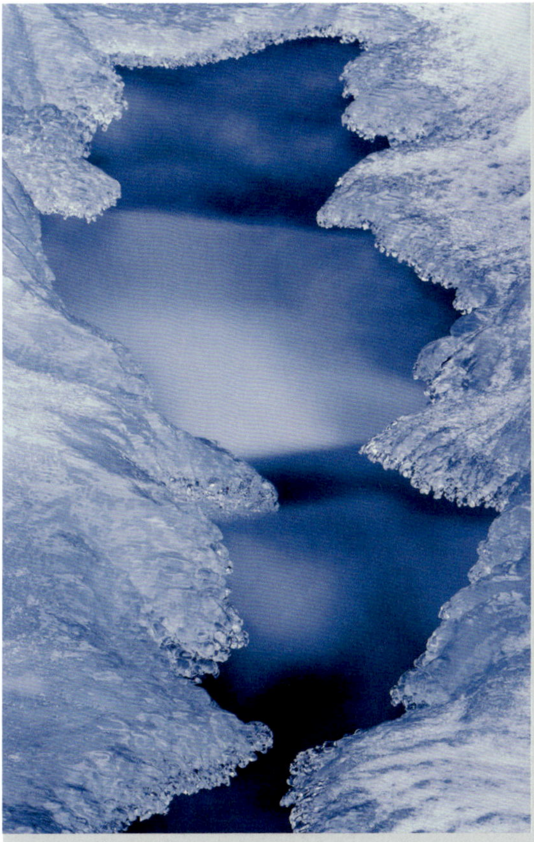

Mit einer Belichtungszeit von 8 s sieht das fließende Wasser fast wie eine glatte Fläche aus.

PROFITIPP

Du möchtest tagsüber mit längeren Verschlusszeiten arbeiten, obwohl die Sonne scheint? Auch das geht: Du benötigst dafür lediglich Graufilter, die das einfallende Licht drosseln. Achte darauf, dass die Kontraste nicht zu hart werden. Einfallende Lichtspots sind belichtungstechnisch schwer zu beherrschen.

Mehrfachbelichtung

Eine weitere, spannende Funktion ist die kamerainterne Mehrfachbelichtung. Dabei werden mehrere Aufnahmen nacheinander geschossen und kameraintern zu einem Gesamtbild verrechnet. Diese Art der Fotografie wird genutzt, um einen kreativen Effekt zu erzielen, doch nicht jede Kamera verfügt über diese Funktion. Alternativ dazu gibt es spezielle Softwaretools, mit denen du deine Bilder im Anschluss an die Fototour am PC miteinander kombinieren kannst.

Wenn deine Kamera über diese Funktion verfügt, kannst du unter „Mehrfachbelichtungssteuerung“ auswählen, wie die Bilder kombiniert werden sollen. Dabei stehen dir folgende Möglichkeiten zur Verfügung:

- Additiv
- Durchschnitt
- Relative Helligkeit
- Relative Dunkelheit

Additiv bedeutet, dass die Belichtung der Ursprungsfotos addiert wird. Daher solltest du bei der Aufnahme der Einzelbilder jedes Foto etwas unterbelichten, damit das Endprodukt nicht zu hell wird. Bei der Einstellung **Durchschnitt** wird die Belichtung in den überlappenden Flächen angepasst. Im Modus **relative Helligkeit** besitzen helle Bereiche des Bildes die höhere Priorität, sodass dunkle Bereiche nicht weiter erhellt werden. Beim Modus **relative Dunkelheit** ist es genau andersherum: Hier liegt die Priorität auf den dunklen Bereichen; helle Flächen werden somit nicht überbelichtet.

Gerade in der Landschafts- oder Detailfotografie erzielt man durch den Einsatz von Doppelbelichtungen märchenhafte Szenen. Alles wirkt weicher und leicht verschleiert. Die Klarheit des Bildes geht allerdings verloren, weshalb man die Funktion der Mehrfachbelichtung bewusst wählen sollte. Eine genauere Anleitung für diesen Effekt findest du auf Seite 266.

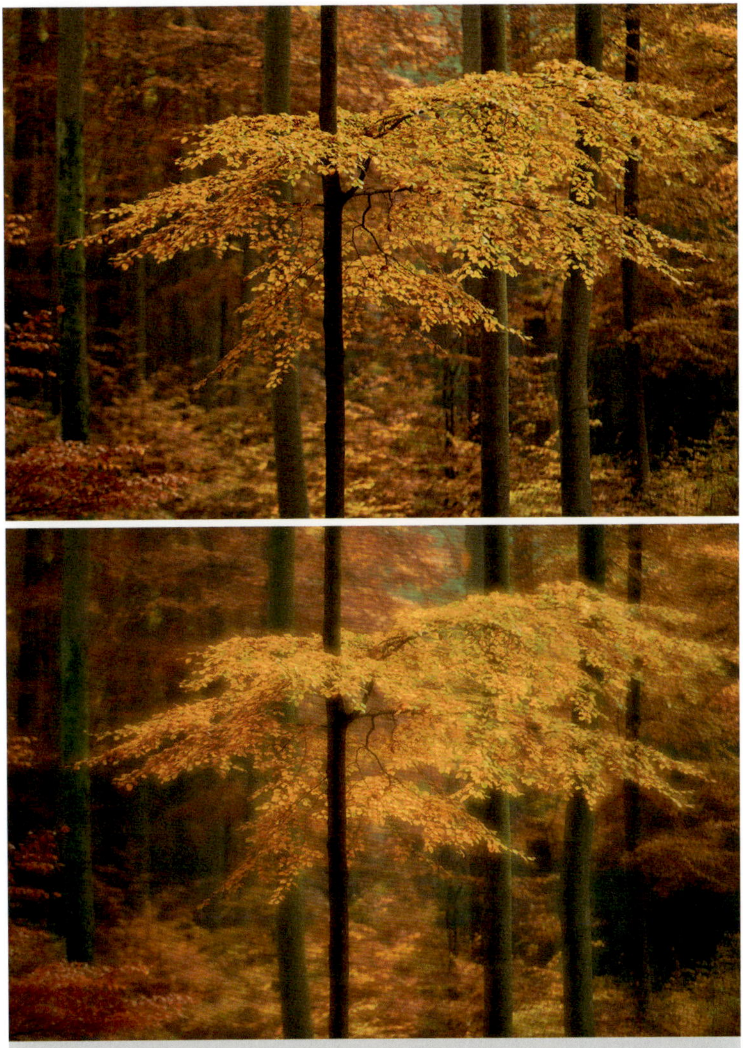

Einzelaufnahme (oben) vs. Mehrfachbelichtung (unten) mittels kamerainterner Doppelbelichtung, Modus „additiv", 1. Foto f/13 scharf, 2. Foto f/2.8 unscharf

BILDBEARBEITUNG

Die Bildbearbeitung ist für viele eher ein Pflichtprogramm, denn als Naturfotograf ist man lieber an der frischen Luft unterwegs, als viel Zeit am PC zu verbringen. Doch mit der richtigen Nachbearbeitung erhalten deine Fotos das zusätzliche i-Tüpfelchen, deshalb stelle ich dir in diesem Kapitel die wichtigsten Grundlagen der Bildbearbeitungen vor.

Wenn sich das Foto auf deiner Speicherkarte befindet, sicherst du am besten erst einmal die Dateien auf deinem Computer oder einem anderen Speichermedium. Nachträglich kannst du deinen Fotos noch zu mehr Glanz, Klarheit und Farbe verhelfen, indem du in einem Bearbeitungsprogramm entsprechende Bearbeitungsschritte vornimmst. Dafür stehen dir diverse Programme zur Verfügung, die hier aber nicht im Einzelnen erläutert werden sollen.

JPEG oder RAW?

Wenn du dich durch dein Kameramenü klickst, dann wirst du höchstwahrscheinlich über den Punkt „Dateiformat" stolpern. Nun kannst du dir aussuchen, ob du im RAW-Format, JPEG-Format oder mit beidem fotografieren möchtest. Doch welche Vor- und Nachteile liefern die jeweiligen Formate? Ich habe sie dir hier kurz zusammengetragen:

RAW-Format

Vorteile:

- unverarbeitete Rohdatei
- nicht komprimiert
- große Bilddateien mit viel Bildinformation

Nachteile:

- benötigen viel Speicherplatz

JPEG

Vorteile:

- werden bereits in der Kamera verarbeitet
- komprimierte Dateien
- benötigen weniger Speicherplatz

Nachteile:

- weniger Tonwert- und Farbinformationen vorhanden

PROFITIPP

Bist du dir am Anfang nicht sicher, welches Format du benutzen möchtest, kannst du einfach beide Formate speichern und nach der Bearbeitung schauen, welches Resultat dich mehr überzeugt. Ich finde das RAW-Format persönlich geeigneter, da mehr Bildinformationen vorhanden sind und sich die Fotos viel flexibler nachbearbeiten lassen, gerade beim Thema Bildrauschen entfernen und Tonwertanpassung.

Natürlich lassen sich auch JPEG-Aufnahmen bearbeiten, aber eben mit weniger Korrekturoptionen. Das fällt vor allem bei zu dunklen und zu hellen Flächen auf. Möchtest du das Foto dahingehend korrigieren, wird dir das beim RAW besser gelingen als beim JPEG.

Wenn du das RAW-Format gewählt hast, ist eine Nachbearbeitung deiner Fotos unumgänglich. Die Datei ist noch gänzlich unbearbeitet und daher eher flau und kontrastarm, wenn sie direkt aus der Kamera kommt.

Bildausschnitt

Das Zuschneiden deines Fotos im Nachhinein kann viel zu deiner Bildgestaltung und -wirkung beitragen. Lege dir dazu ein Raster über dein Foto (bei vielen Zuschnittoptionen bereits enthalten) und beachte die Bildgestaltungsmöglichkeiten, die wir im gleichnamigen Kapitel auf Seite 74 besprochen haben. So kannst du dich exakt an den Linien orientieren. Gerade wenn es mal schnell gehen musste und dein Motiv sich zu mittig befindet, kannst du das durch einen bewusst gewählten Zuschnitt wieder ausgleichen.

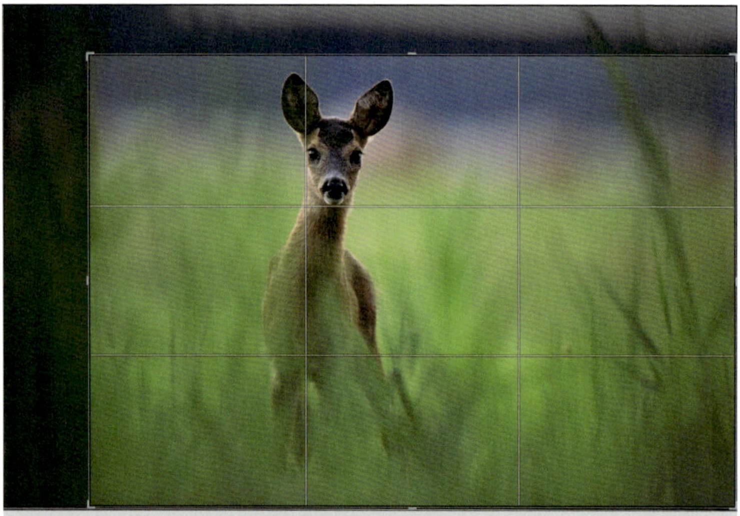

Zuschneidefunktion nach der Drittelregel

Tonwertanpassung

Ob du nun Lightroom, Photoshop oder ein anderes Bearbeitungsprogramm verwendest, in vielen wird dir das Histogramm deines Fotos angezeigt. So kannst du präzise Veränderungen in den Tonwerten vornehmen, falls das nötig sein sollte. Wenn dein Vordergrund beispielsweise etwas zu dunkel geraten ist, dann helle die Tiefen etwas auf. Ist der Himmel zu hell geraten, reduziere die Lichter.

Beachte jedoch, dass dies Auswirkungen auf das gesamte Bild hat. Schau daher immer wieder das Histogramm an und überprüfe die Veränderungen, die deine Bearbeitung hervorgerufen hat. Um exakter bestimmte Bildbereiche auszuwählen, kannst du dich einiger Hilfsmittel bedienen: In Lightroom kann man zum Beispiel einzelne Bereiche mithilfe eines Pinsels markieren und diese separat bearbeiten.

Weitere Bearbeitungsoptionen

Je nachdem, welche Qualität dein Foto aufweist und welche Bildwirkung du erzielen möchtest, kannst du zudem Bildrauschen entfernen sowie Kontrast und Sättigung hinzufügen oder vermindern. Du kannst außerdem im Nachhinein den Weißabgleich verändern und die einzelnen Farbwerte beeinflussen. Diese Anpassungen werden im JPEG-Format größtenteils automatisch von deiner Kamera vorgenommen, du kannst sie im Nachhinein nur noch geringfügig beeinflussen. Im RAW-Format hast du da etwas mehr Freiheit.

In den gängigen Bildbearbeitungsprogrammen stehen dir quasi alle Türen offen, ich persönlich bin aber eher ein Fan von geringen Nachjustierungen. So bleibt der authentische Charakter der abgebildeten Natur vorhanden. Hier sind meine Tipps für die Grundbearbeitung deiner Bilder:

BEISPIEL: BEARBEITUNGSSCHRITTE IN LIGHTROOM

- Bildausschnitt anpassen, ggf. Ausrichtung korrigieren
- Weißabgleich prüfen und korrigieren
- Tonwerte anpassen (Histogramm checken), ggf. Lichter reduzieren und Schatten leicht aufhellen – Anpassung einzelner Bildbereiche über Selektivauswahl (Pinsel) möglich
- Kontrast hinzufügen
- bei Landschaftsaufnahmen Klarheit hinzufügen
- Sättigung nötigenfalls leicht erhöhen
- einzelne Farbkorrekturen vornehmen, Luminanz einzelner Farbwerte herausarbeiten (Leuchtkraft)
- leicht schärfen
- Bildrauschen reduzieren (dabei aber aufpassen, dass die Schärfe des Hauptmotivs nicht zu sehr leidet) – besser den Hintergrund mittels Pinseleinsatz selektiv entrauschen
- chromatische Aberrationen (farbige Umrandungen um Motive) reduzieren
- ggf. Verzerrungskorrektur vornehmen (bei Landschaftsaufnahmen)

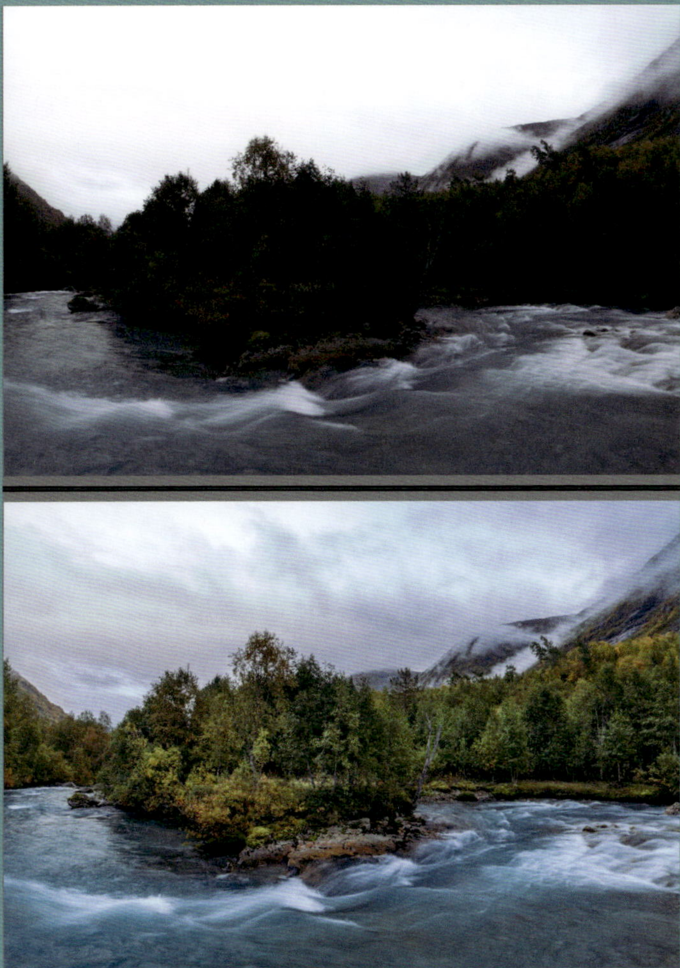

Oben das unbearbeitete Bild, unten das Ergebnis nach den Bearbeitungsschritten

VERHALTEN IN DER NATUR

Bevor wir uns endlich unsere Kamera schnappen und in die Natur gehen, möchte ich dir noch ein paar wichtige Informationen mit auf den Weg geben, die du dir als angehender Naturfotograf zu Herzen nehmen solltest. Das Bundesnaturschutzgesetz legt zwar Ziele sowie Grundsätze zum Umgang in und mit der Natur fest, doch am Ende ist jeder selbst für sein Handeln verantwortlich.

Wenn man sich in der Natur bewegt, sollte dies mit Achtsamkeit und viel Respekt vor Flora und Fauna geschehen. Gerade hier in Deutschland schwinden die Lebensräume immer mehr, und ungestörte Natur gibt es nur noch in wenigen Ecken: In der Bundesrepublik existieren schätzungsweise gerade mal 0,6 Prozent echte Wildnisgebiete, obwohl es bis 2020 laut Zielsetzung der Nationalen Strategie zur Biologischen Artenvielfalt mindestens 2 Prozent hätten sein sollen. Das ist so gut wie nichts!

DEFINITION: WILDNISGEBIETE

Als **Wildnisgebiete** werden nutzungsfreie, ausreichend große und weitgehend unzerschnittene Gebiete bezeichnet, die einen Ablauf natürlicher Prozesse gewährleisten. Beispiele hierfür sind Kernzonen von Nationalparks oder Biosphärenreservaten.

In Deutschland sind Schutzgebiete festgelegt, und für alle existieren Verordnungen und Regeln. Im Groben kann man nach großräumigen und kleinflächigen Gebieten sowie nach dem jeweiligen Schutzstatus unterteilen. Als **Großschutzgebiete** werden in Deutschland drei Arten unterschieden:

- Nationalparks
- Biosphärenreservate
- Naturparks

Während in den Naturparks neben dem Schutz der Kulturlandschaft auch Naturtourismus und Naherholung für den Menschen eine große Rolle spielen, steht bei den Nationalparks eine freie Entwicklung der natürlichen Prozesse im Vordergrund – und zwar überwiegend ohne menschlichen Eingriff. Biosphärenreservate dienen dem großräumigen Schutz von Natur- und Kulturlandschaften.

Es existieren noch weitere Schutzräume in Deutschland, zum Beispiel **Naturschutzgebiete (NSG)**. Diese sind flächenmäßig kleiner als Nationalparks, unterliegen aber ebenfalls einem strengen Schutz. Sie sind äußerst wichtig für den Erhalt der Biodiversität: Viele geschützte Arten finden hier noch ihre Lebensgrundlage. Fast 9.000 Naturschutzgebiete gibt es in Deutschland; sie werden mit entsprechenden Schildern ausgewiesen. Bevor ich in ein unbekanntes Gebiet fahre, schaue ich meistens im Internet nach, ob es sich um ein Schutzgebiet handelt und welche Regeln dort gelten.

Eines haben Naturschutzgebiete und Nationalparks gemeinsam: Man muss meistens auf den Wegen bleiben. Regelungen wie diese sind bei insgesamt so wenig Fläche, die dem Schutz unterliegen, durchaus sinnvoll. Wenn sich neben Touristen auch noch Fotografen in den oft kleinen Gebieten tummeln, dann wird es eng für seltene Arten.

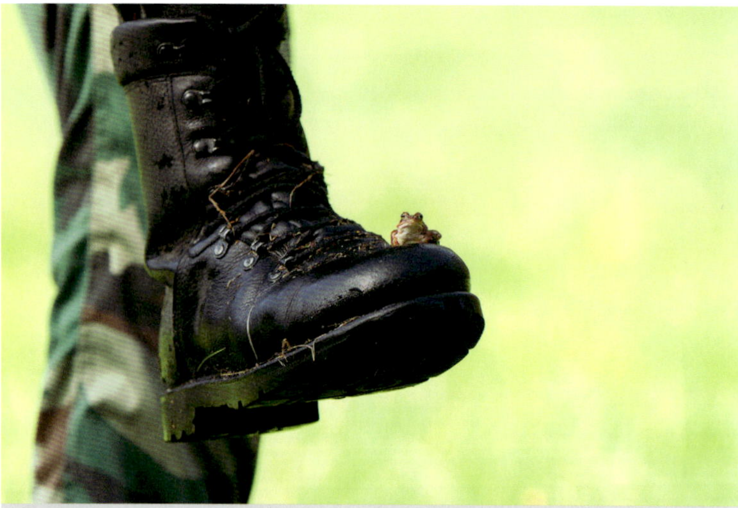

Respektvolles Miteinander: Natur- und Tierschutz sollten immer vorrangig vor der Fotografie gelten!

Als Naturfotograf trägt man eine gewisse Verantwortung für seine Umgebung. Wir bewegen uns in sensiblen Habitaten, fotografieren mitunter seltene Pflanzen- und Tierarten und sollten dementsprechend mit Respekt und Rücksicht durch Wälder und Wiesen streifen.

Laut Bundesnaturschutzgesetz ist es sowohl bei besonders geschützten als auch bei bestimmten anderen Tierarten untersagt, sie zu stören, zu fangen oder gar zu verletzen bzw. zu töten. Generell solltest du darauf achten, die Lebensräume, Fortpflanzungs- und Ruhestätten der Tiere nicht zu beschädigen. Das sollte zwar eigentlich selbstverständlich sein, ich möchte es hier aber dennoch explizit erwähnen, damit du einen Überblick über die geltenden Gesetze und Regelungen bekommst.

Gerade bei **Nest- und Baufotografie** versteht es sich von selbst, besonders rücksichtsvoll zu sein, auch wenn es sich nicht unbedingt immer um geschützte Arten handelt. Eine Störung von streng geschützten Arten sowie allen europäischen Vogelarten ist laut Gesetz verboten. Wenn du Vögel am Nest fotografieren möchtest, dann nur mit maximaler Tarnung und mit gebührendem Abstand.

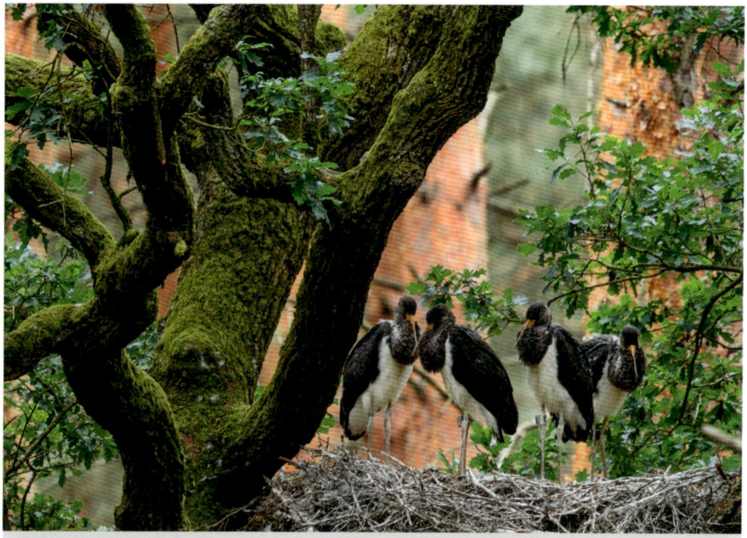

Junge Schwarzstörche am Horst, Fotoansitz mit Erlaubnis

AUS DEM WAHREN LEBEN

Ich kenne es selbst: Manchmal überwiegt der Ehrgeiz und man möchte eine tolle Situation unbedingt für ein gutes Foto nutzen. Ich war einmal mit einer Freundin unterwegs, als uns eine Dachsmutter und ihr Junges begegneten. Wir fotografierten die beiden, versperrten dabei jedoch versehentlich dem Jungtier den Weg zu seiner Mutter. Als es sich schließlich aufmachte, um ihr zu folgen, war das Muttertier verschwunden. Uns war nicht wohl danach, denn wir wussten nicht, ob die beiden wieder zusammenfanden. Daher verzichte ich heute lieber auf ein Foto, wenn mir die Situation zu unsicher erscheint oder die Tiere sich gestört zeigen.

Ein weiterer, nicht ganz unwichtiger Punkt ist die **Rücksichtnahme auf andere Menschen**. Gerade in der Wildtierfotografie gerät man oft in Versuchung, nahe einer Straße zu fotografieren. Das bietet sich an, denn die Tiere rennen nicht gleich weg, wenn sie ein Auto sehen. Falls du aus dem Auto heraus schöne Tierfotos schießen möchtest, dann suche dir am besten abgelegene Platten- oder Feldwege, damit du im Straßenverkehr niemanden gefährdest.

Auch das Thema **Jagdrecht** möchte ich hier kurz erwähnen. Wenn du dich näher mit der Wildtierfotografie beschäftigst und in entsprechenden Gebieten fotografierst, wirst du irgendwann Bekanntschaft mit den zuständigen Jägern machen. Grundsätzlich kann es dir niemand verbieten, zu jeder Uhrzeit durch den Wald zu laufen und Wild zu fotografieren (außer du befindest dich in einem Schutzgebiet oder es herrscht eine hohe Waldbrandstufe). Dennoch solltest du bei deinen Fototouren darauf achten, dich an das Bundesjagdgesetz zu halten und das Wild – insbesondere gefährdete oder bedrohte Arten – nicht zu stören. Auch hier gilt also wieder: gebührenden Abstand halten, die Brut- und Wohnstätten nicht beschädigen und eventuell ebenfalls darauf achten, die Tiere auf dem Weg zum Ansitz nicht versehentlich von der Wiese zu vertreiben – denn beim Thema Jagdstörung hört für viele Jäger der Spaß auf.

Grundsätzlich sei gesagt, dass gegenseitige Rücksichtnahme auch hier wieder das A und O ist. Man möchte die Jäger nicht bei der Jagdausübung stören, und selbst möchte man nicht in die Schusslinie geraten. Deshalb ist es empfehlenswert, sich vor allem bei Wildarten wie Rot- und Damwild und gerade in der Brunftzeit vorher mit dem zuständigen Jäger abzusprechen – denn als gut getarnter Busch am Waldrand bist du nicht unbedingt als Mensch zu erkennen.

Nun aber genug der Vorsicht und des erhobenen Zeigefingers. Wenn man sich ein wenig mit den Regelungen beschäftigt, der Natur und seinen Bewohnern respektvoll begegnet und versucht, als unauffälliger Beobachter mit der Kamera zu agieren, kann man sich am Ende mit gutem Gewissen über schöne Erlebnisse und gelungene Fotos freuen.

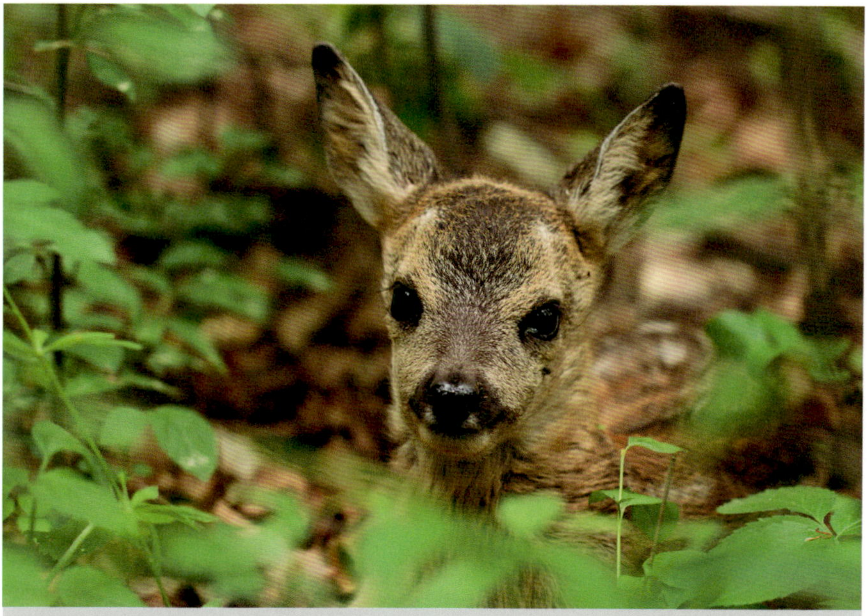

Achtsam in der Natur unterwegs – und nichts übersehen!

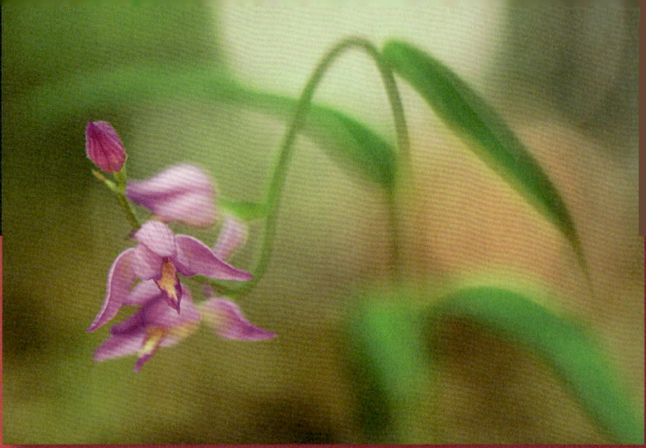

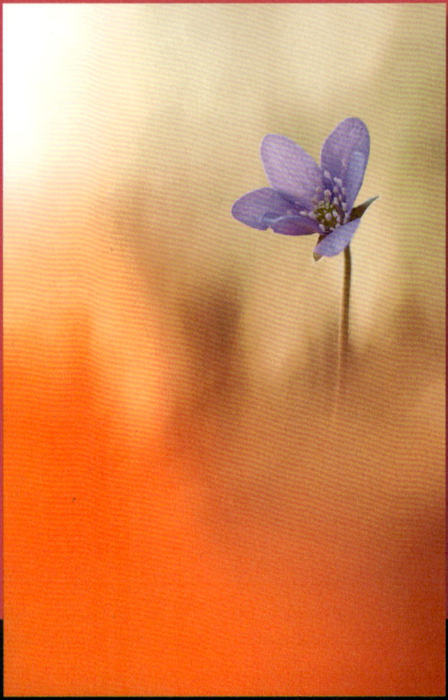

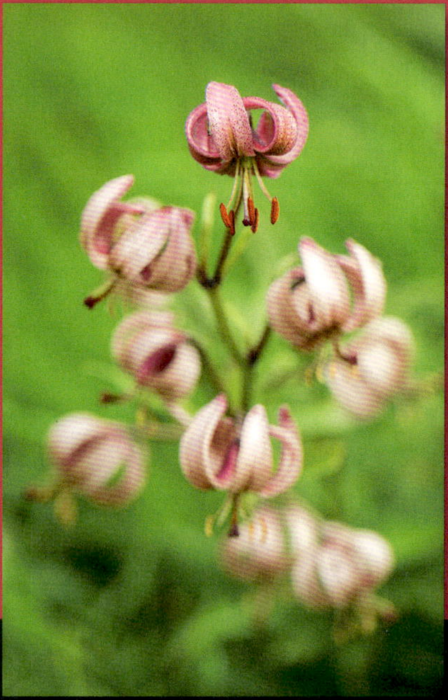

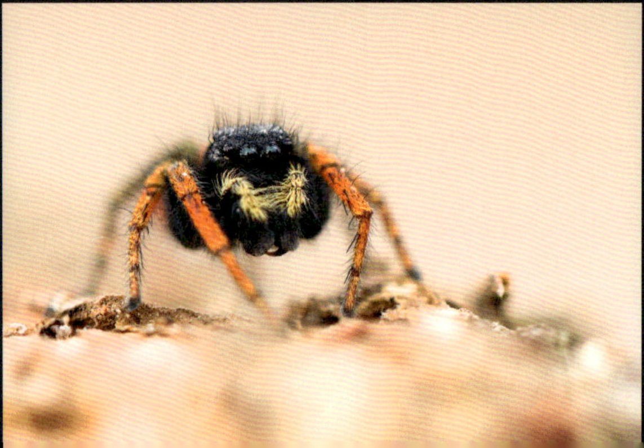

KLEINES GANZ GROSS – MAKROFOTOGRAFIE

In diesem Kapitel dreht sich alles darum, die Welt der kleinen Dinge zu entdecken, verborgene Schönheit zu erkennen und der Natur ganz nah zu kommen. Nach einer kurzen Einführung in die Thematik zeige ich dir anhand einiger Fotobeispiele, wie du das bereits Erlernte in die Praxis umsetzen kannst.

Pflanzen und Pilze

Nicht jeder, der fotografiert, ist auch Botaniker. Dennoch bieten Pflanzen gegenüber beweglichen Motiven viele Vorteile: Gerade zum Üben und für kreative Fotos eignen sie sich hervorragend, da man die Kamera ganz in Ruhe ein- und umstellen kann – schließlich läuft das Motiv nicht weg.

Die Pflanzenwelt lässt sich prinzipiell überall vor der Haustür entdecken, wenn man es nicht gerade auf seltene Arten abgesehen hat. Jahreszeitlich gesehen sorgen Frühling und Sommer für die meiste Blütenpracht, während im Herbst der Wald mit seinem Pilzreichtum ebenfalls für viele schöne Motive sorgt. Im Winter können Schnee und Eis für ganz besondere Fotos genutzt werden, denn in der kalten Jahreszeit kommen bestimmte Landschaften und Motive durch sie erst richtig zur Geltung.

Oft muss man für ansprechende Blumenfotos nicht mal weit gehen: Man kann einfach den nächsten Park aufsuchen oder (falls vorhanden) im eigenen Garten Ausschau nach interessanten Motiven halten. Das bietet sich vor allem für Detailaufnahmen an, da man bei perfekten Bedingungen – also Windstille und weichem Licht – schnell zu Kamera und Stativ greifen kann.

In Parkanlagen kann man ebenfalls fündig werden. Dort sind die Flächen im Frühjahr oft übersät mit Frühblühern wie z. B. Schneeglöckchen, Krokussen, Zillern und Lerchensporn. Mit etwas Glück kommst du in den Genuss, dass ein wahrer Blütenteppich dir Ton-in-Ton-Fotos ermöglicht. Auch Moose, Flechten und kleine Pilze bieten ein regelrechtes Makroparadies.

Wer ein wenig botanisch bewandert ist oder es werden möchte, der legt sich am besten ein Bestimmungsbuch zu oder lädt sich eine App herunter (z. B. „Flora Incognita“). Für viele heimische Arten sind dort Pflanzen hinterlegt, die anhand eines Fotos erkannt werden. Um seltene Arten zu finden, ist ein wenig Internetrecherche hilfreich. Manchmal bieten Naturparks und Co. botanische Führungen an, bei denen man unter anderem Zugang zu geschützteren Arten auf Feuchtwiesen oder in Mooren erhält, die man sonst nicht ohne Weiteres finden würde.

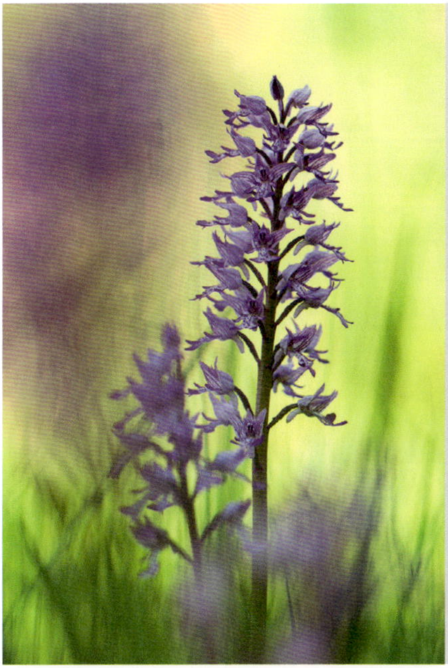

Ausgiebige Recherche lohnt sich: Das gesetzlich geschützte Helmknabenkraut wächst unter anderem in Deutschland.

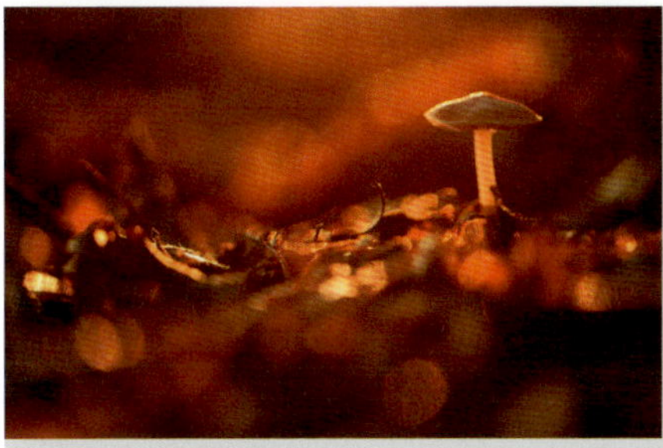

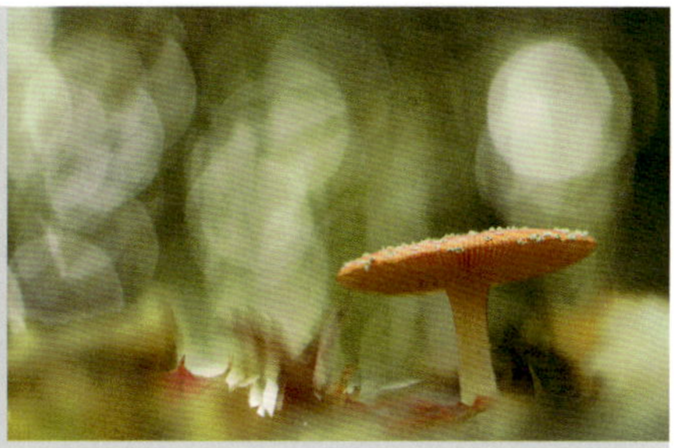

Auch Pilze im nahe gelegenen Wald geben ein hübsches Fotomotiv ab.

Detailaufnahmen vs. kleiner Abbildungsmaßstab

Um eine Pflanze ansprechend in Szene zu setzen, kannst du sie zum Beispiel im Habitat mit einem kleineren Abbildungsmaßstab zeigen, also einen Teil der Umgebung mit aufs Foto nehmen. Du kannst auch eine freigestellte Aufnahme der ganzen Pflanze machen, oder aber ganz nah herangehen und dich für die reine Makroaufnahme einer Blüte entscheiden.

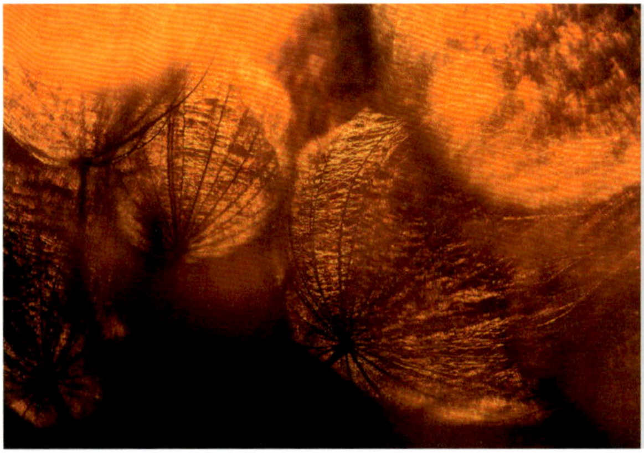

Ganz nah ran: Diese Detailaufnahme eines Wiesenbocksbarts im letzten Abendlicht wurde mit einem Makroobjektiv aufgenommen.

PROFITIPP

Ich persönlich gehe bei meinen Motiven erst einmal nicht so nah heran, sondern versuche, zuerst eine Habitataufnahme zu machen. So verschaffe ich mir einen Überblick, zertrete noch nichts vom Umfeld (leider auf einer Wiese nicht immer vermeidbar) und bekomme ein Gefühl für das Motiv.

Du wirst sehen: Je mehr Zeit du dir nimmst, desto besser wird dein Gespür für schöne Lichtstimmungen und für gelungene Umrahmungen mithilfe deines Umfeldes. Nah heran kannst du am Ende immer noch. Wer es doch lieber etwas näher mag, dem empfehle ich ein Makroobjektiv und Zwischenringe oder aber ein Lupenobjektiv.

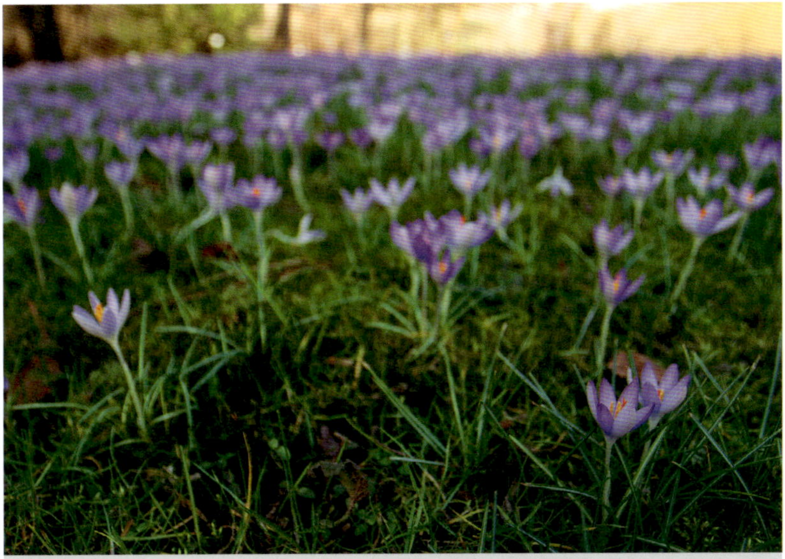

Krokusse als Habitataufnahme (kleiner Abbildungsmaßstab)

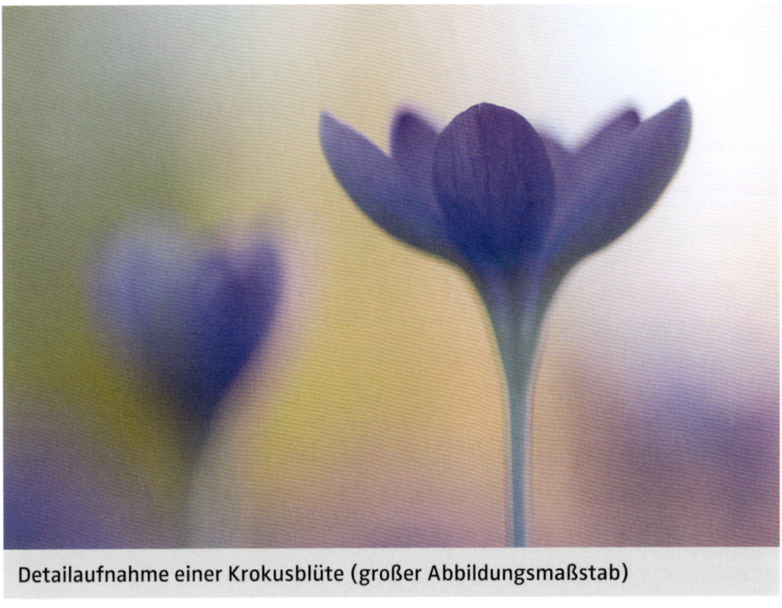

Detailaufnahme einer Krokusblüte (großer Abbildungsmaßstab)

Gestaltungselemente und Licht nutzen

Eine klare Abbildung einer Blüte oder eines Pilzes mit großem Abbildungsmaßstab kann ansprechend sein, wird aber schnell eintönig. Sicher ist es gut, solche Fotos im Portfolio zu haben, aber es kann ebenso spannend sein, das Umfeld miteinzubeziehen und kreativ zu werden! Du kannst mit der Umgebung arbeiten, sie als Rahmen benutzen oder aufregende Vorder- und Hintergründe erzeugen, indem du zum Beispiel durch andere Pflanzen hindurchfotografierst. Sei ruhig mutig und probiere verschiedene Dinge aus.

Wie bereits erwähnt, ist das Licht für eine perfekte Aufnahme sehr wichtig. An Pflanzen kannst du sehr gut üben, wie es sich mit Rücken-, Streif- und Gegenlicht verhält (siehe Kapitel „Malen mit Licht") und wie du dein Motiv optimal abschatten kannst. Das Blümchen rennt ja zum Glück nicht weg, ihm fallen nur irgendwann die Blütenblätter ab. Doch bis es so weit ist, hast du unzählige ansprechende Fotos im Kasten und kannst dich der nächsten Herausforderung widmen.

Insekten und Spinnen

Wir bleiben in der Welt der kleinen Dinge, denn das Makroobjektiv kommt auch in der Insektenwelt zum Einsatz. Wie bereits in der Pflanzenwelt, bietet sich ein Artbestimmungsbuch an, denn es gibt allein in Deutschland ca. 33.000 Insekten- und ca. 1.000 Spinnenarten. Um das Gewusel auseinanderhalten zu können, kommt es oft auf viele verschiedene und teilweise unscheinbare Merkmale an, da helfen dir Bücher oder Bestimmungshilfeseiten im Internet weiter.

Ins rechte Licht gerückt

Du hast dich mit den Lebensräumen befasst, vielleicht auch schon den einen oder anderen erkundet und einige interessante Arten entdeckt? Sehr gut! Doch wie setzt man Falter, Spinnen oder Grashüpfer nun ansprechend in Szene? Mein Tipp: Nutze das erste Licht des Tages und die Kühle des Morgens. Gerade Insekten sind früh noch träge und sonnen sich in den Wiesen, um Wärme zu tanken. Falter sitzen oft an Blüten oder Grashalmen, während Spinnen in ihren Netzen verharren. Manchmal kann es helfen, schon spätabends nach Faltern zu suchen und die Stelle zu markieren, damit du morgens nicht lange suchen musst.

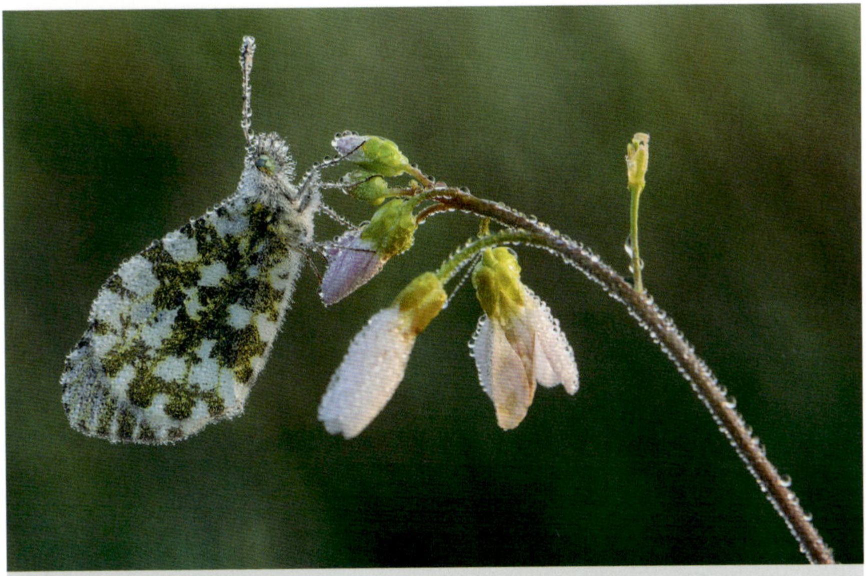

Aurorafalter im Morgentau

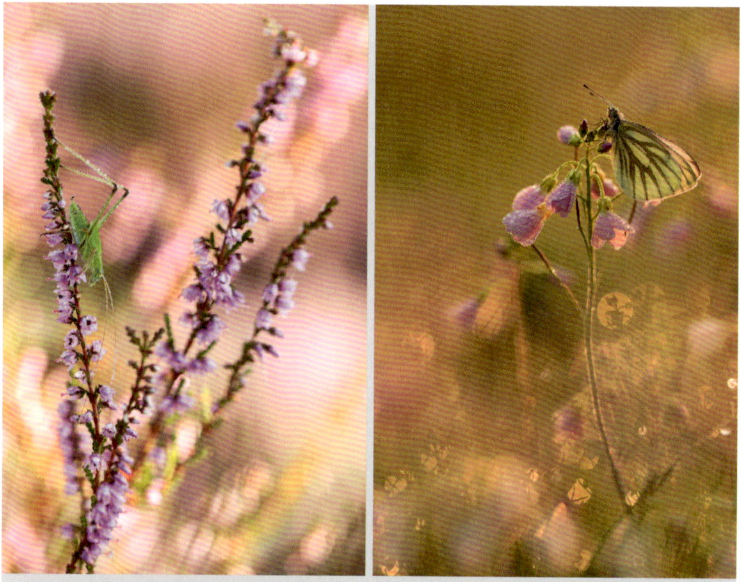

Insektenaufnahmen im warmen Morgenlicht haben eine ganz besondere Wirkung.

Spinnen sind deutlich leichter zu finden, jedenfalls gilt das für viele Arten. Halte nach Spinnennetzen oder Gespinsten Ausschau, dort wird höchstwahrscheinlich auch der Bewohner zu finden sein.

Einige Arten sind allerdings nur zu bestimmten Jahreszeiten und in den warmen Mittagsstunden zu entdecken, so zum Beispiel die Rote Röhrenspinne. Die Männchen flitzen im Spätsommer auf der Suche nach einem Weibchen durch trockene Heidegebiete. Du siehst: Je mehr du über deine „Models“ und ihre Gewohnheiten weißt, desto besser stehen die Chancen, dass du sie tatsächlich vor die Linse bekommst.

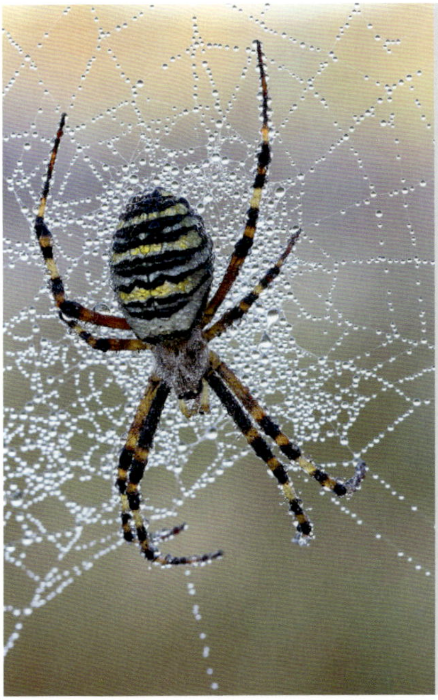

Taubedeckte Wespenspinne am Morgen

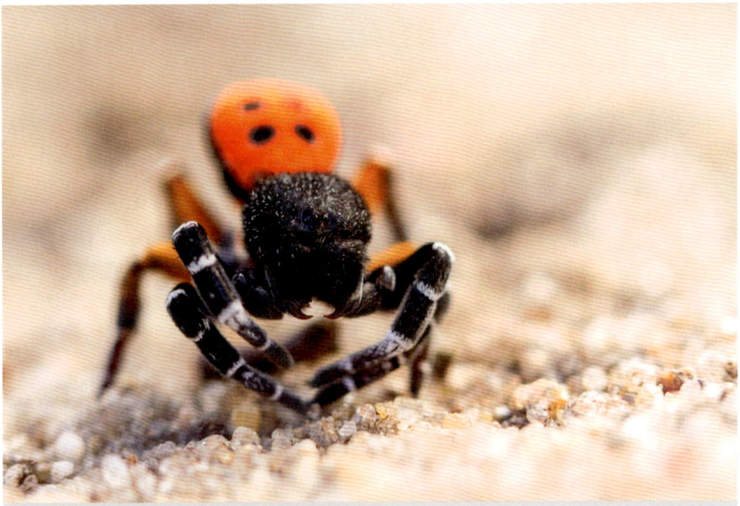

Rote Röhrenspinne auf Brautschau

EXKURS: UNTER DER LUPE

Um einen sehr großen Abbildungsmaßstab zu erreichen, kannst du neben einem Makroobjektiv, einem Balgengerät oder Zwischenringen auch ein sogenanntes Lupenobjektiv nutzen. Diese Objektive wurden für Abbildungsmaßstäbe von ca. 1:1 bis 20:1 konzipiert. Ich selbst arbeite mit einem Canon MP-E 65 mm f/2.8 (Vergrößerung 1- bis 5-fach).

Die Fokussierung gestaltet sich mitunter als schwierig, da man mit dem Vergrößerungsring den Vergrößerungsfaktor einstellt und den Abstand zwischen Motiv und Objektiv manuell durch leichtes Nach-vorn- oder Nach-hinten-Schieben anpassen muss. Um hierbei präzise arbeiten zu können, empfehle ich dir einen Einstellschlitten, mit dessen Hilfe du deine Kamera auf den Zehntelmillimeterbereich genau einstellen kannst.

Bedenke, dass du dafür entsprechend viel Licht benötigst. Es kann daher erforderlich sein, eine künstliche Lichtquelle wie Taschenlampe, Ringblitz oder Ringleuchte hinzuzuziehen.

Für gute Detailfotos benötigt die Handhabung dieses Objektivs ein wenig Übung und vor allem Geduld. Auch die Motive sollten sich möglichst nicht bewegen, sonst ist ein unscharfes Foto vorprogrammiert. Ein Lupenobjektiv eignet sich aber wegen seines hohen Abbildungsmaßstabs sehr gut für Pflanzendetails, Moose und Flechten sowie für Insektenporträts (wenn diese am frühen Morgen noch bewegungsunfähig sind).

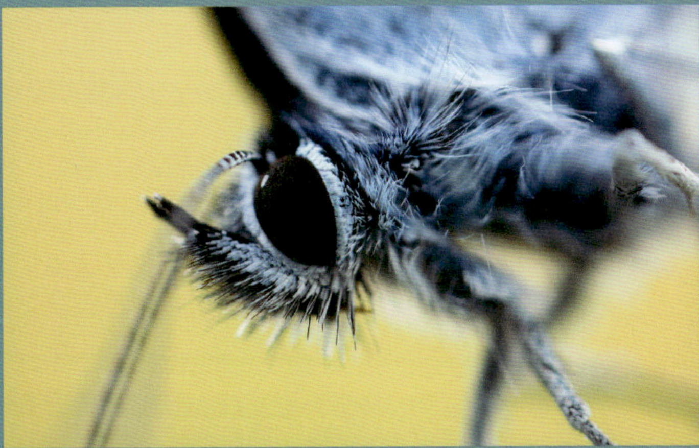

Bei diesem Bläuling sind die Details der Facettenaugen gut zu erkennen.

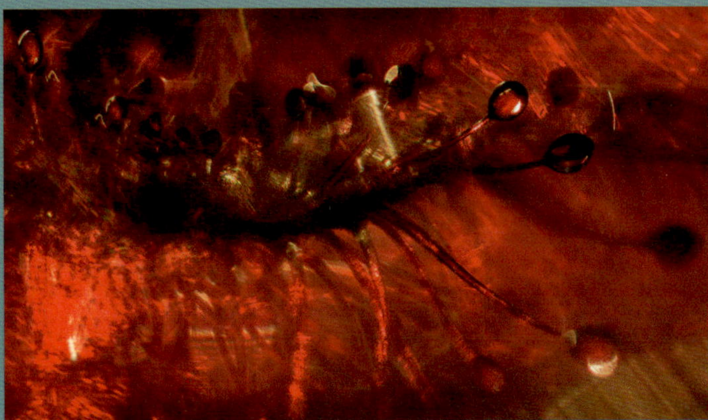

So nah kommt man einem Sonnentau nicht alle Tage.

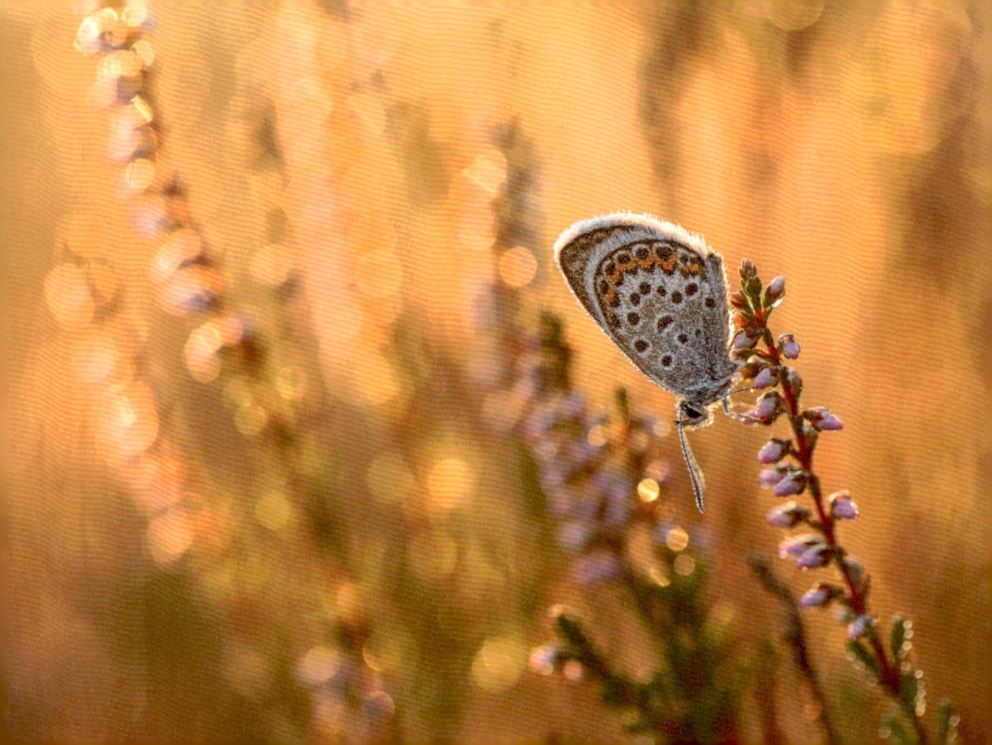

WORKSHOP MAKRO-FOTOGRAFIE

Frühblüher im Gegenlicht

Benötigte Ausrüstung

- Bohnensack oder andere Auflagefläche/tief einstellbares Stativ
- ggf. Reflektor

Planung

- vorherige Suche nach geeigneten Fotoplätzen mit vielen Frühblühern, ggf. in Parkanlagen
- bei der Gestaltungsplanung Lichtsituation und eventuelle Hindernisse (Baumstämme, Häuser im Hintergrund) bedenken

Umsetzung

Am besten gelingen dir diese Aufnahmen an klaren Tagen ohne Wolken bei recht tief stehender Sonne kurz vor Sonnenuntergang. Positioniere dich dazu gegen das einfallende Licht; dein Motiv sollte sich zwischen dir und der Sonne befinden. Lege deine Kamera auf oder stelle dir dein Stativ auf Augenhöhe zum Frühblüher ein. Durch das Gegenlicht werden dir spannende Aufnahmen gelingen. Du kannst die Pflanze auch durch Einsatz eines Reflektors leicht aufhellen (nicht übertreiben, sonst wirkt es zu künstlich).

PROFITIPP

Tage mit verschleiertem Sonnenauf- oder -untergang eignen sich hervorragend für ganz besondere Fotos, da die Sonne noch etwas höher steht und sehr diffus wirkt. Suche dir eine frei stehende Pflanze und positioniere sie vor dem Sonnenball.

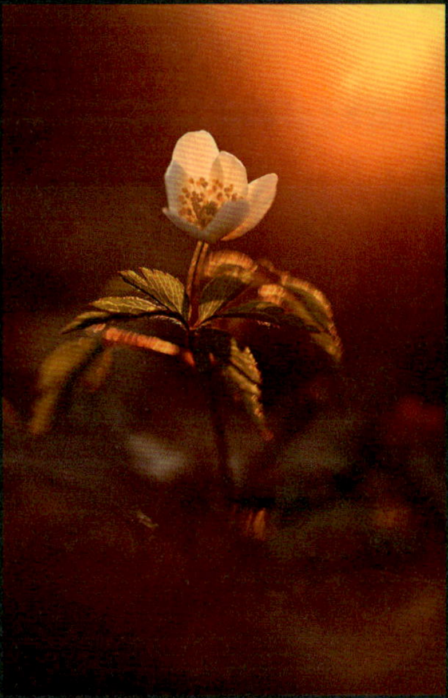

Das sanfte Gegenlicht sorgt für eine einzigartige Bildwirkung.
100 mm | f/2.8 | 1/125 s | ISO 100

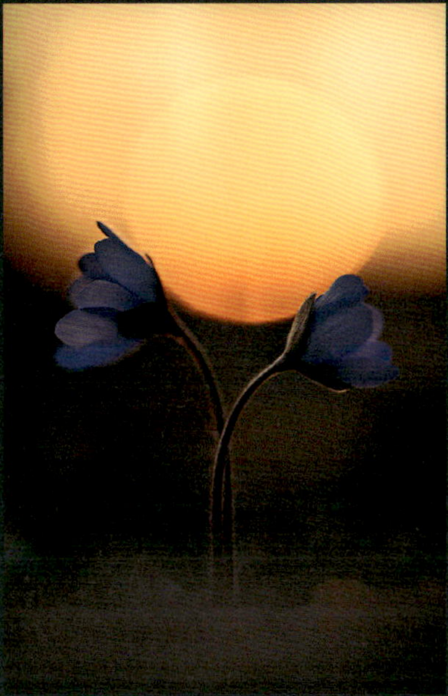

Leberblümchen vor der untergehenden Sonne
100 mm | f/2.8 | 1/500 s | ISO 250

Unschärfekreise

Benötigte Ausrüstung

- Beliebiges Objektiv
- Stativ oder Bohnensack

Planung

- Gegenlichtsituationen funktionieren am besten bei Sonnenschein.
- Wassertropfen, Wasserreflexe oder andere hell angestrahlte Objekte in Vorder- oder Hintergrund eignen sich besonders gut.

Umsetzung

Reflektierende Lichtspots außerhalb deiner Schärfeebene werden als Unschärfekreise wiedergegeben. Hierfür eignen sich zum Beispiel Tautropfen in einer Wiese, Wasserreflexionen bei Sonnenschein oder auch leichtes Gegenlicht im Wald. Auch andere Objekte wie beispielsweise angestrahlte Steine oder nasse Oberflächen können Unschärfekreise erzeugen. Mit einem Teleobjektiv funktioniert eine solche Aufnahme am besten, denn die Schärfentiefe ist sehr gering und bei Offenblende kannst du Vorder- und Hintergrund gut in deine Gestaltung einbinden. Du wirst sehen, es besteht leichte Suchtgefahr, denn die Fotos gewinnen an Ausstrahlung und haben einen märchenhaften Charakter.

PROFITIPP

Öffne die Blende so weit wie möglich, denn durch zu starkes Abblenden bekommen die Unschärfekreise mitunter eine eckige Form.

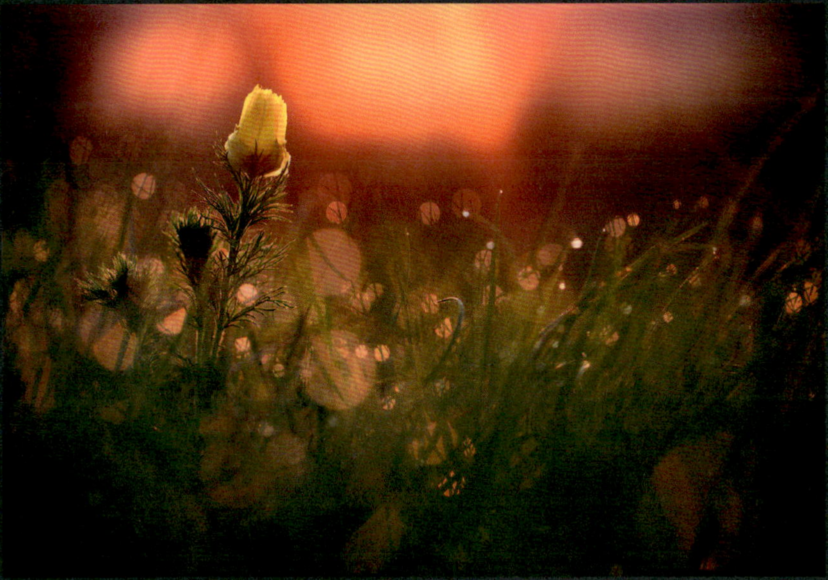

Tautropfen auf dem Gras werden als Unschärfekreise dargestellt und sorgen für das gewisse Etwas um das Adonisröschen herum.
100 mm | f/3.2 | 1/500 s | ISO 320

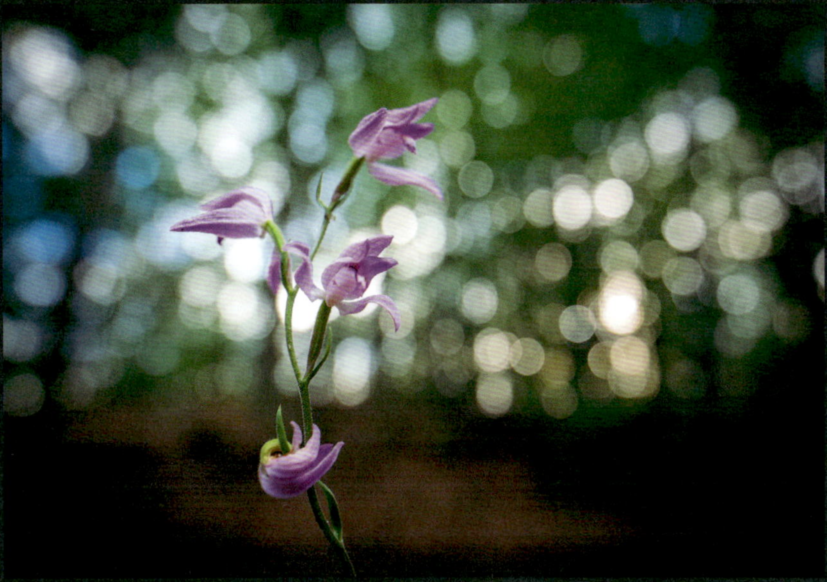

Die Unschärfekreise entstehen durch den Lichteinfall zwischen den Bäumen im Hintergrund.
26 mm | f/3.5 | 1/200 s | ISO 640

Blüte im Detail

Benötigte Ausrüstung

- Makroobjektiv, Lupenobjektiv oder Balgengerät
- ggf. Zwischenringe
- Stativ oder Bohnensack
- Diffusor/Reflektor

Planung

- Suche dir eine geeignete Blüte an einem windstillen Tag.

Umsetzung

Betrachte dein Motiv vor dem Auslösen genauer. Möchtest du die Staubgefäße anfokussieren oder lieber den Rand eines Blütenblattes? Vielleicht findet sich auf der Blüte ein kleines Insekt oder ein Tautropfen, der als Highlight deines Fotos taugt. Wenn du starkes Gegenlicht hast, kannst du die Staubgefäße auch als Schatten durch die Blütenblätter hindurch abbilden. Eine Blüte kann man auch gegen den hellen Himmel fotografieren, muss dann aber das Motiv entsprechend aufhellen (Kunstlicht, Reflektoreinsatz) bzw. etwas überbelichten. Wichtig für solche Nahaufnahmen ist eine stabile Unterlage für deine Kamera oder ein Stativ, denn die Verwacklungsgefahr ist bei solchen Aufnahmen groß.

PROFITIPP

Wenn du die Staubgefäße fotografieren möchtest, suche dir einen Bildausschnitt, der von den Blütenblättern an der Seite und unten umrahmt wird oder fotografiere die Blüte frontal. So wirkt dein Foto abgeschlossen und die Staubgefäße wirken nicht vom Rest der Blüte abgeschnitten.

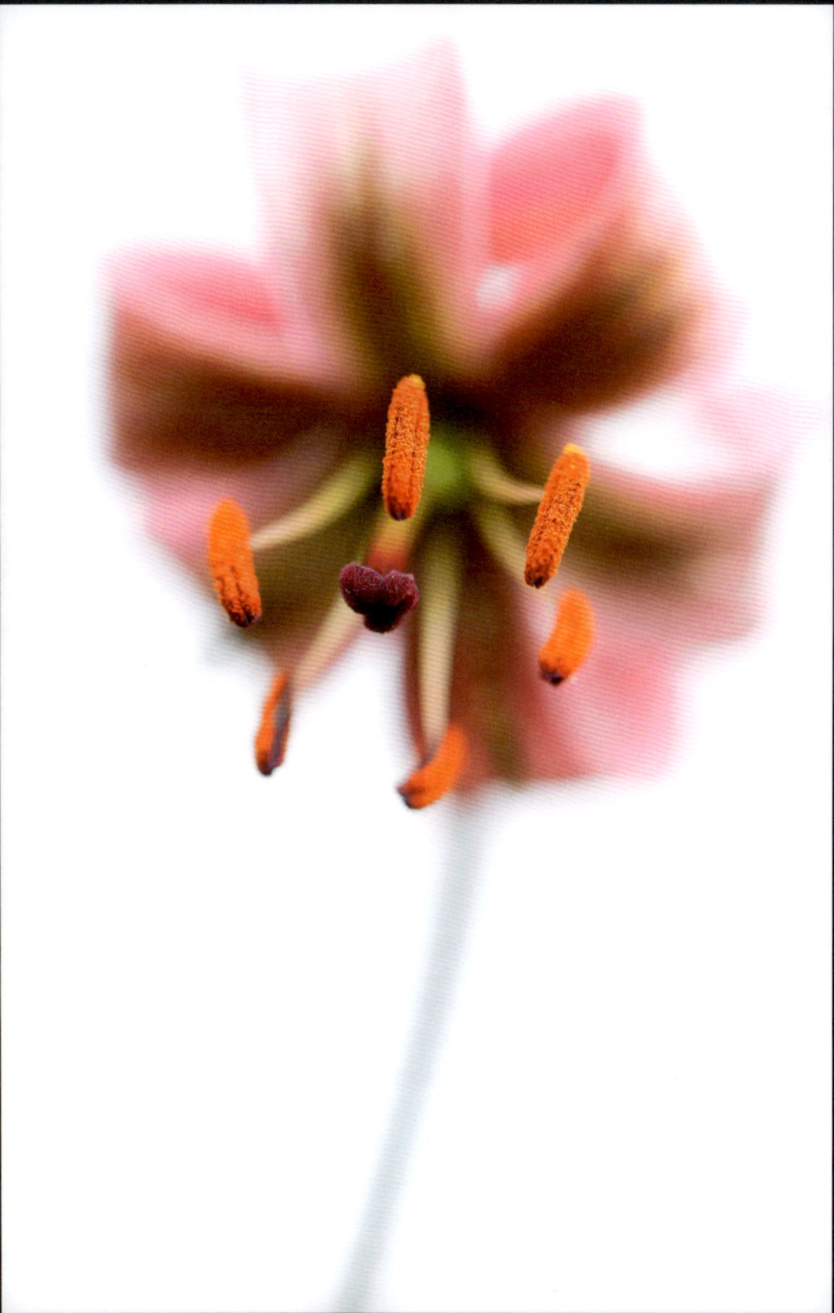

Die Staubgefäße der Türkenbundlilie wurden hier anfokussiert
und werden von den Blütenblättern im Hintergrund unscharf umrahmt.
100 mm | f/3.2 | 1/800 s | ISO 400

Pflanze in ihrem Habitat

Benötigte Ausrüstung

- Weitwinkel-, Makro- oder Teleobjektiv, je nach gewünschtem Effekt
- Stativ oder Bohnensack

Planung

- Positioniere dich etwas weiter weg und überlege dir vorab, wie du dein Motiv in Szene setzen möchtest.

Umsetzung

Um die ausgewählte Pflanze malerisch in ihr Umfeld zu integrieren, solltest du darauf achten, dass das Umfeld nicht zu chaotisch ist, auch wenn du es durch die erzeugte Unschärfe eines Teleobjektivs verschwimmen lassen kannst. Es sollten sich keine Objekte im Vordergrund direkt vor der Pflanze befinden, denn dadurch entstehen unschöne Farbflecken vor dem Motiv. Allerdings kannst du andere Pflanzen im Vordergrund wunderschön einbinden, denn dadurch erhält dein Bild eine Umrahmung und ein paar farbige Highlights.

PROFITIPP

Falls du mittels Weitwinkel die Pflanze mit möglichst viel scharfem Umfeld abbilden möchtest, sorge für eine passende Bildgestaltung. Überlade das Foto nicht, sondern sorge für eine klare Strukturierung. Weniger ist manchmal mehr.

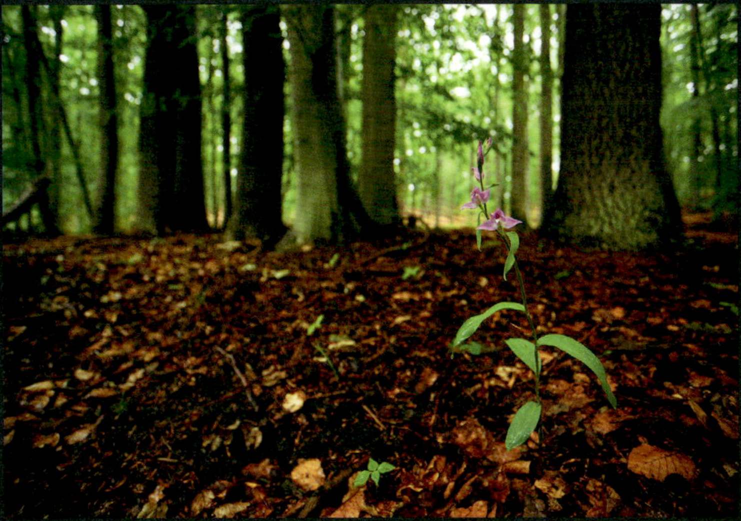

Das Rote Waldvögelein im Buchenwald,
betont durch die Freistellung des Motives trotz Weitwinkeleinsatz
17 mm | f/4 | 1/25 s | ISO 1000

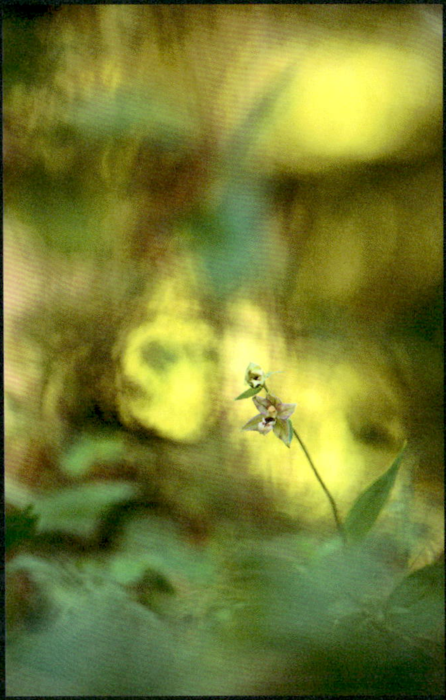

Die Breitblättrige Stendelwurz, eingerahmt in umliegendes Blattwerk
150 mm | f/3.5 | 1/100 s | ISO 400

Vordergrund verschleiern

Benötigte Ausrüstung

- Makro- oder Teleobjektiv
- Stativ

Planung

- Halte im Vordergrund nach geeigneten Pflanzen, Ästen oder Laub zum Verschleiern Ausschau.

Umsetzung

Sichtbare Pflanzenteile im unteren Bildteil sind bei klaren Aufnahmen mit eher dokumentarischem Charakter kein Problem, doch wenn der Bildabschluss etwas künstlerischer wirken soll, kannst du den unteren Bildteil leicht verschleiern. Suche dir dazu Laub, Gras, andere Pflanzen oder Äste in der Umgebung und positioniere dich so, dass sie sich im unteren Teil des Fotos vor deinem Motiv befinden. Der Einsatz einer offenen Blende und entsprechend längerer Brennweiten bewirkt eine Unschärfe des Vordergrundes und einen weichen Abschluss des Fotos. Wenn du keine natürlichen Objekte zum Verschleiern findest, kannst du auch einige Grashalme oder andere Pflanzen vor den unteren Teil des Objektivs halten.

PROFITIPP

Ein zu starker Einsatz des weichen Bildabschlusses kann schnell künstlich wirken. Versuche also, das Motiv nicht zu stark „aus dem Nichts" kommen zu lassen, sondern verneble nur etwas den unteren Bildteil.

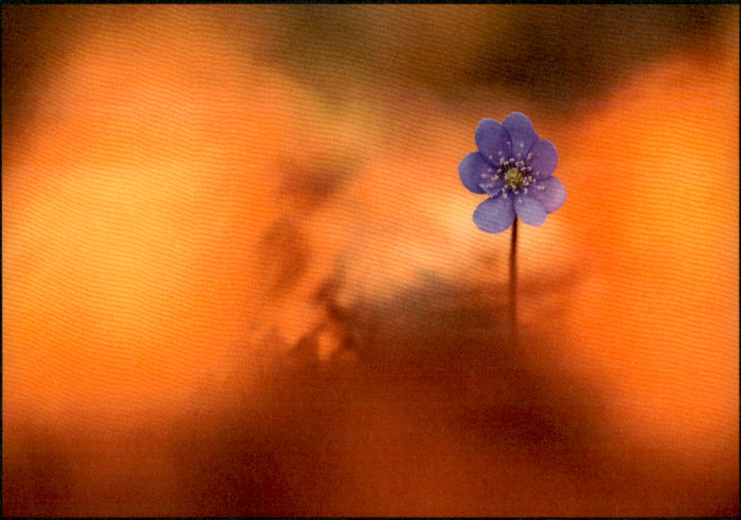

Hier wurden herbstliche Buchenblätter auf dem Waldboden genutzt, um den Vordergrund zu verschleiern und das Leberblümchen hervorzuheben.
100 mm | f/3.2 | 1/125 s | ISO 200

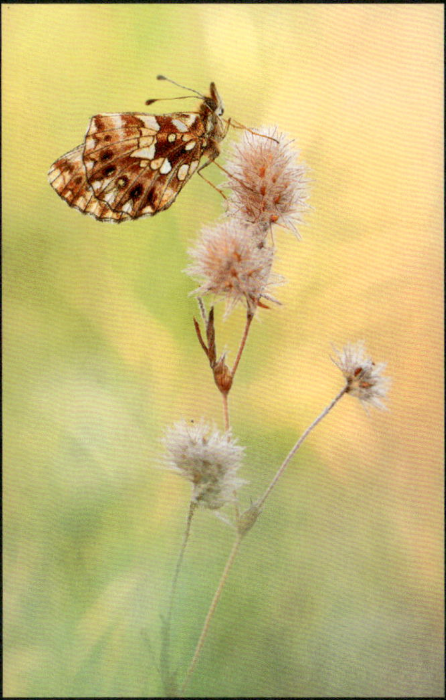

Perlmutterfalter auf seinem Ansitz:
Der untere Bildteil wurde hier mittels Gräsern im Vordergrund leicht verschleiert.
100 mm | f/6.3 | 1/40 s | ISO 200

Pflanze freistellen

Benötigte Ausrüstung

- Teleobjektiv oder Telezoom
- Bohnensack oder Stativ

Planung

- Suche dir eine Pflanze, die etwas freier steht.

Umsetzung

Positioniere dich in einigem Abstand zu der Pflanze und überlege dir, ob du sie im Ganzen oder nur einen Teil fotografieren möchtest. Achte darauf, dass keine anderen Pflanzen in der Schärfeebene stehen, da sie ansonsten ebenfalls scharf werden. Stelle eine offene Blende ein, damit viel vom Vorder- und Hintergrund verschwimmt und dein Protagonist die volle Aufmerksamkeit erhält.

PROFITIPP

Wenn du mit Telebrennweiten fotografierst, achte immer darauf, dass sich keine Gräser oder andere Gewächse direkt vor deiner anvisierten Blume befinden, da die Blüte ansonsten leicht verdeckt und etwas vernebelt wirkt. Manchmal reicht es schon, selbst einen Zentimeter zur Seite zu rücken oder aber vorsichtig die störenden Gräser etwas zur Seite zu biegen.

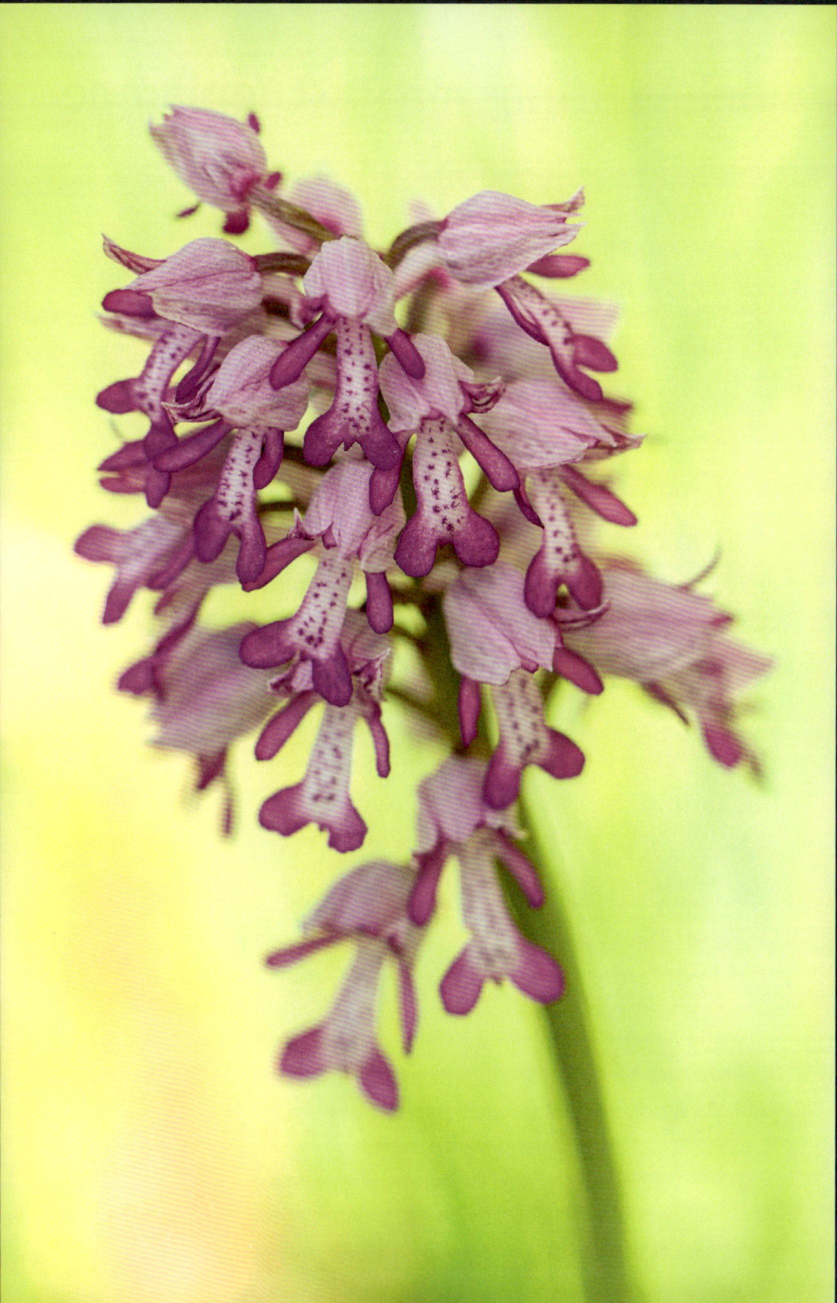

Blüte des Helmknabenkrautes, freigestellt durch Verwendung einer Brennweite von 100 mm, abgeschattet mittels Diffusor.
100 mm | f/4 | 1/640 s | ISO 400

Beleuchtung mit Taschenlampe

Benötigte Ausrüstung

- beliebiges Objektiv
- Stativ oder Bohnensack
- Taschenlampe oder andere künstliche Lichtquelle

Planung

- Wähle einen bewölkten Tag oder die Dämmerungszeit.

Umsetzung

Einige Motive benötigen eine künstliche Ausleuchtung. Dies kann zum Beispiel in sehr dunklen Wäldern und bei Motiven der Fall sein, die ansonsten in der Umgebung nahezu „untergehen“ würden. Stelle deine Ausrüstung zunächst ganz normal ein und wähle deinen Bildausschnitt. Dann halte deine künstliche Lichtquelle so, dass nur das Motiv ausgeleuchtet wird, ohne dass harte Schlagschatten entstehen. Halte die Taschenlampe weit genug weg, sodass das Motiv nicht überstrahlt wird. Achte zudem auf die Belichtung, denn eventuell kann hier eine Belichtungskorrektur nach unten erforderlich werden.

PROFITIPP

Falls du keine Taschenlampe hast oder diese zu hell ist, kannst du auch das Handylicht nutzen. Das ist oft diffuser und leuchtet daher etwas natürlicher aus.

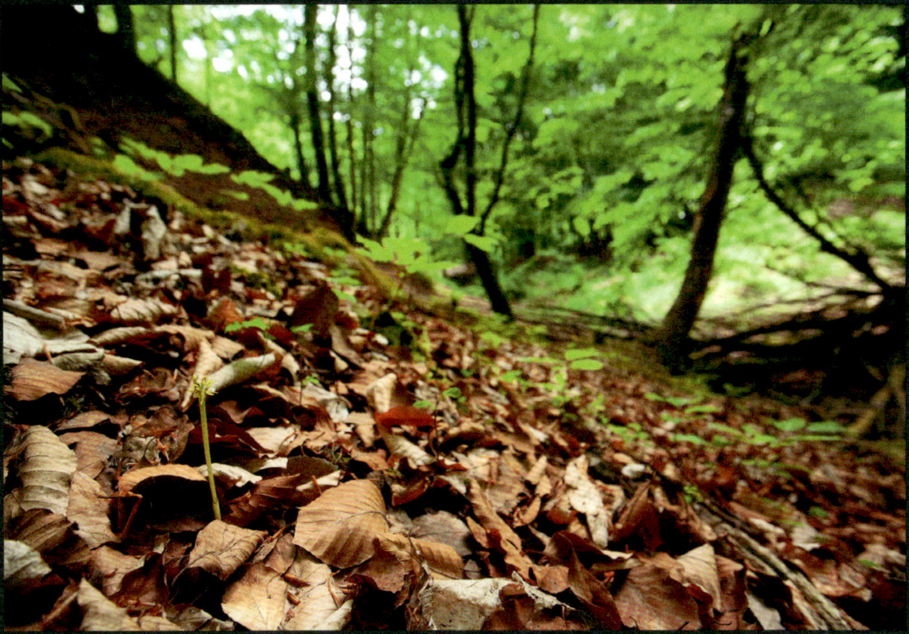

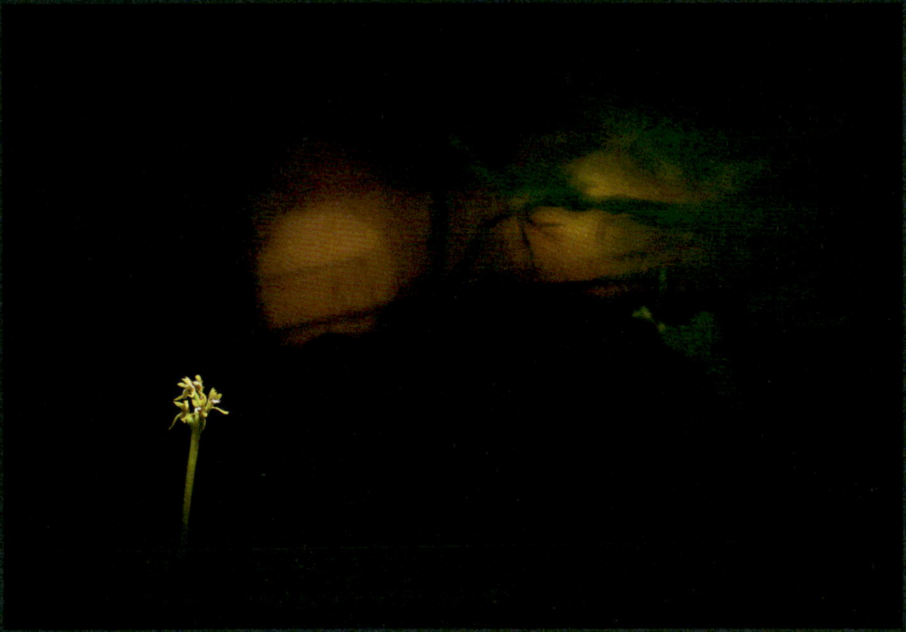

Diese unscheinbare Korallenwurz wäre ohne künstliche Beleuchtung in der Umgebung untergegangen.
oben: 17 mm | f/8 | 1/20 s | ISO 800; unten: 100 mm | f/3.2 | 1/320 s | ISO 400

Insekt im Lebensraum

Benötigte Ausrüstung

- Makroobjektiv oder Weitwinkel
- Stativ oder Bohnensack

Planung

- Achte auf deinen Fototouren immer auf Insekten am Wegesrand, in Wiesen, an Baumstämmen oder Steinhaufen.

Umsetzung

Um Insekten in ihrem natürlichen Lebensraum abzulichten, musst du manchmal recht schnell sein mit dem Auslöser. Alternativ kannst du auch sehr früh aufstehen, denn morgens sind die Temperaturen oft noch kühl genug, sodass sich Falter und Libellen noch nicht wirklich bewegen können. Andere Arten kommen erst heraus, wenn die Sonne sie genug erwärmt hat (z. B. Heuschrecken, Warzenbeißer und Co.). Wenn du diese Arten tagsüber ablichten willst, musst du vorsichtig an sie heranrobben und dich möglichst wenig bewegen, sonst verscheuchst du sie. Stelle deine Kamera am besten auf Serienbildfunktion und nutze den Autofokus, denn dann ist die Chance auf ein scharfes Foto höher.

POFITIPP

Gerade mit dem Weitwinkel lassen sich beeindruckende Lebensraumbilder schießen. Versuche dazu, deinen Protagonisten freizustellen und diesen im Goldenen Schnitt oder im Schnittpunkt der Drittelregel zu platzieren. Wenn das Licht weich ist (zum Sonnenauf- oder -untergang), werden dir gut ausgeleuchtete Fotos inklusive Umgebung gelingen.

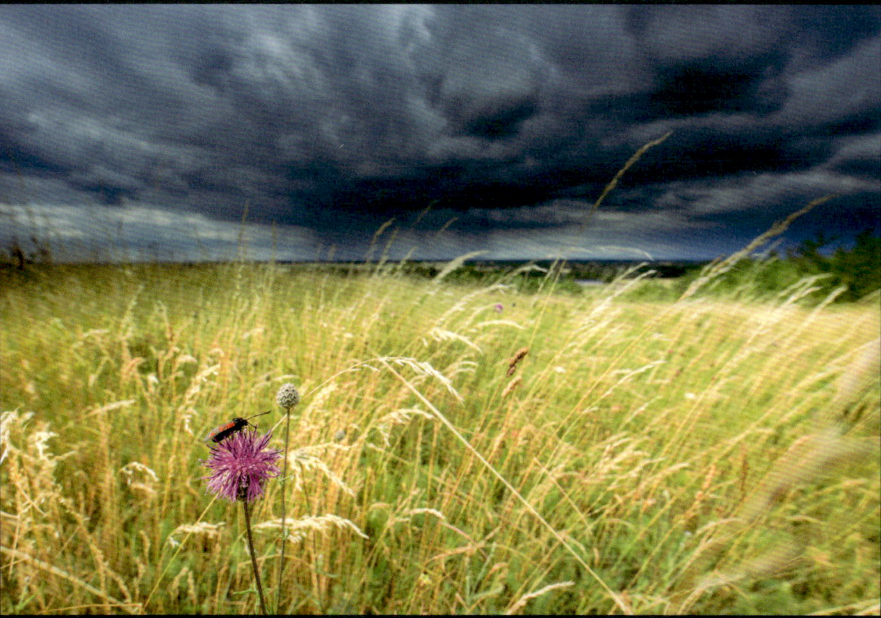

Widderchen auf einer Blüte vor heraufziehendem Gewitter
15 mm | f/8 | 1/250 s | ISO 400

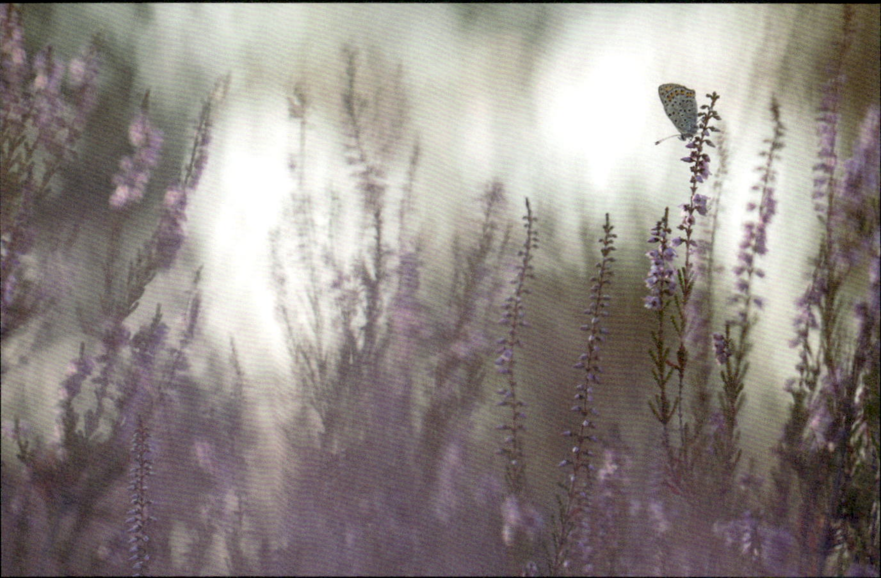

Einbindung des Lebensraumes durch Abstand zum Motiv
und kleinem Abbildungsmaßstab
100 mm | f/3.5 | 1/250 s | ISO 100

Im Morgentau

Benötigte Ausrüstung

- Makro- oder Teleobjektiv

Planung

- Suche dir eine Wiese mit vielen Insekten im Frühling oder Sommer.
- Sei schon vor Sonnenaufgang vor Ort, damit du genügend Zeit hast.

Umsetzung

Wenn du einen Schmetterling oder ein anderes Insekt entdeckt hast, positioniere dich entweder direkt von vorne, schräg von vorne oder aber seitlich vom Motiv. Wenn du eine seitliche Ansicht wählst, achte auf eine genaue Ausrichtung deiner Kamera, damit das Insekt vollständig scharf dargestellt wird. Damit du dein Motiv freistellen kannst, sollten sich in der Schärfeebene sowie direkt davor und dahinter keine Gräser befinden. Du kannst diese bei Bedarf auch vorsichtig wegbiegen, um Abstand zum Insekt zu schaffen. Aufnahmen mit Morgentau wirken besonders intensiv, wenn du im Gegenlicht fotografierst.

PROFITIPP

Wenn du Zeit hast, kannst du bereits abends nach geeigneten Schlafplätzen von Insekten schauen und dir die Stellen markieren, damit du morgens nicht lange suchen musst.

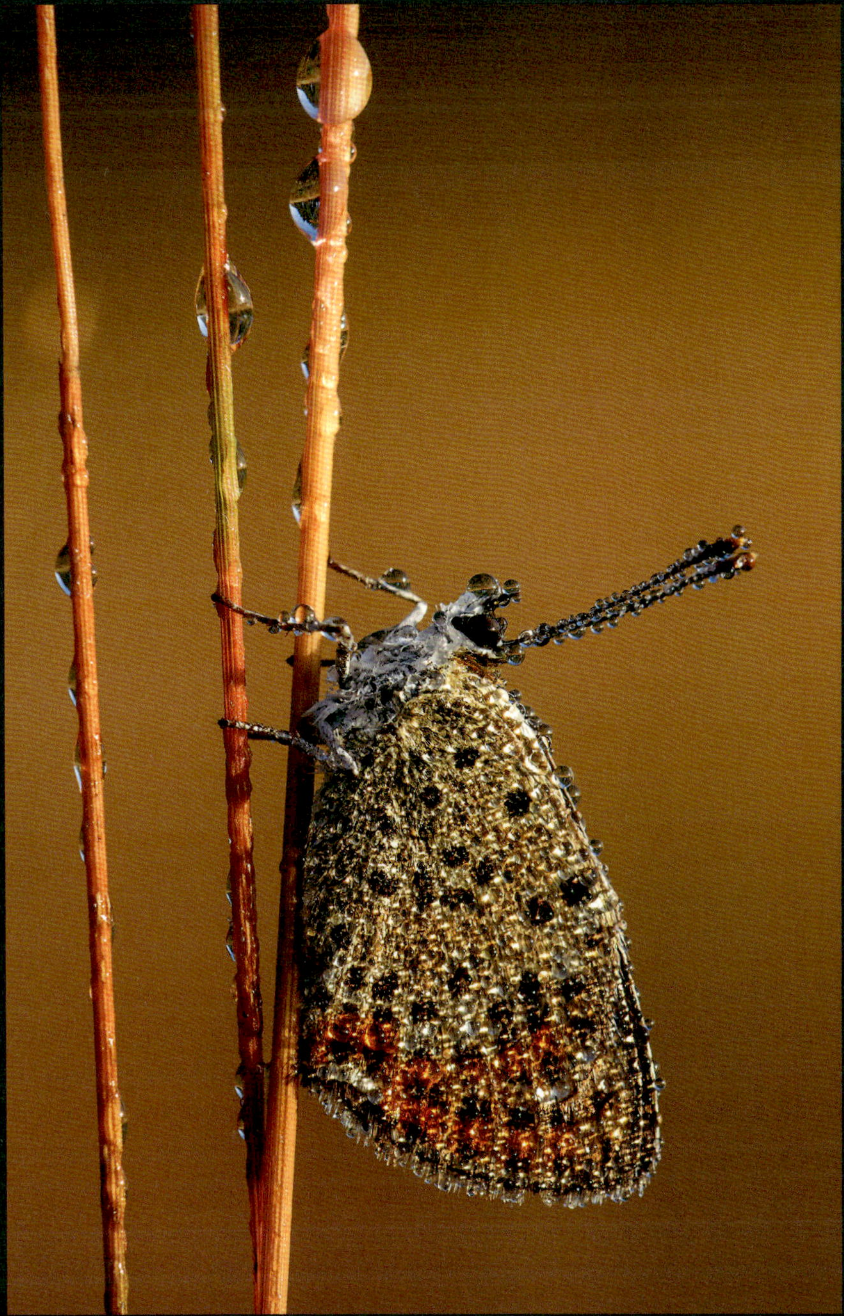

Taubenetzter Brauner Feuerfalter, fotografiert mit einem Makroobjektiv, durchgehender Schärfe und Freistellung des Motivs.
150 mm | f/8 | 1/160 s | ISO 320

Libellen beim Schlupf

Benötigte Ausrüstung

- Makroobjektiv
- Stativ
- ggf. Funkauslöser/Kabelauslöser
- Diffusor

Planung

- Suche zur Schlupfzeit an warmen Tagen vormittags Gewässerränder mit Bewuchs auf.
- Halte nach Larven an Gräsern und Seggen Ausschau. Noch nicht geschlüpfte Libellen erkennst du am intakten Äußeren, während die leeren Larvenhäute (Exuvien) eine Schlupföffnung und weiße Fäden, die heraushängen (ehemals Tracheen), aufweisen.

Umsetzung

Wenn du eine schlüpfende Libelle gefunden hast, richte die Kamera am besten seitlich zu dieser aus. Die Libelle wird sich am „Rücken" der Larve herausschälen. Achte auf eine Freistellung des Motivs sowie auf eine ansprechende Lichtsituation. Falls Lichtspots auf dein Motiv fallen, kannst du den Diffusor einsetzen und die Szenerie abschatten. Nun musst du nur noch warten und den Schlupf dokumentieren.

PROFITIPP

Du kannst an windstillen Tagen tolle Zeitrafferaufnahmen machen, wenn du mittels Intervallfunktion oder einstellbarem Fernauslöser mit Intervalltimer arbeitest und viele Fotos mit mehreren Sekunden oder Minuten Abstand machst. Beachte, dass vor dem Schlüpfen viel Zeit vergehen kann, das komplette Herausziehen des Imago dann aber recht schnell vonstattengeht.

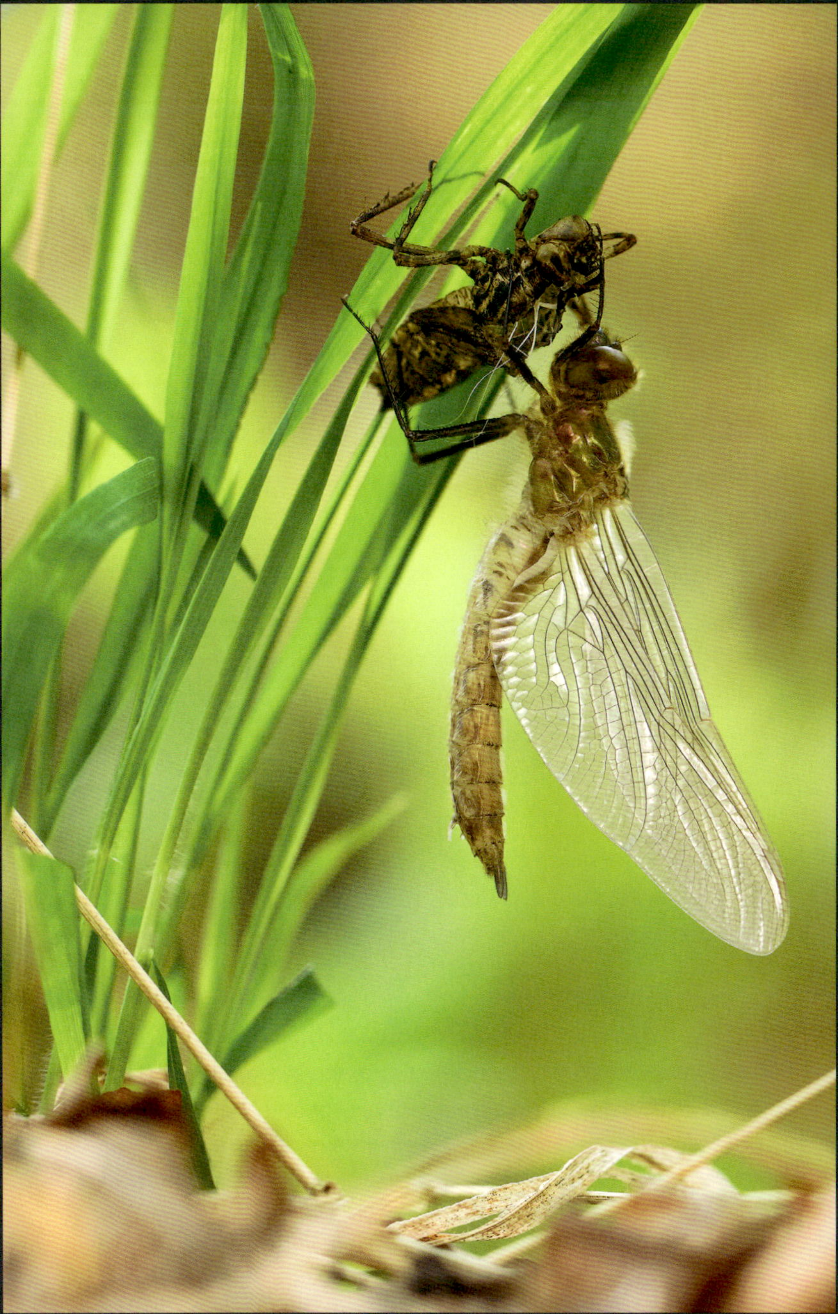

Eine schlüpfende Libelle: ein einzigartiges Naturschauspiel!
100 mm | f/4.5 | 1/400 s | ISO 400

Insekten im Flug

Benötigte Ausrüstung

- Kamera mit schnellem Autofokussystem
- Teleobjektiv

Planung

- Libellen findest du am ehesten an Gewässern, wo sie auf die Jagd gehen und ihre Eier ablegen (auch Gartenteiche sind geeignet).
- Andere Insekten wie Schmetterlinge sind z. B. tagsüber an nektarliefernden Blüten zu finden.

Umsetzung

Insekten im Flug zu fotografieren erfordert ein wenig Geschick. Du solltest dafür deine Kamera gut kennen, denn es muss ziemlich schnell gehen. Am geeignetsten für den Einstieg sind Libellen, denn sie stehen manchmal mehrere Sekunden still in der Luft und bewegen nur die Flügel. Ein Stativ benötigst du für diese Aufnahme nicht. Dann heißt es: Serienbildfunktion einschalten, Einstellungen checken, am besten den Servo AF oder einen Verfolgungsmodus wählen, anfokussieren und das Foto ist im Kasten.

PROFITIPP

Schmetterlinge lassen sich am besten beim Abflug von Blüten fotografieren, da ihr Flugplan ansonsten eher schwer vorherzusehen ist. Wenn du einen Schmetterlingsflieder findest, dann fokussiere den Falter daran an und halte dich bereit für den Abflug. Stelle vorher die Serienbildfunktion deiner Kamera ein.

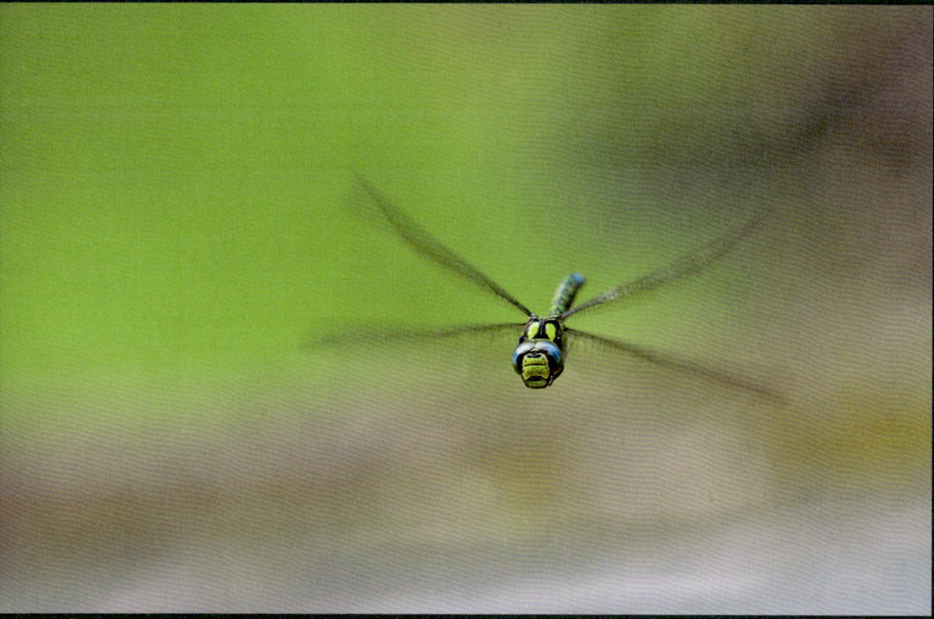

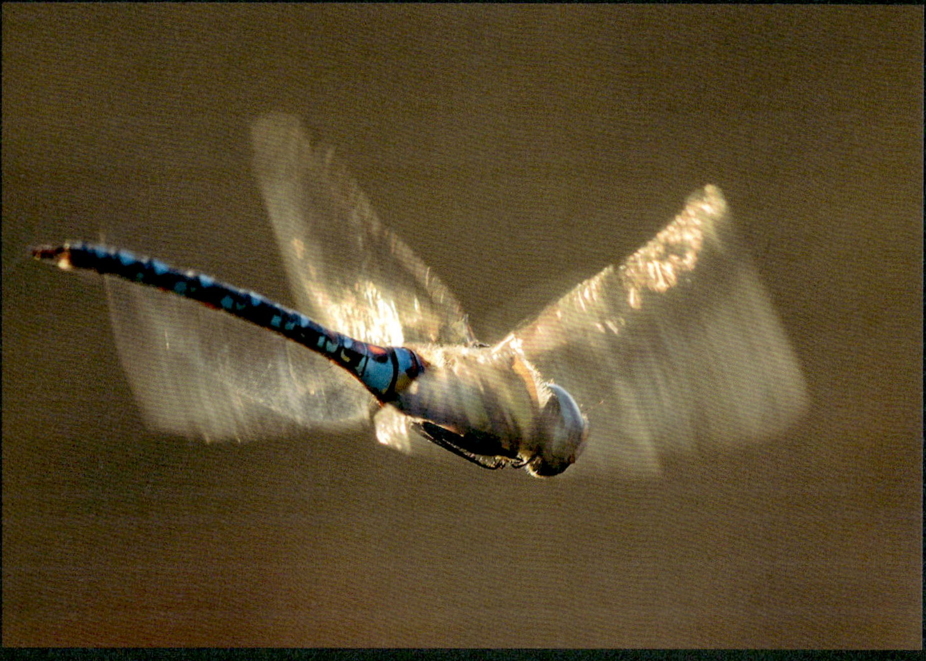

Dank des Servo AF folgt der Fokus der Libelle auch im Flug. Durch etwas längere Belichtungszeiten lässt sich die dynamische Flügelbewegung abbilden.
oben: 200 mm | f/4 | 1/320 s | ISO 400; unten: 700 mm | f/5.6 | 1/200 s | ISO 100

Springspinnen

Benötigte Ausrüstung

- Makro- oder Lupenobjektiv
- Zwischenringe
- ggf. Stativ

Planung

- geeignetes Habitat suchen, Lebensraum genau erkunden
- Je nach Lebensraum findest du sie auf dem Boden, an kleinen Gebüschen, in Gräsern oder an Steinen. Manche Arten sind an kleinen Gespinsten zu erkennen.

Umsetzung

Springspinnen sind flinke Gesellen, daher brauchst du für deine Aufnahmen ein wenig Geduld. Doch es lohnt sich, denn sie sind ziemlich fotogen mit ihren lustigen Frisuren und den niedlichen Augen. Nutze am besten den Autofokus und die Serienbildfunktion. Wenn du flink bist, kannst du auch manuell vorfokussieren und im letzten Moment die Augen scharfstellen, doch das bedarf etwas Übung.

PROFITIPP

Springspinnen reagieren auf Bewegungen. Du kannst das nutzen, indem du die Spinne anfokussierst und deine Hand kurz vor der Spinne bewegst. Meistens wird sich die Springspinne zu dir drehen und für einen kurzen Moment verharren. Dann hast du eine gute Chance, sie von vorne zu fotografieren.

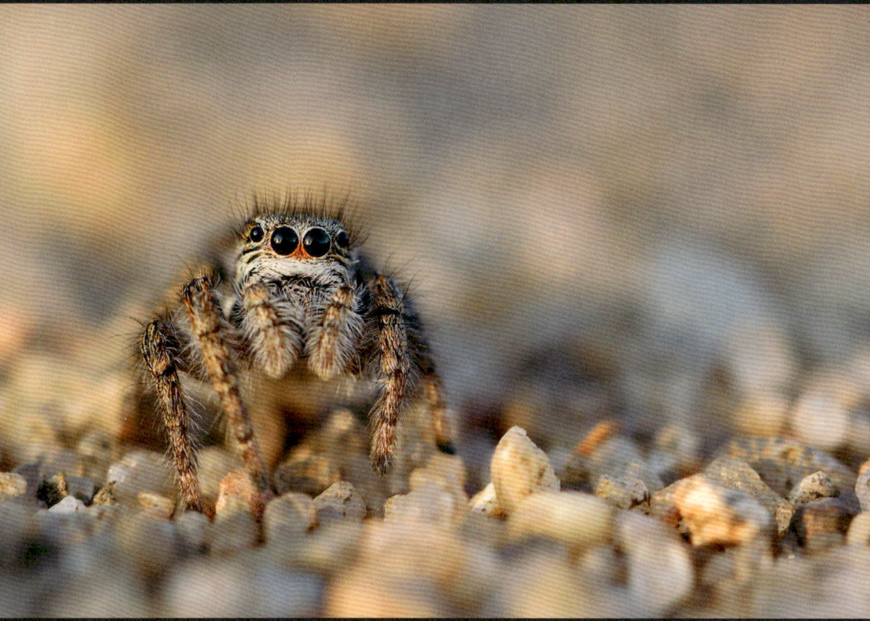

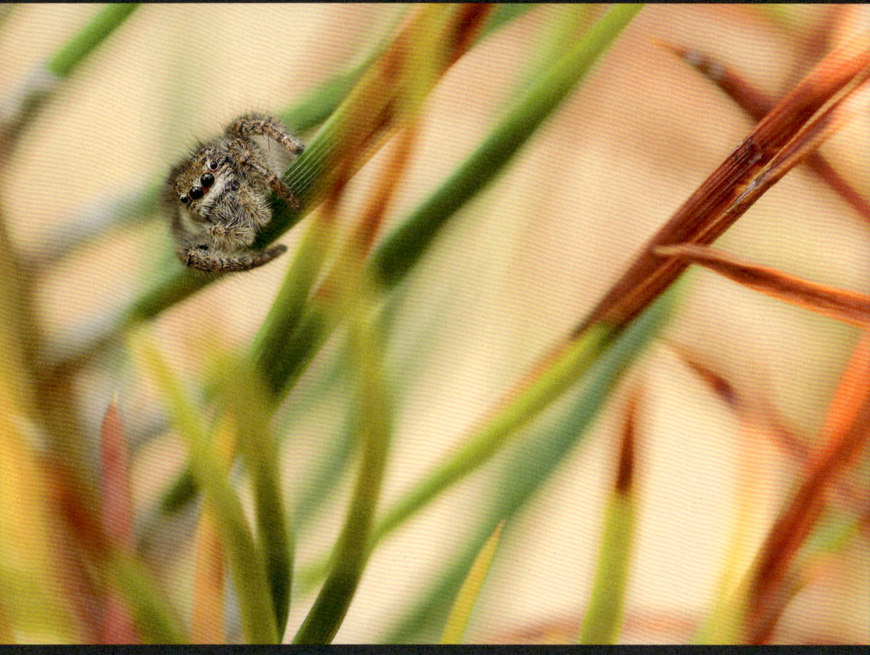

Eine sehr fotogene Goldaugenspringspinne, fotografiert mit einem Makroobjektiv.
oben: 100 mm | f/5 | 1/125 s | ISO 400; unten: 100 mm | f/4 | 1/200 s | ISO 200

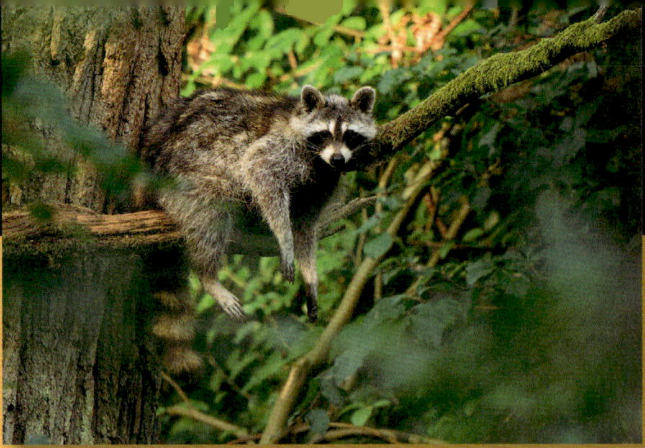

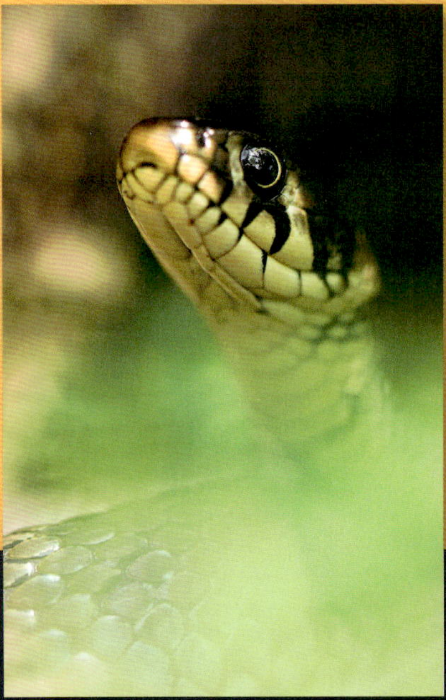

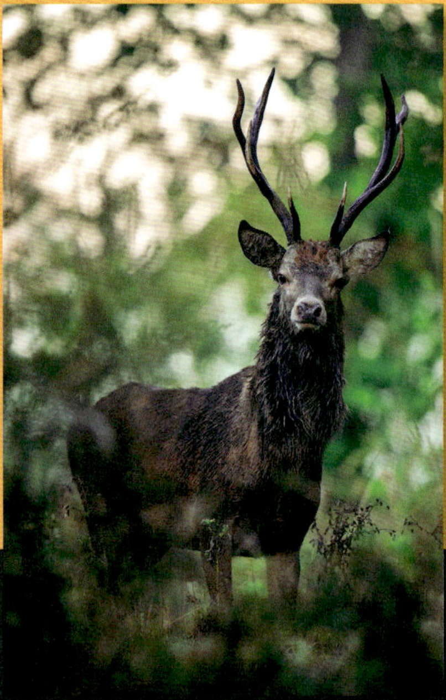

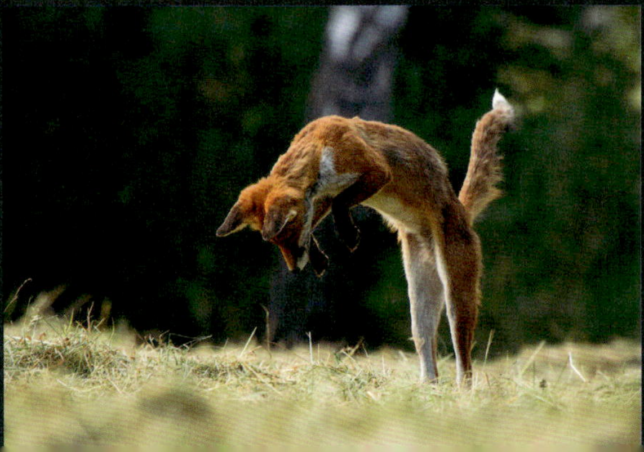

IN FREIER WILDBAHN – TIERFOTOGRAFIE

Die Welt der Tiere als rücksichtsvoller Beobachter festzuhalten gilt als Königsdisziplin in der Naturfotografie. Nicht nur, dass es schwierig ist, die Motive aufzuspüren – sie laufen, schwimmen oder fliegen auch noch schnell davon, wenn sie dich bemerken! In diesem Kapitel erfährst du, wie du dich Wildtieren gezielt annähern und sie perfekt ablichten kannst.

Lebensraum erkunden

Tiere bewohnen unterschiedlichste Lebensräume, daher findest du immer etwas, was du fotografieren kannst. Selbst in den Städten sind sie zahlreich vertreten. Doch um zu wissen, wo genau du welche Tierart findest und gut fotografieren kannst, ist ein klein wenig Vorarbeit vonnöten. Es kommt dabei immer auf deine Wünsche und Ansprüche an. Rehwild zum Beispiel wirst du fast überall entdecken, während Wölfe eine wochen-, wenn nicht sogar monatelange Vorarbeit voraussetzen.

Generell kann es nicht schaden, dich vorher zu fragen, wie viel Zeit du investieren möchtest. Es kann unter Umständen vorkommen, dass du viele Stunden erfolglos an Waldrändern hockst, ohne ein Foto mit nach Hause zu bringen. Wichtig ist, dass du dich nicht entmutigen lässt, denn ein gewisses Maß an Geduld zahlt sich garantiert aus!

Nicht alles ist planbar in der Wildtierfotografie, doch mit ein wenig Vorwissen und Vorarbeit kannst du deine Chancen deutlich erhöhen. Bevor du also einen Ansitz oder eine Pirschtour planst, erkunde die Gegend vorher tagsüber genauer.

Auf Spurensuche

So ein Waldboden oder Feldweg kann unglaublich spannend und aufschlussreich sein, wenn man sich ein wenig mit den Spuren und Hinterlassenschaften der Tiere beschäftigt. Du musst dafür kein ausgebildeter Fährtenleser werden, aber je mehr du mit den Informationen anfangen kannst, desto höher ist die Chance, dein gewünschtes Fotomotiv tatsächlich zu finden.

Ein Besuch des Terrains kann dir dabei helfen, dir einen Überblick über Wildwechsel sowie Trink- und Fraßstellen zu verschaffen.

Durch **Trittsiegel** erhältst du Aufschluss darüber, wer des Nachts im Dickicht oder auf den Wegen unterwegs war. Natürlich kannst du auch einfach auf gut Glück losziehen und hoffen, dass dir ein Tier vor die Kamera läuft. Das funktioniert mitunter ganz gut, ist dann aber wirklich eher Zufall. Wer ansitzen möchte, der sucht lieber nach geeigneten Stellen, an denen sich das Ganze auch lohnen wird.

Beschäftige dich also vorab ein wenig mit den heimischen Tierarten und deren Spuren und Hinterlassenschaften, dann wirst du lernen, das Gelände zu „lesen“. Besonders gut wird dir das an verschneiten Wintertagen, auf sandigen Wegen und an Pfützenrändern gelingen, da dort die Trittsiegel sehr gut zu erkennen sind.

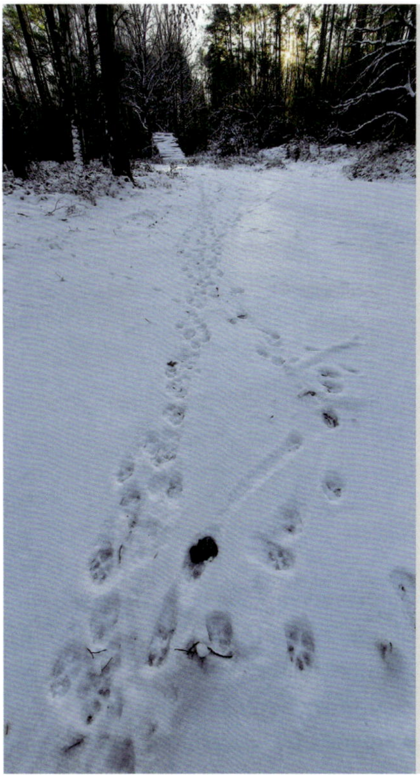

Wolfsspuren im Schnee

DEFINITION: WILDWECHSEL

Wildwechsel sind Wege, die regelmäßig von Wildtieren genutzt werden. Man erkennt sie an den ausgetretenen Pfaden im Wald oder an Wiesenrändern. Dort kann man morgens und abends oft auf Wildtiere wie Füchse, Rehe, Fasane und Wildschweine treffen.

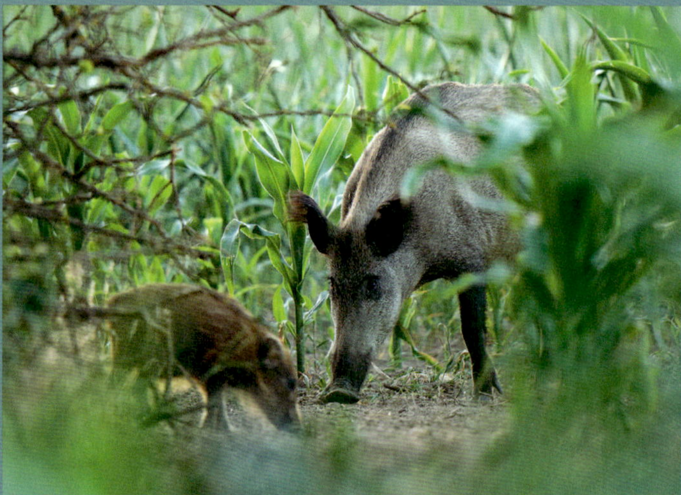

Wildschweinfamilie beim morgendlichen Frühstück am Maisacker

Wasser- und Futterstellen eignen sich ebenfalls gut zum Ansitzen. In Absprache mit dem zuständigen Jäger kannst du eventuell sogar eine Wildkamera aufhängen, um zu beobachten, welche Wildtiere zum Trinken dorthin kommen. Du wirst überrascht sein, wie viel im Wald los ist!

Zu den Brunftzeiten des Rot- und Damwildes triffst du in Wald und Wiese auf besondere Anzeichen, auf die du achten kannst. Beim Rotwild ist es aufgrund der Lautstärke der Brunftrufe recht eindeutig, aus welchem Gebiet diese kommen. Du kannst das Gebiet morgens oder abends nach Gehör erkunden, aber auch andere Zeichen deuten auf regen Wildbetrieb hin. Der Geruch ist beispielsweise unverwechselbar, denn es riecht sehr stark nach Wild.

Beim Damwild sind in den Wochen vor der eigentlichen Brunftzeit im Oktober bereits sogenannte Schlagstellen im Wald zu finden: Die Hirsche zerschlagen kleinere Büsche oder Äste mit ihrem Geweih. Durch Herabstreichen des Kopfes an Ästen oder Stämmen wird außerdem Sekret aus der Voraugendrüse abgestreift. Die eigentlichen Brunftplätze erkennt man an den großen, ausgetretenen Brunftkuhlen, die die Hirsche über viele Jahre nutzen.

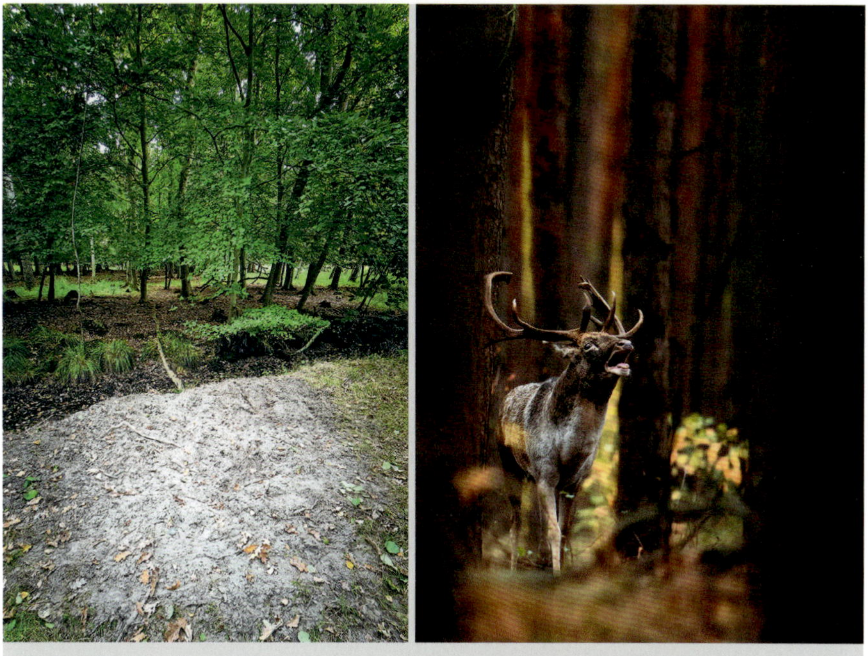

Zur Fotografie gehören nicht nur Seh-, sondern auch Geruchs- und Gehörsinn.

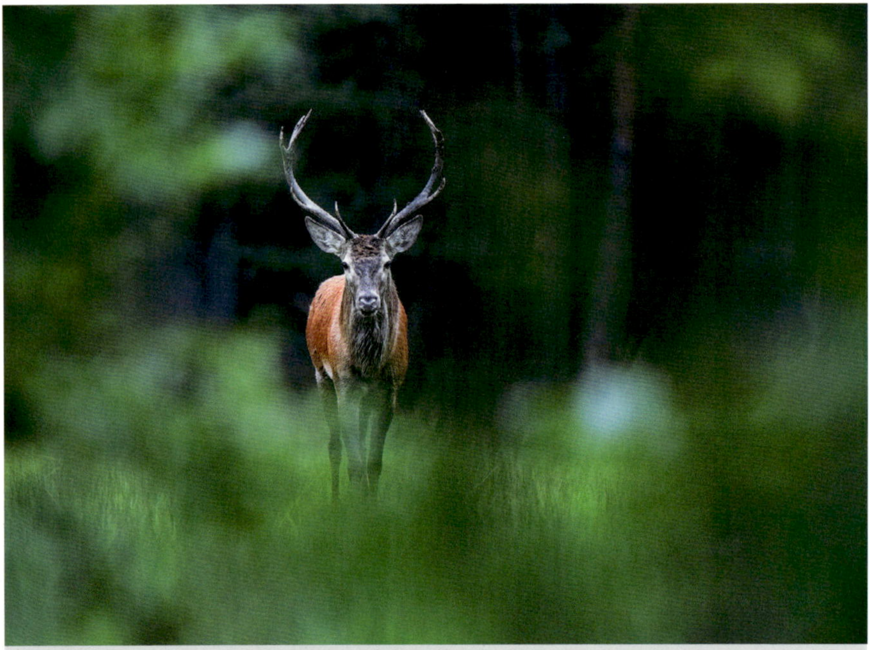

In der Brunftzeit kannst du deine Fotomotive besonders gut ausfindig machen.

Manche Tiere erkennt man vor allem an ihren **Wohnstätten**, so zum Beispiel den Biber: Fraßstellen an Bäumen sowie Dämme und Biberbauten deuten auf regen Betrieb hin.

Auch bei der Vogelfotografie lassen sich „Spuren“ entdecken. Dabei handelt es sich seltener um Fußabdrücke, sondern eher um Hinterlassenschaften. Schlafbäume von Eulen zum Beispiel erkennt man hauptsächlich am Kot und an Speiballen, dem sogenannten „Gewölle“ (Haarballen mit Knochenresten).

Viele Vögel lassen sich wesentlich besser anhand des Gesangs orten. *Amsel, Drossel, Fink und Star ... und die ganze Vogelschar*. Aber diese „Vogelschar“ hat ein unglaublich vielfältiges Repertoire an Rufen und Melodien, die man sich erst einmal einprägen muss. Eine Vogelstimmen-CD oder -App kann dir dabei helfen, den Ruf der Vögel zu identifizieren. Nach einer Weile wird es dir leichterfallen, die geläufigsten Arten anhand ihres Rufes zu identifizieren. Es hilft ungemein, die entsprechende Vogelart auch zu sehen, dann kann man sich den Ruf viel schneller merken.

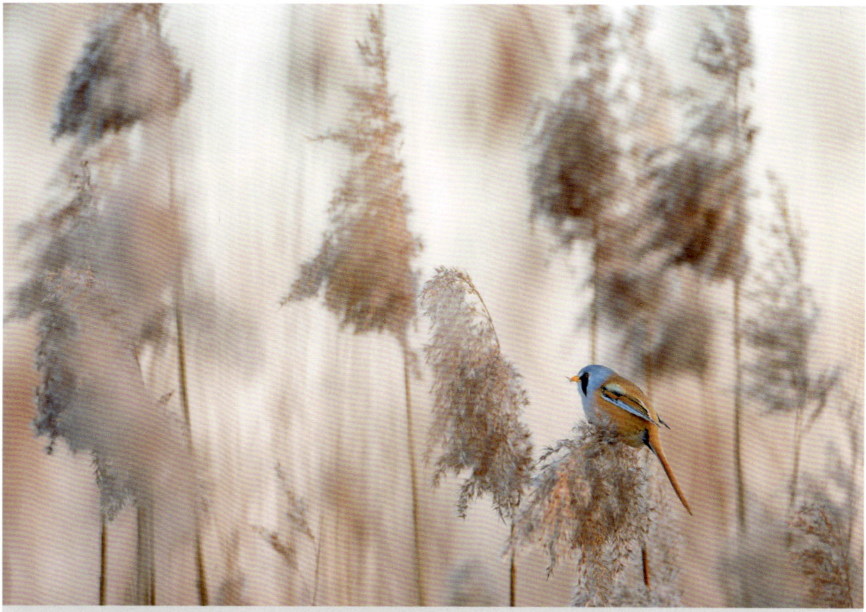

Bartmeise, gut verborgen im Schilfdickicht

Perfekt getarnt: Ansitzfotografie

Wir haben das Gelände und die Gegend ausreichend erkundet und geeignete Ansitzstellen ausgemacht. Doch wie geht es nun weiter? Dich einfach mit normalen Straßenklamotten hinzusetzen ist zwar eine Möglichkeit, doch nicht unbedingt zu empfehlen. Generell sind gedeckte Farben gut, die eine Musterung aufweisen (zum Beispiel Flecktarn). Damit fügst du dich in die Umgebung ein. Auch das nützt allerdings nicht viel, wenn du dich ohne jegliche natürliche Deckung mitten auf den Weg hockst. In diesem Kapitel möchte ich dir deshalb einen Überblick über die verschiedenen Tarnmöglichkeiten geben:

- Tarnkleidung
- Tarnhandschuhe und Tarnkappe
- Tarnumhänge/-überzüge
- Tarnnetze
- Tarnzelte
- natürliche Ressourcen

Tarnkleidung

Wichtig für alle Tarnoptionen ist, dass du dich wohl darin fühlst. Mitunter musst du stundenlang darin ausharren, was bei kratziger, zu kalter, zu warmer oder nicht passender Kleidung durchaus unangenehm werden kann. Schlimmstenfalls hast du im Anschluss gar keine Lust mehr auf eine weitere Fototour. Neben den Farben und der Musterung spielt also auch das Material eine Rolle. Es sollte nicht zu sehr rascheln, denn oft musst du dich möglichst leise zum Ansitzplatz begeben.

Auch im Sommer darf das Material nicht zu dünn sein, selbst wenn es draußen warm ist. Vergiss nicht, dass du abends in der Mückeneinflugschneise sitzt, und auch Zecken und Hirschlausfliegen finden dich durchaus interessant. Achte bei der Auswahl deiner Kleidung also ebenfalls auf die Beschaffenheit bezüglich des Insektenschutzes. Mir persönlich ist lieber etwas zu warm, als dass ich nach der Fototour mit Mückenstichen übersät bin. Gerade die Hosenbeine sollten zum Schuh hin gut geschlossen sein.

Für die absolut perfekte Tarnung gibt es die sogenannten „Ghillie-Anzüge“. Diese bestehen aus Fransen und verfremden somit die menschliche Kontur; man verschmilzt sozusagen mit seiner Umgebung. Wer es ganz auf die Spitze treiben will, für den gibt es zusätzlich geruchsneutralisierende Kleidung oder Sprays. Nimm bei deiner Fototour mit Ghillie-Anzug jedoch Rücksicht auf Jäger, Jogger oder Pilzsammler – sie bekommen sonst einen schönen Schreck, wenn der Busch neben ihnen plötzlich hustet.

Bisher bin ich mit meinen normalen Tarnklamotten gut zurechtgekommen, ganz ohne Fransen und Sprays. Achte einfach darauf, dass du gedeckte Farben trägst, die sich auch über einen längeren Zeitraum hinweg bequem tragen lassen, robust sind und nicht rascheln. Ein kleiner Hocker empfiehlt sich bei langen Ansitzen ebenfalls, da sonst die Beine im Schneidersitz schnell einschlafen.

Tarnhandschuhe und Tarnkappe

Auch wenn dein Körper gut getarnt ist, können deine Hände und dein Gesicht dich verraten. Ich empfehle dir daher dünne Tarnhandschuhe (gleichzeitig Insektenschutz) mit abnehmbarer Fingerkappe oder aber mit Touchfunktion. So hast du viel Gefühl in den Händen, was wichtig für die Bedienung deiner Kamera ist. Im Winter dürfen es auch dickere Handschuhe sein. Ich empfehle dir hier ein Schichtensystem, also Fäustlinge über den Fingerhandschuhen. Nichts ist ärgerlicher als kalte Hände, die nicht schnell genug auslösen können.

Die Gesichtstarnung ist ein weiterer wichtiger Faktor. Dazu kann ich spezielle Kappen oder Hüte mit Tarnmuster empfehlen. Oft verfügen diese über ein Gesichtstarnnetz, welches lediglich die Augen freilässt. Als zusätzlichen Insektenschutz kann man sich leichte Netze einpacken, die man sich über den Kopf hängt. In Sumpf- oder Waldregionen ist der Ansitz sonst kein großes Vergnügen.

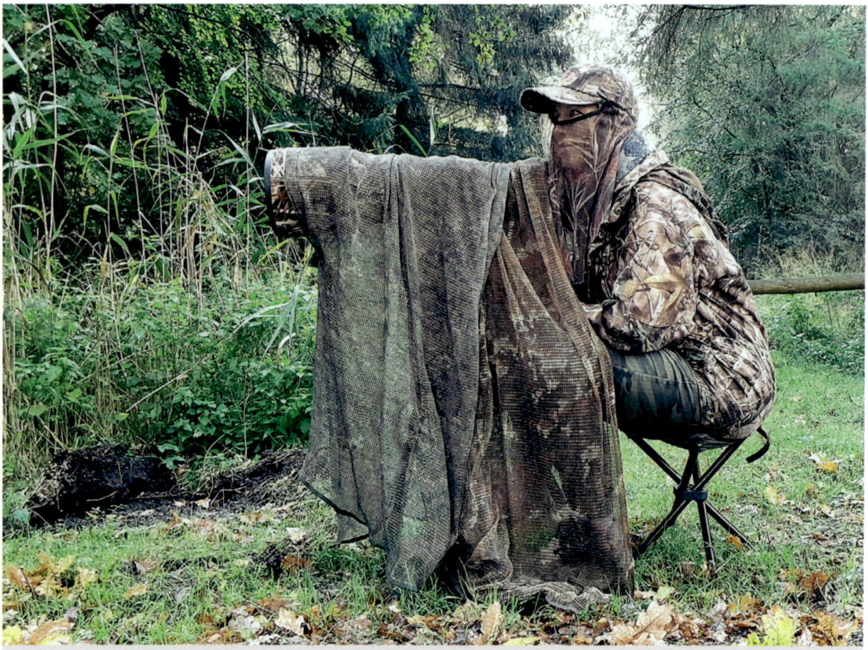

Vollständig getarnt und bereit für den Einsatz

Objektivüberzüge und Regenschutz

Die meisten Objektivgehäuse sind schwarz oder weiß, daher ist es sinnvoll, auch daran einen Tarnüberzug zu befestigen. Es gibt im Internet tolle Angebote (z. B. unter augenblicke-eingefangen.de), die auf deine Linse passen, sie gut tarnen und zugleich einen Schutz vor Kratzern am Gehäuse bieten.

Ab und zu kann es beim stundenlangen Ansitzen vorkommen, dass sich die Schleusen des Himmels für einen Schauer öffnen. Dann tust du gut daran, einen Regenschutz für deine Optik dabeizuhaben. Auch wenn die meisten Objektive und Kameras ein wenig Regen aushalten, ist es dennoch nicht zu empfehlen, diese stärkerem Regen auszusetzen.

Tarnumhänge, -überzüge und -netze

Richtig „verschwinden" wie bei Harry Potter kann man mit einem Tarnumhang leider nicht, aber der Überwurf kaschiert zumindest gut die menschliche Silhouette. Alternativ dazu kannst du dir auch leichte, netzartige Tarnüberzüge zulegen, die du über die normale Kleidung ziehst.

Eine besonders unkomplizierte Art der Tarnung ist die Verwendung von Tarnnetzen. Das sind günstig zu erwerbende Netzschals, die verschiedene Tarnmuster und -farben aufweisen und wunderbar mit der Umgebung verschmelzen. Du kannst damit dich selbst, aber auch dein Equipment kaschieren. Es gibt sogar welche in Schneetarn, also in Weiß!

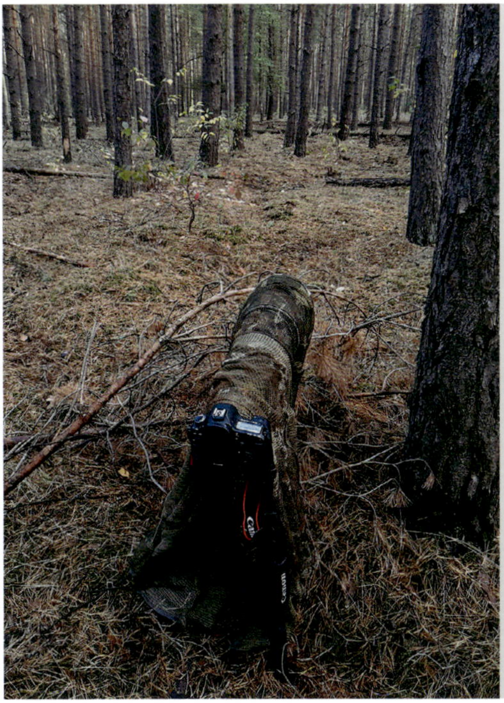

Dank des Tarnschals ist die Kamera kaum zu sehen.

Tarnzelte

Wenn du dich bereits ein wenig mit der Natur- und der Ansitzfotografie beschäftigt hast, dann bist du bestimmt schon über Tarnzelte gestolpert – also nicht im wörtlichen Sinne, aber zumindest in Zeitschriften oder im Internet. Tarnzelte sind eine gute Möglichkeit, um deine Kontur sowie dein Equipment vollständig verschwinden zu lassen.

Doch Vorsicht: Tiere nehmen Veränderungen in ihrem Umfeld sehr gut wahr! Wenn da plötzlich ein großes, dreieckiges Ding neben der Wasserstelle steht, ist erst einmal Rückzug angesagt. Daher ist es am besten, wenn das Zelt eine ganze Weile an ein und derselben Stelle stehen bleibt, damit sie sich daran gewöhnen können.

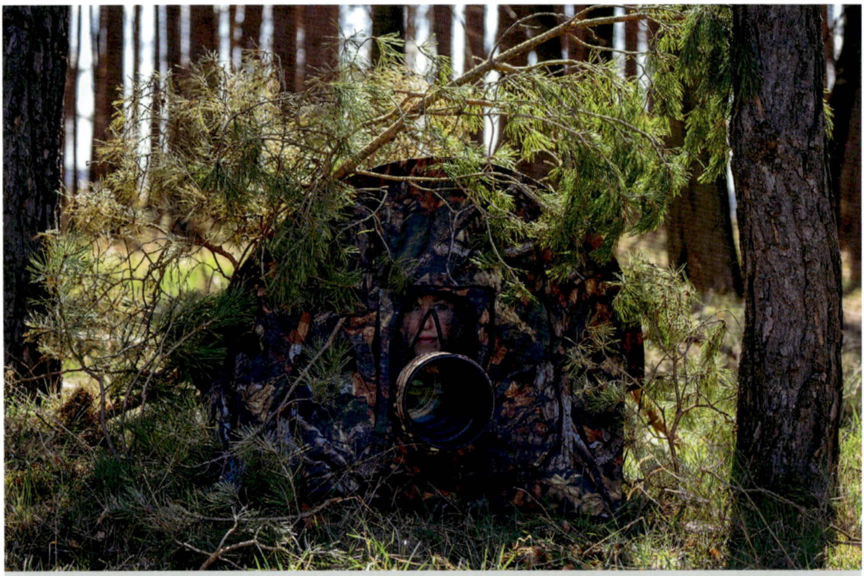

Ein Tarnzelt ist besonders bei längeren Ansitzen ein gutes Hilfsmittel.

Bei der Vogelfotografie funktionieren Tarnzelte ebenfalls sehr gut. Auch hier ist es sinnvoll, sie erst einmal ein paar Tage zu postieren, damit sich die Vögel daran gewöhnen können. In der Regel geht das ziemlich schnell, und sie akzeptieren dich als Fotografen in einem Tarnzelt oft besser, als wenn du nur mit einem Tarnumhang dort sitzt.

Ich selbst verwende robuste Tarnkleidung in Grüntönen, Handschuhe sowie eine Tarnkappe mit Gesichtsschleier. Dazu kommen diverse Tarnschals, die ich immer im Rucksack habe. Ein Tarnzelt ist sehr praktisch, wenn man etwas Zeit in den Ansitz investiert und einen geeigneten Aufstellplatz findet.

Tarnung mit natürlichen Ressourcen

Du kannst dich mit der besten und teuersten Kleidung auf den Waldweg hocken und würdest doch die meisten Tiere verjagen, wenn du dich nicht maximal in das Umfeld einfügst. Positioniere dich daher am besten an Bäumen oder Sträuchern bzw. verstecke dich dahinter. Lass so viel menschliche Kontur wie möglich optisch mit der Umgebung verschmelzen. Dazu kannst du auch Äste oder Gräser für deine Tarnung verwenden oder die Tarnnetze zusätzlich um dein Stativ und deine Beine hängen.

Stelle dich, sobald du alles fertig vorbereitet hast, am besten selbst einmal vor deine Tarnung, um sie zu überprüfen und zu sehen, wie dich die Tiere wahrnehmen können.

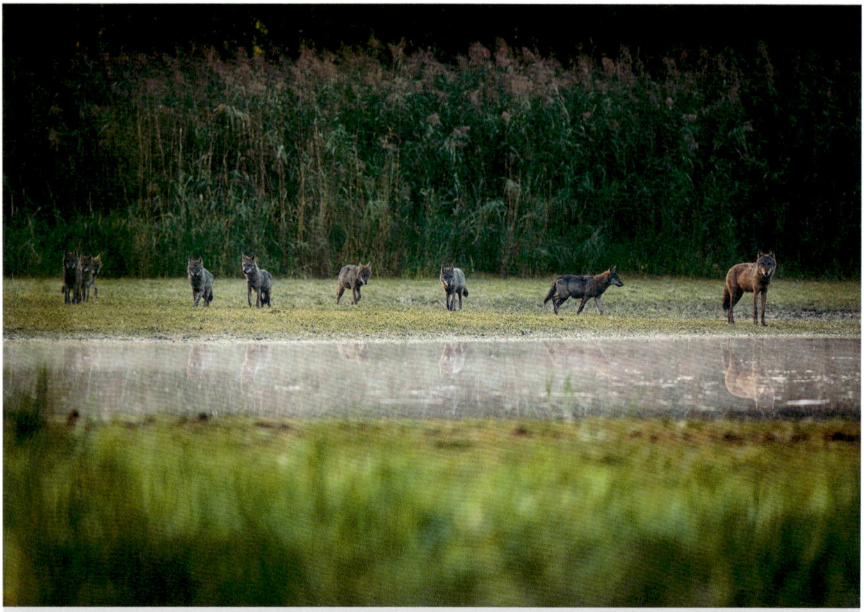

Mit der richtigen Tarnung bekommt man auch scheue Arten vor die Linse.

Zur richtigen Zeit am richtigen Ort

Es gibt Zeiten im Jahr, da ist richtig was los! Nehmen wir beispielsweise das **Frühjahr**: Die Welt erwacht aus dem Winterschlaf, Tiere bekommen ihren Nachwuchs, und die Vegetation beginnt zu sprießen. Das ist genau die richtige Zeit, um nach schwer beschäftigen Fuchsmüttern, Dachsbauten oder balzenden Fasanen Ausschau zu halten oder am Ufer eines Sees anzusitzen und auf den Haubentauchernachwuchs zu warten. In der Zeit der Jungenaufzucht sind viele Wildtiere zwar wachsam, aber ständig beschäftigt, was es oft leichter macht, sie zu entdecken und zu fotografieren.

Der **Sommer** hält ebenso viele Überraschungen bereit, nur ist es aufgrund der hohen und dichten Vegetation oft etwas schwieriger, die Motive zu erspähen. Der **Herbst** wiederum trumpft noch einmal richtig auf, denn unser heimisches Rot- und Damwild kommt in die Brunftzeit. Während auf den Wiesen der Bodennebel wabert, tönen die urigen Brunftrufe der Rothirsche durch die Wälder.

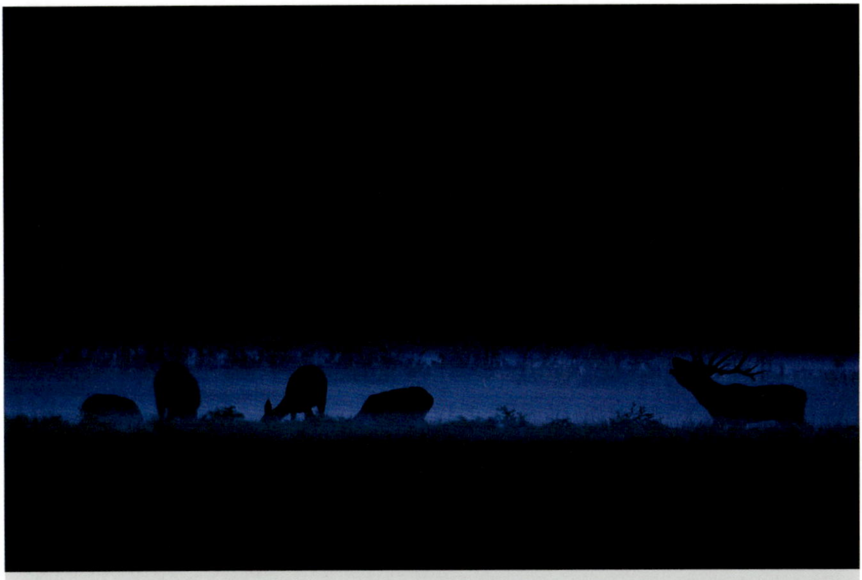

Brunftplatz der Rothirsche zur Blauen Stunde

Außerdem beginnt im Herbst die Zugvogelzeit: Die abgeernteten Äcker bieten Kranichen und Wildgänsen wichtige Nahrung vor ihrem weiten Flug gen Süden. Nachts suchen Kraniche flache Gewässer auf, um dort zu schlafen, oft in Gesellschaft der Wildgänse.

Im **Winter** wird es wieder etwas ruhiger, auch bei den Wildtieren. Wenn es schneit, wird dir allerdings in dieser Jahreszeit das Spurenlesen leichterfallen, und alles wirkt wie verzaubert. Da wird selbst die Stockente auf dem zufrierenden Teich zum Blickfang!

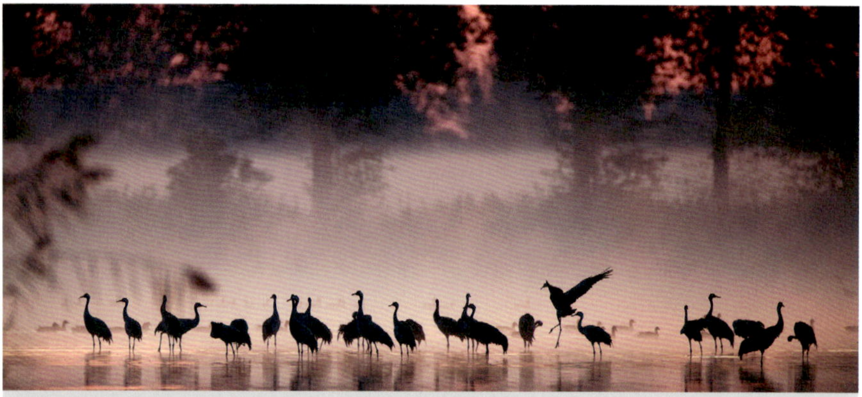

Morgendliches Erwachen der Kraniche im Herbst

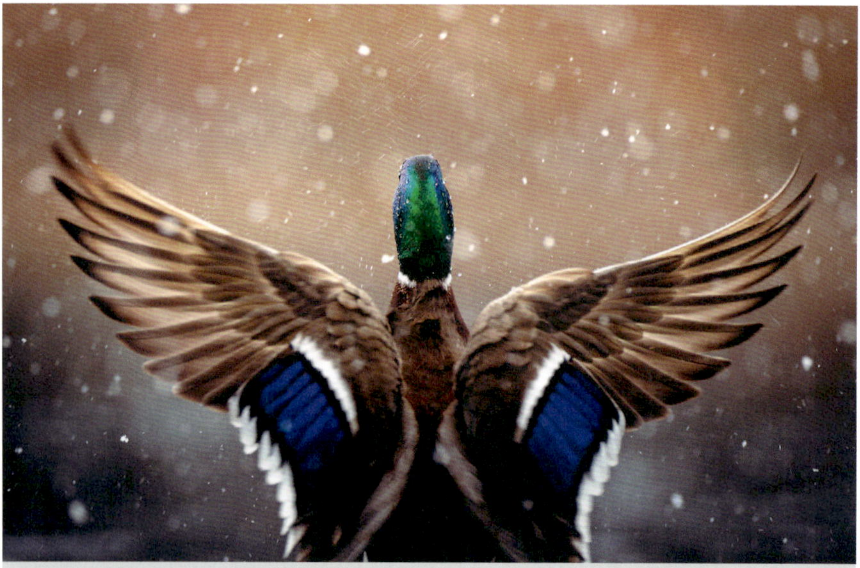

Stockentenerpel am Teich bei leichtem Schneefall

Doch nicht nur die Jahres-, auch die Tageszeit ist bei der Tierfotografie entscheidend. Mittags werden sich viele Wildtiere zurückziehen, da wir Menschen uns zum Joggen oder Pilzesammeln in den

Wäldern herumtreiben. Wenn du jedoch frühmorgens auf Fototour gehst, entdeckst du eine ganz andere Welt. Es herrscht mitunter ein geschäftiges Treiben auf Feld und Flur. Einige Arten (z. B. der Dachs) erwachen erst in den späten Abendstunden, du solltest für deine Fototouren also vor allem diese Dämmerungszeiten anvisieren.

PROFITIPP: DER PERFEKTE MOMENT

Nicht nur das Licht und die Umgebung müssen passen, auch der Moment muss stimmen. Am Ende nützt das schönste Licht nichts, wenn dein Motiv schneller ist als du und dein Auslösefinger etwas zu langsam war. Daher empfehle ich, die Kameraeinstellungen vorab zu überprüfen, damit alles passt, wenn es mal schnell gehen muss.

In der Tierfotografie ist vieles nicht planbar. Viele Situationen werden ungenutzt verstreichen, viele Fotos werden unscharf oder nicht korrekt belichtet. Das gehört dazu und ist ganz normal. Doch wenn dann ein Foto in einer außergewöhnlichen Situation gelingt, ist die Freude umso größer!

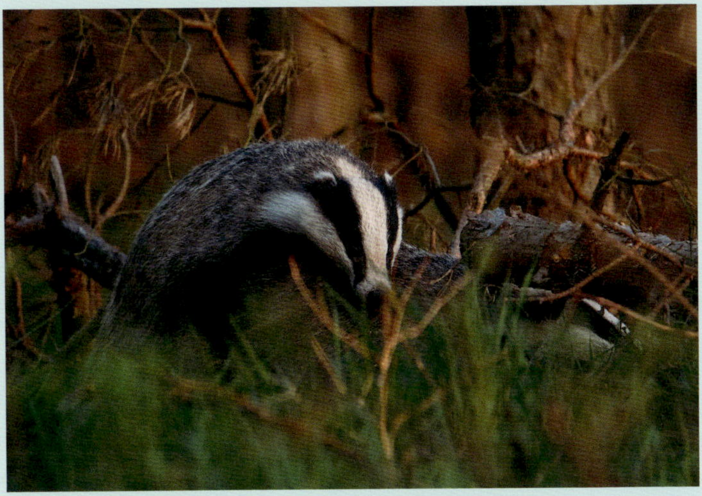

Erwischt: Ein Dachspaar wird nach Sonnenuntergang aktiv.

Amphibien

Für die Amphibienfotografie hat man meistens ein enges Zeitfenster. Als beste Zeit des Jahres gilt die Laichzeit, da Frösche, Kröten und Unken dann recht zutraulich sind und andere Dinge im Kopf haben, als vor dem Fotografen zu flüchten. Daher eignet sich das Frühjahr besonders gut für einen Spaziergang an Gewässerrändern oder Teichen. Die Arten kannst du gut am Ruf unterscheiden, denn eine Unke klingt ganz anders als ein Laubfrosch.

Jede Art hat ihre Besonderheiten, die einem das Fotografieren entweder erleichtern oder auch gern mal erschweren können. **Laubfrösche** zum Beispiel sitzen oft gut getarnt und regungslos in Schilfbereichen oder Büschen an Teichen und sind daher schwer zu entdecken. Geht es aber dem Abend entgegen oder zieht ein Unwetter heran, rufen Laubfrösche mit einer enormen Lautstärke von über 100 Dezibel. So kann man sie etwas besser orten und anschließend das Dickicht nach ihnen absuchen.

Erdkröten, Gras- und Moorfrösche findest du hingegen eher im Wasser bzw. auf dem Weg dorthin aus ihren Winterquartieren. In der Laichzeit sind die Männchen meist besonders schön gefärbt, aber oft nur für wenige Tage. Es lohnt sich also, Ende März/Anfang April regelmäßig an geeigneten Gewässern nachzusehen, ob sich schon etwas getan hat.

Ein gutes Indiz für Amphibienvorkommen sind Krötenzäune an der Straße. Halte nach nicht zu steil abfallenden Uferregionen Ausschau, da du dort mit den Tieren auf Augenhöhe gehen kannst. Mitunter lassen sich bei Windstille tolle Spiegelungen im Wasser fotografieren.

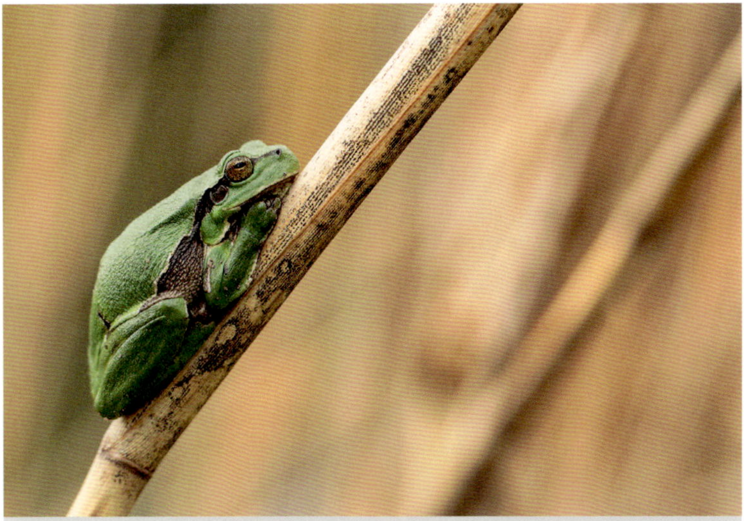

Laubfrösche sind oft gut getarnt, aber sehr fotogen, wenn man sie erst gefunden hat.

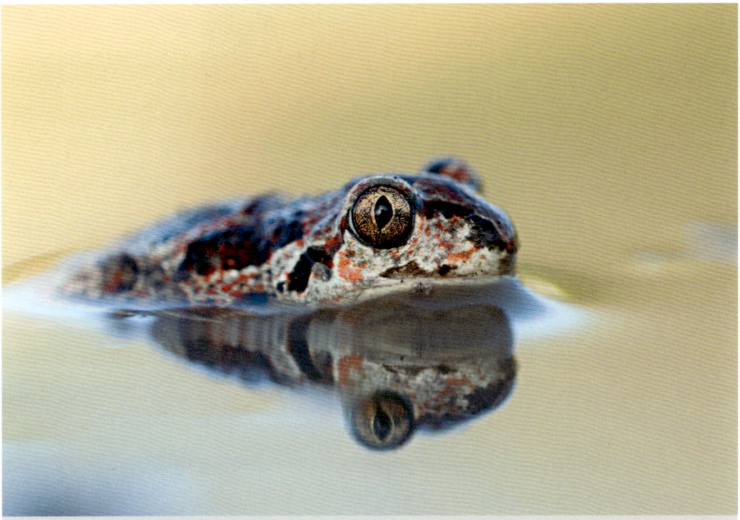

Knoblauchkröte im Wasser mit Spiegelung

Auch an Land kannst du Amphibien sichten. In einigen Mittelgebirgsgegenden findet man noch **Feuersalamander**. An regnerischen Tagen kriechen sie hervor, dann findest du sie am ehesten im Wald und an Bachläufen. Sie sind nicht besonders schnell, aber aufgrund ihrer feuchten Haut und dem großen Schwarzanteil durchaus schwierig zu fotografieren. Man kann mithilfe eines Reflektors eine natürliche Aufhellung erreichen oder aber eine Belichtungskorrektur einstellen. Aufgrund ihrer gedrungenen Gestalt und dem langsamen Gang bieten sie sich vor allem für Draufsichten an.

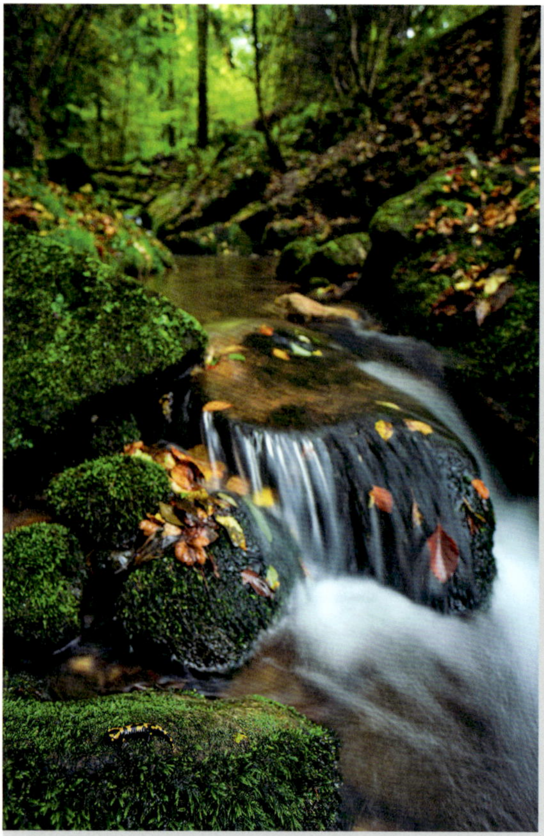

Findest du den Feuersalamander?

PROFITIPP

Für Amphibienfotos bietet sich eine leichte, aber stabile Unterlage an, da du oft in Wassernähe oder auf unebenem Gelände knien und deine Kamera ablegen musst. Ich nutze dafür ein Kniebrett: Es ist angenehm leicht und bietet Schutz für die eigenen Knie oder für die Kamera.

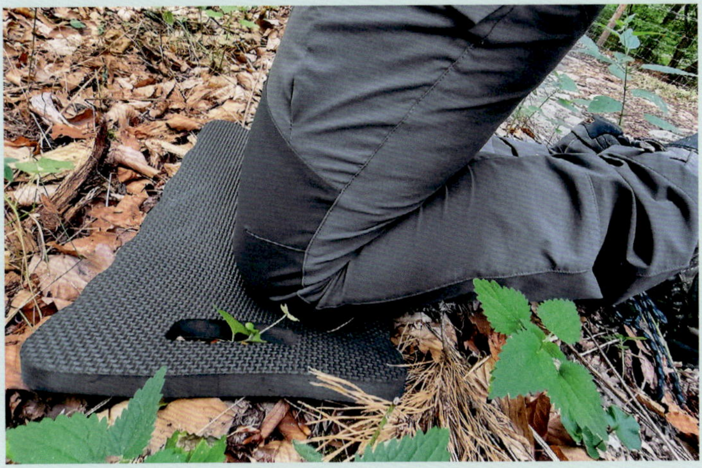

Mit dem Kniebrett unterwegs

Reptilien

Unsere einheimischen Reptilien lassen sich zwar oftmals bei Wanderungen blicken, aber sie zu fotografieren ist gar nicht so einfach. Das liegt daran, dass diese wärmeliebenden, wechselwarmen Tiere sich erst dann zeigen, wenn das schöne Morgenlicht schon vergangen ist. Außerdem sind sie, sobald sie einmal erwärmt sind, ziemlich flink unterwegs. Es gehört somit jede Menge Geduld dazu, eine Schlange oder Echse ansprechend zu fotografieren.

Hinzu kommt, dass sie auf Bewegungen reagieren und sich dann schnell zurückziehen. Wenn sie endlich wieder hervorkommen, braucht man schnell eine Wolke, damit das Licht halbwegs stimmt. Das grelle Tageslicht wirft sonst unschöne Schatten, und die Kontraste sind sehr stark, weshalb wichtige Details verloren gehen. Vorsichtiges Abschatten mithilfe eines Diffusors kannst du zwar versuchen, aber viele Reptilien tolerieren das nicht und bemerken die schnelle Lichtveränderung.

In Deutschland haben wir eine überschaubare Anzahl von Reptilienarten:

Schlangen

- Äskulapnatter
- Aspisviper
- Barren-Ringelnatter
- Kreuzotter
- Ringelnatter
- Schlingnatter
- Würfelnatter

Echsen

- Blindschleiche
- Kroatische Gebirgseidechse
- Mauereidechse
- Östliche Smaragdeidechse
- Waldeidechse
- Westliche Smaragdeidechse
- Zauneidechse

Schildkröten

- Europäische Sumpfschildkröte

Lediglich Kreuzotter und Aspisviper sind giftig, weshalb sich die Benutzung eines Teleobjektivs sowie eine Rückzugsmöglichkeit für die Fotografie dieser beiden Arten empfiehlt.

Je nach Lebensraum begegnet man den unterschiedlichen Arten am besten vormittags, wenn sie die Sonne aufsuchen und sich wärmen wollen. Dann sind sie noch nicht so flink und lassen sich am ehesten fotografieren. Allen Reptilien muss man zugutehalten, dass man mit einer Menge Geduld und Ausharren auch schöne Motive bekommt. Wenn man sich beispielsweise an den Holzstapel im Zauneidechsenrevier anschleicht und eine Weile bewegungslos verharrt, dann kommen sie in der Regel bald heraus und tolerieren deine Anwesenheit. Nur keine ruckartigen Bewegungen machen, sonst ziehen sie sich schnell wieder zurück.

An Gewässern wie Flüssen, Seen oder auch an Gartenteichen lassen sich Ringelnattern sehr gut beobachten, denn sie verstecken sich oft im Uferbereich und jagen auch gern den einen oder anderen Frosch oder Fisch.

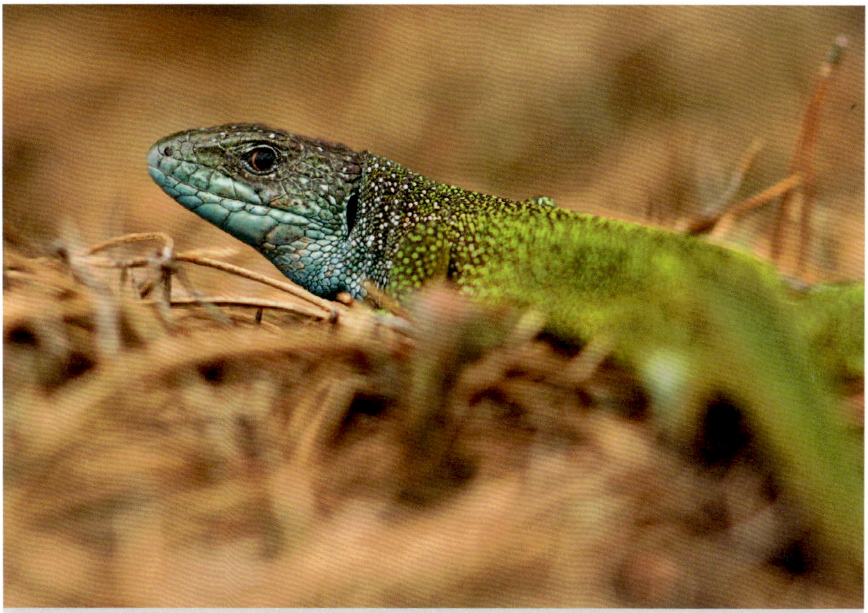

Östliche Smaragdeidechse auf der Suche nach der wärmenden Sonne

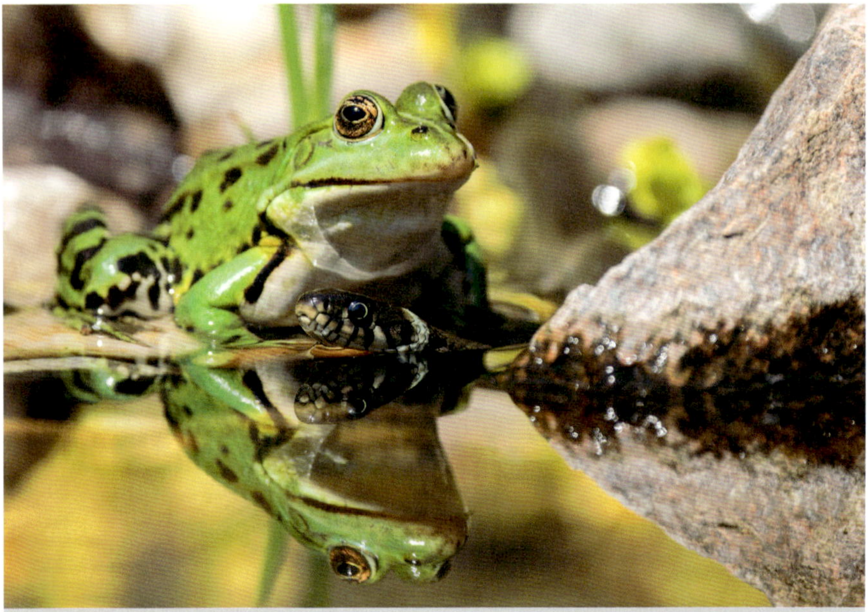

Ringelnatter auf Beutezug am Gartenteich

PROFITIPP

Ich empfehle für die Reptilienfotografie ein leichtes Teleobjektiv mit geringer Naheistellgrenze. Distanzen zwischen dir und dem Reptil können schnell kleiner werden, wenn beispielsweise eine Ringelnatter auf dich zuschwimmt. Du benötigst dennoch eine gewisse Brennweite, da du in der Regel nicht allzu nah an dein Motiv herankommst. Ich nutze entweder das Canon RF 70–200 mm f/2.8 L IS USM oder das Canon RF 100–500 mm f/4.5–7.1 L IS USM.

Vögel

Für die Vogelfotografie benötigst du vor allem Geduld und Schnelligkeit. Viele Arten leben verborgen, sind extrem scheu und sehr schnell. Vor allem aber können sie in die Lüfte fliehen, wenn sie sich bedroht oder gestört fühlen. Aber keine Sorge, es ist dennoch möglich, sie auf den Chip zu bannen! In diesem Kapitel erfährst du, wie.

Zuerst einmal ist nicht jede Vogelart zappelig. Es gibt auch sehr stoische Arten wie Graureiher oder Eisvogel, die mitunter minutenlang in einer Position ausharren, um Fische zu erbeuten. Solche Vogelarten sind dankbare Motive, an denen du dich ausprobieren kannst, bevor es an die flinkeren, aktiveren Singvögel geht.

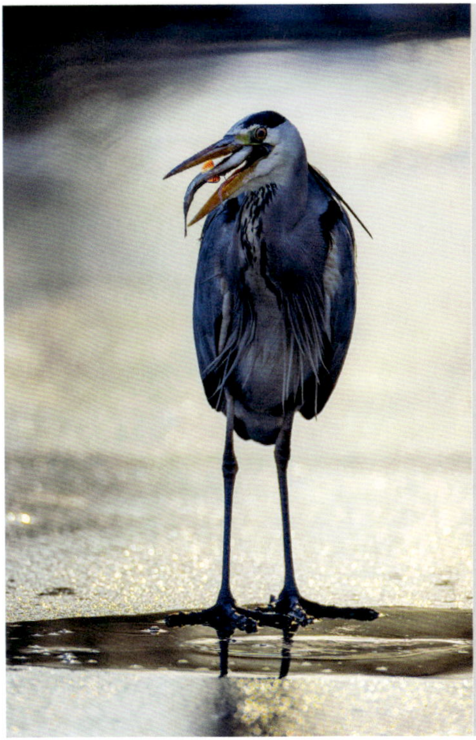

Dieser Fischreiher hat sich sein Frühstück gesichert.

Ein weiterer Vorteil im Vergleich zu Säugetieren ist der Gesang: Vögel hörst du oft bereits bevor du sie siehst. Wenn du dich ein wenig mit den Vogelstimmen auskennst, kannst du schnell erfassen, um welchen Vogel es sich handelt und wo er sich aufhält.

Bei der Tarnung solltest du beachten, dass Vögel über einen unglaublich guten Sehsinn verfügen und einige Arten neben dem normalen Farbspektrum auch ultraviolettes Licht erkennen können. Daher musst du deine Silhouette so gut es geht verschwinden lassen, wenn du auf scheue Arten ansitzt. Dafür empfiehlt sich ein Tarnzelt, da du dich dort auch mal etwas bewegen kannst, ohne gleich den Vogel zu verscheuchen. Wenn du es lieber ohne zeitaufwändiges Ansitzen versuchen möchtest, dann achte auf eine gute natürliche Tarnung, die dich umgibt. Vögel erkennen schnell Veränderungen in ihrem Lebensraum, weshalb du als gut getarnter Baumstumpf weniger auffallen wirst, als wenn du frei am Ufer sitzt.

In Gebieten, in denen viele Naturinteressierte unterwegs sind, interessieren sich die Vögel oft weniger für die Menschen um sie herum. Gerade wenn sie in der Nistzeit schwer beschäftigt damit sind, Nahrung für den Nachwuchs zu beschaffen, fliegen sie mitunter dicht an einem vorbei und kümmern sich wenig um den Beobachter. Auch an Badeseen, Teichen in Parks oder an Stellen, an denen Wasservögel oft gefüttert werden, gelingen schöne Fotos aus naher Distanz. Sogar an Stränden, die von vielen Badegästen genutzt werden, kann man mit etwas Glück seltene Schönheiten wie den Sandregenpfeifer beobachten. Gut geeignet sind zudem Kulturlandschaften. Diese bieten den Vögeln eine Nahrungsgrundlage und Versteckmöglichkeiten. Kornfelder bieten außerdem ein wunderschönes farbliches Umfeld für deine Bildkomposition.

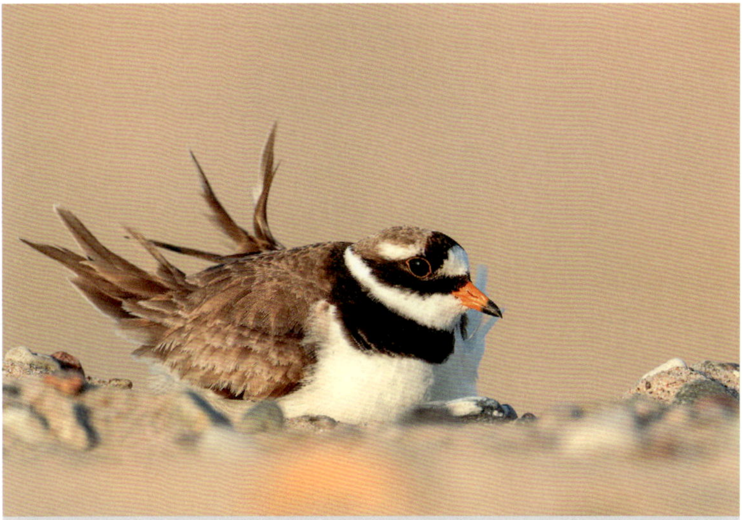

Brütender Sandregenpfeifer am Touristenstrand

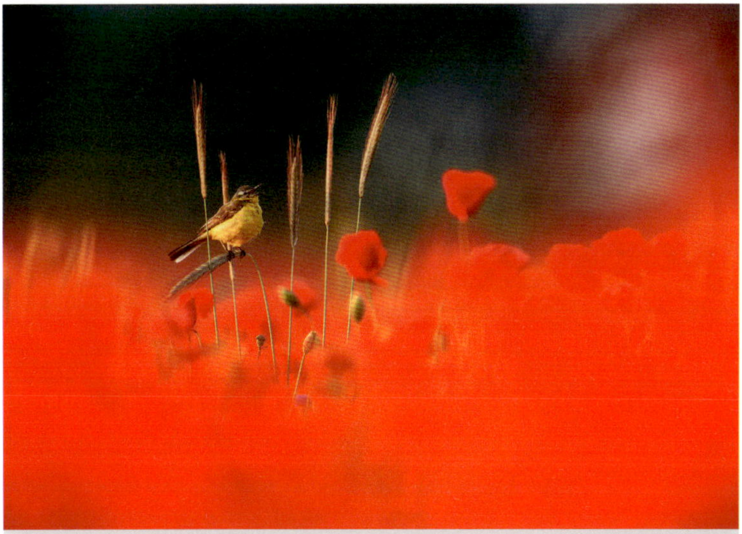

Singende Schafstelze im Mohnfeld

SONDERFALL NESTFOTOGRAFIE

Das Thema Nestfotografie liegt mir besonders am Herzen, weshalb ich es hier noch einmal aufgreifen möchte. Beachte bitte die Verhaltenshinweise, die ich dir im Kapitel „Verhalten in der Natur" mit auf den Weg gegeben habe: Oberste Priorität muss sein, dass es durch deine Anwesenheit zu keiner Störung kommt!

Halte ausreichend Abstand zum Nest oder zur Bruthöhle, tarne dich gut und achte immer auf die Reaktion der Elternvögel. Wenn diese zetern und dich auch nach einer halben Stunde nicht akzeptieren, dann zieh dich zurück und verzichte lieber auf das Foto.

Vögel im Flug zu fotografieren ist eine höhere Kunst, aber nicht unmöglich. Es kommt auch hier wieder auf die Art an, denn ein anfliegender Seeadler oder ein ruhig über das Wasser gleitender Reiher lassen sich besser fotografieren als ein zappeliger kleiner Singvogel.

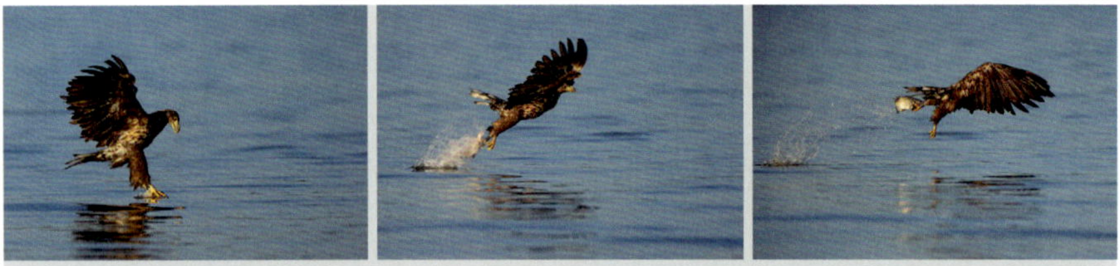

Mithilfe der Serienbildfunktion kannst du hinterher das beste Foto aus einer Flugszene auswählen.

Um fliegende Vögel scharf zu fotografieren, benötigst du sehr kurze Verschlusszeiten. Es empfiehlt sich, diese voreinzustellen, damit du am Ende nicht wegen unscharfer Fotos enttäuscht nach Hause gehst. Ein schneller Autofokus ist genauso wichtig wie eine ruhige Hand mit flinkem Auslösefinger. Stelle den Serienbildmodus ein, denn oft gibt es in einer Bildserie nur ein einziges Foto, auf dem die Schärfe, das Licht und die Bildkomposition stimmig sind.

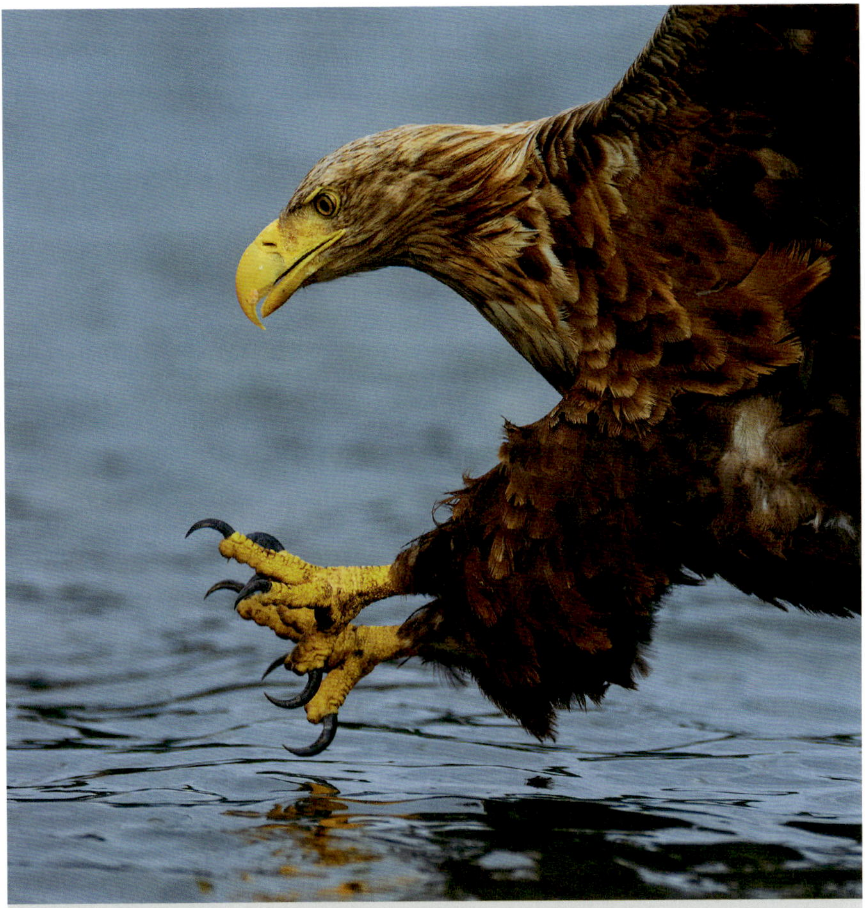

Der perfekte Moment

Wenn deine Kamera über einen Verfolgungsmodus und eine Augenerkennung verfügt, wird es dir leichterfallen, fliegende Vögel auf deine Speicherkarte zu bannen. Aber auch ohne diese Funktionen sind mit einem gut funktionierenden Servo AF und ein wenig Übung gelungene Aufnahmen möglich.

Hierbei eignen sich einige Vogelarten besser zum Üben als andere. Eine Möwe oder ein Falke zum Beispiel rütteln oft einige Sekunden in der Luft, sodass der Körper fast stillsteht. Dadurch kannst du den Vogel besser anvisieren und erhältst mit hoher Wahrscheinlichkeit ein scharfes Foto.

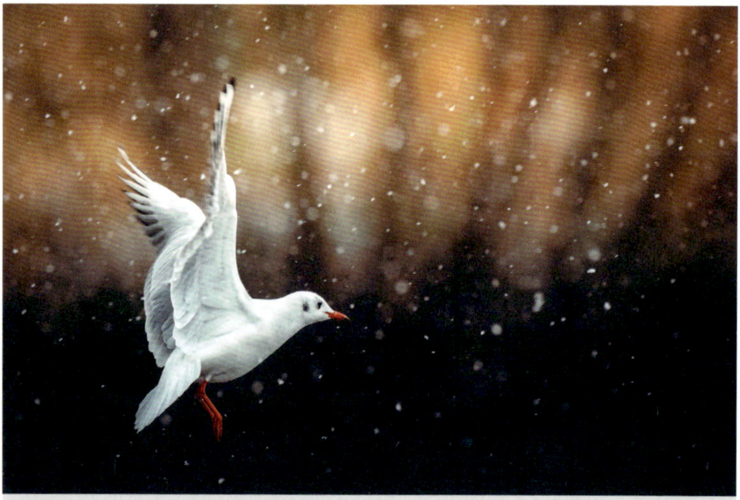

Lachmöwe im Rüttelflug

Greifvögel, die am Wasser auf Fischfang sind, kannst du bereits in der Luft anvisieren und dann mit der Kamera verfolgen, bis sie sich nach unten stürzen. Das macht es leichter, dein Motiv im Blick zu behalten und den perfekten Moment abzupassen.

Ein Problem dabei ist die unterschiedliche Belichtung, da du zuerst den Vogel gegen den Himmel anfokussierst und er dann blitzschnell nach unten schießt. Dort ist der Hintergrund durch die Ufervegetation meist recht dunkel, und das Gefieder des Vogels wird schnell überbelichtet. Bereite dich also darauf vor, die Belichtungskorrektur zu nutzen, um das zu verhindern.

PROFITIPP

In vielen Kameras kannst du Programme vorbelegen (bei Canon C1–C3). Wenn du ein Programm mit den Einstellungen für „Vogel gegen den Himmel" und eine für „Vogel gegen dunklen Wald" vorbelegst, dann kannst du sie je nach Situation entsprechend auswählen und schnell zwischen ihnen wechseln.

Eine andere Methode ist das **Vorfokussieren**. Das funktioniert am besten, wenn du weißt, wo sich der Vogel hinsetzen wird. Das gelingt zum Beispiel bei Eisvögeln, die ihren Lieblingsast anfliegen oder aber bei anderen Vogelarten, die ihr Nest oder ihre Bruthöhle in der Nähe haben. Dann kannst du manuell auf den Ast oder den Höhleneingang fokussieren und warten, bis du den Vogel heranfliegen siehst. Bevor er ins Sichtfeld fliegt, drückst du einfach ab und erhältst eine Serie von Fotos, die scharf sind, sobald sich der Vogel in der anvisierten Schärfeebene befindet.

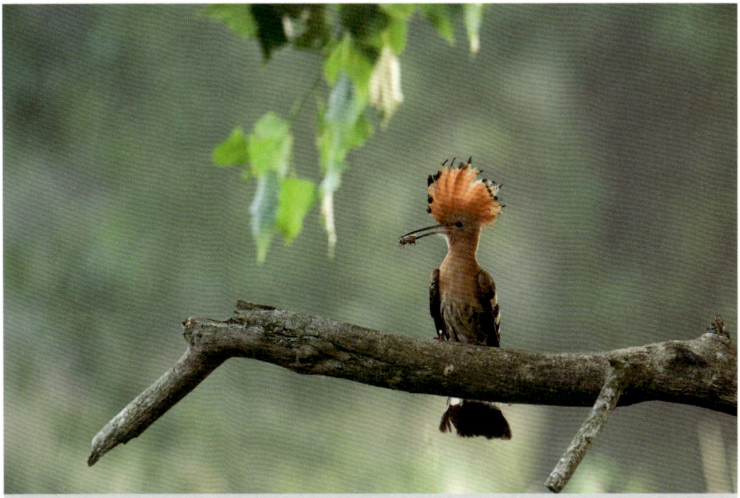

Wiedehopf auf Beutezug

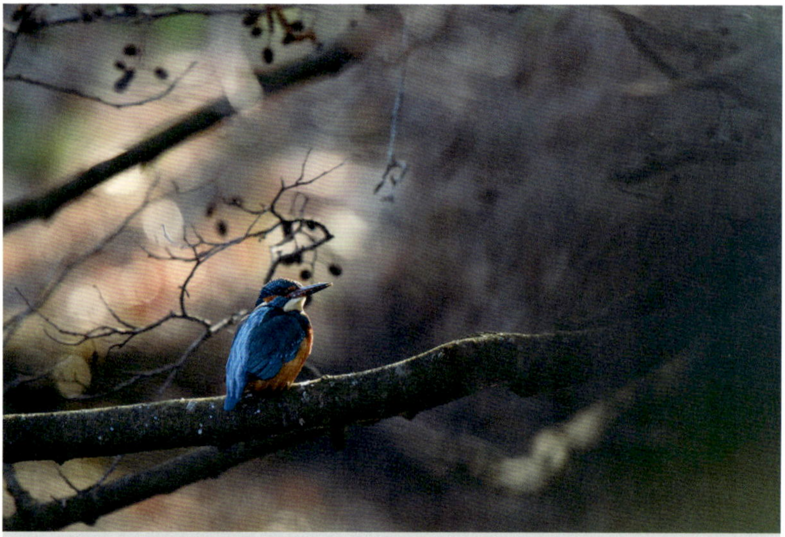

Eisvogel auf seiner Ansitzwarte

Manche Vogelarten sind faszinierende Flugkünstler, doch im Schwarm zeigt sich erst ihr wahres Talent. Synchron wie ein Fischschwarm bewegen sich zum Beispiel Stare, die als abendliches Einflugritual zu ihren Schlafplätzen wundervolle Formationen bilden.

PROFITIPP

Zum Üben der Vogelfotografie eignen sich präparierte Futter- und Wasserstellen im Garten oder auch in der freien Natur. Dort kannst du viele Singvögel im Winter mit geeigneten Saaten anfüttern oder einfach eine schöne Wasserstelle bauen, in der verschiedenste Vögel zum Trinken und Baden angelockt werden, sodass du sie in Ruhe fotografieren kannst.

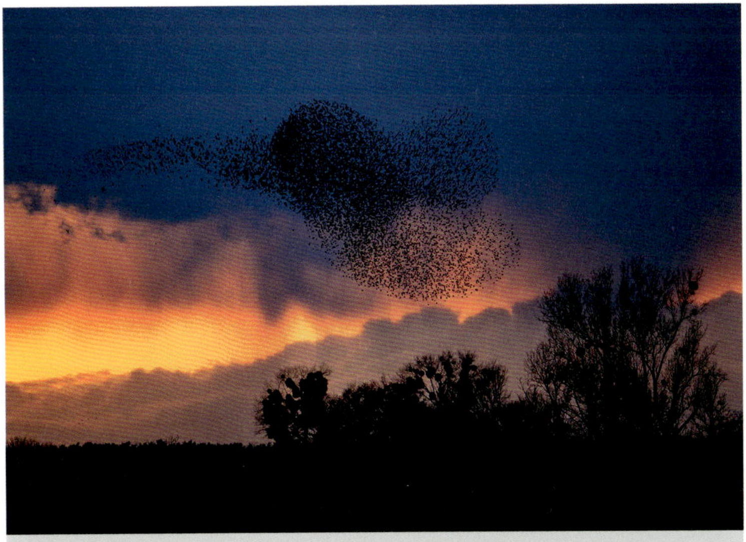

Starenschwarm kurz vor dem Einflug bei herannahendem Unwetter

Säugetiere

Egal ob Reh, Dachs oder Fuchs: Die richtige Vorbereitung ist das A und O! Ein wenig Glück gehört zwar auch mit dazu, aber mit dem richtigen Vorwissen kann man es bereits gehörig steigern. Wie bereits in anderen Bereichen der Tierfotografie spielen Tarnung und Ansitz eine wichtige Rolle. Wenn du dann den richtigen Ort zur richtigen Zeit gefunden hast, kommt noch ein weiterer wichtiger Faktor ins Spiel, zumindest im Bereich der Säugetierfotografie: **der Wind!**

Die **Windrichtung** ist bei der Vorbereitung deines Bildes entscheidend. Die Tarnung kann noch so perfekt sein – wenn deine Haare in Richtung der Tiere wehen und sie dadurch deinen Geruch wahrnehmen können, war das ein recht kurzes Vergnügen. Schau am besten vor deinem geplanten Ansitz noch einmal auf den Wetterbericht oder überprüfe die Windrichtung vor Ort. Nähere dich dem Wild zudem gegen die Windrichtung oder schräg dazu, damit du nicht schon auf dem Weg zum Ansitz deine Motive vertreibst.

Wenn du dich durch die Landschaft bewegst, sollte dies zudem möglichst leise geschehen. Vermeide es, auf Äste oder Kiefernzapfen zu treten, denn das laute Knacken verschreckt das Wild, noch bevor du es überhaupt gesehen hast.

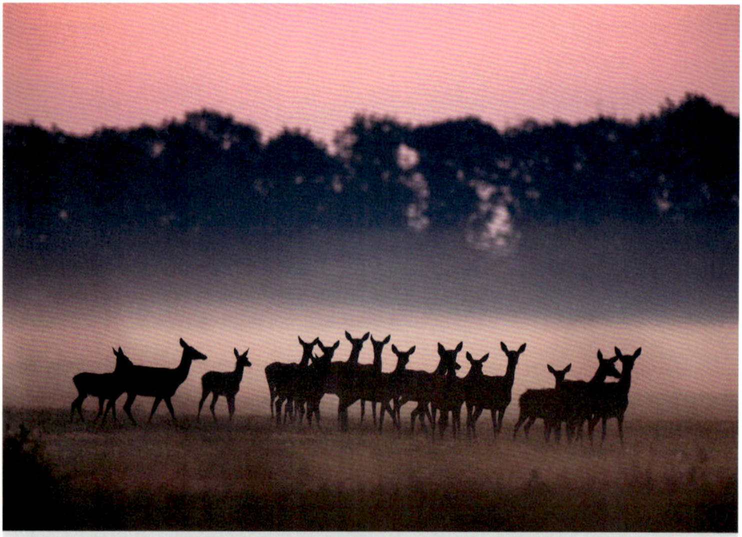

Viele aufmerksame Augenpaare, da hat es der Fotograf nicht leicht.

Eine weitere Möglichkeit ist die Fotografie aus dem Auto heraus. Unsere heimischen Wildtiere sind an Autos gewöhnt, weshalb sie diese nicht so sehr als Störung betrachten wie den herumspazierenden Menschen. Das bedeutet nicht, dass du nur noch mit dem Auto auf Pirschfahrten gehen solltest – vor allem nicht auf stark befahrenen Straßen. Vielleicht kannst du aber ab und an den täglichen Arbeitsweg dazu nutzen, abseits der großen Straßen, zum Beispiel auf Platten- oder Feldwegen, nach Tieren in Feldern und Wiesen Ausschau zu halten.

PROFITIPP

Bei der Fotografie aus dem Auto heraus ist es hilfreich, ein klein wenig Tarnung am Seitenfenster zu befestigen (zum Beispiel ein Tarnnetz), damit das Gesicht nicht hervorsticht. Wenn du regelmäßig aus dem Auto fotografieren möchtest, empfehle ich dir eine Fensterhalterung für deine Kamera mit Objektiv.

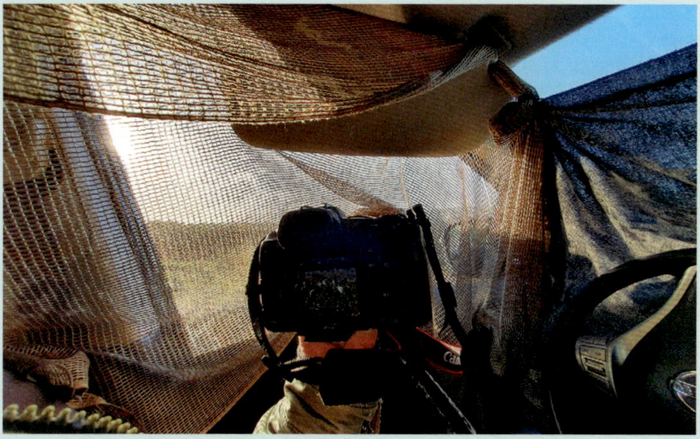

Auch aus dem Auto heraus kannst du mit der passenden Ausrüstung tolle Fotos schießen.

Bei der Fotografie von Säugetieren gibt es verschiedene sensible Phasen im Jahresverlauf. Dazu gehören die Winterzeit, die Jungenaufzucht und die Paarungszeit. In diesen Phasen musst du besonders vorsichtig sein, um die Tiere so wenig wie möglich in ihrem natürlichen Verhalten zu beeinflussen bzw. zu stören.

Gerade die Zeit der Paarung und der Aufzucht des Nachwuchses bieten dem Fotografen gute Gelegenheiten, dem Wild überhaupt erst näher zu kommen. Die Tiere sind abgelenkter und mit anderen Dingen beschäftigt, so kann man sich behutsam nähern. Ein gutes Beispiel sind **Fuchsbauten**. Wenn du einen gefunden hast, der belegt aussieht (also in denen eine Jungenaufzucht möglich scheint), dann kannst du das Ganze erst einmal aus der Ferne beobachten.

Mit ca. vier Wochen kommen die Kleinen das erste Mal aus dem Bau. Wenn sie etwas größer sind und die Fähe öfter auf Achse ist, kannst du vorsichtig in der Nähe des Baus gegen den Wind ansitzen. Die Welpen kommen gern zum Spielen heraus, wenn das Wetter gut ist. Sie sind meistens sehr neugierig und verspielt und fühlen sich kaum gestört. Dennoch solltest du nicht zu lange ansitzen, um die Fuchsmama nicht zu beunruhigen.

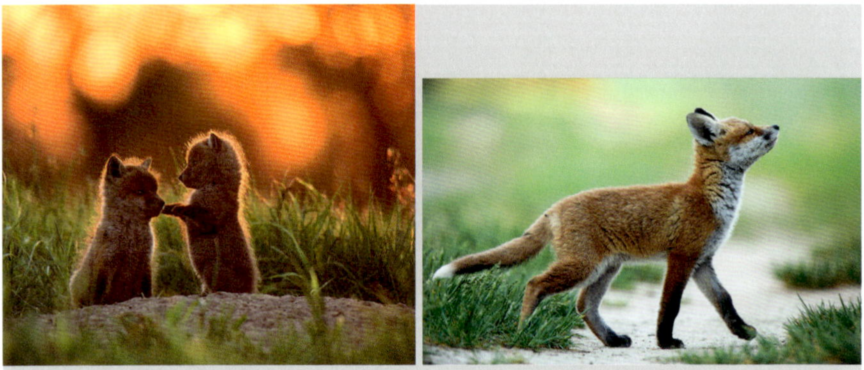

Fuchswelpen zu fotografieren ist jedes Jahr ein besonderes Erlebnis.

Urbane Tierfotografie

Nicht nur auf dem Lande gibt es tierisches Treiben, sondern auch in den Städten. Sogar in Berlin findet sich eine Artenvielfalt, die man dort gar nicht vermutet. Das Gute an der urbanen Tierwelt ist, dass die Tiere im Allgemeinen etwas zutraulicher sind und sich nicht so schnell bei ihrem Tagesgeschäft stören lassen.

Wenn du dich etwas genauer umschaust und zu Zeiten unterwegs bist, in denen andere Städter noch schlafen, lassen sich sogar Steinmarder, Feldhasen, Waldkäuze und Waldohreulen beobachten. Aber auch tagsüber findest du alle möglichen Vogelarten sowie Wildschweine, Waschbären und Co. in diverse Parkanlagen. Wildkaninchen und Fuchs führen ihr Leben sogar direkt vor dem Bundestag und laufen zwischen den Passanten umher.

Im Winter bieten die Teiche und Seen der Stadt Zuflucht für allerlei Wasservogelarten. Sogar Eisvögel lassen sich dann gerne an kleinen Gräben und Teichen blicken, um nach Fischen Ausschau zu halten. Aber auch gängigere Arten wie Eichhörnchen bieten sich für schöne Nahaufnahmen an.

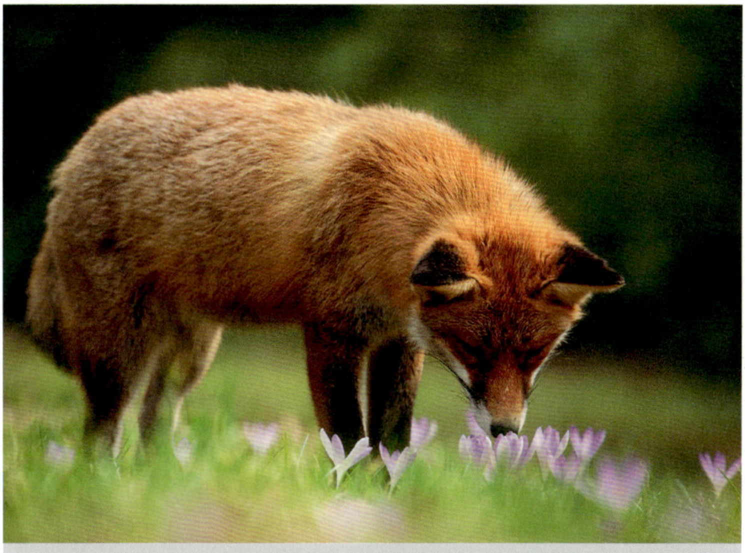

Frühlingsduft: Dieser Stadtfuchs genießt augenscheinlich den frühlingshaften Tag.

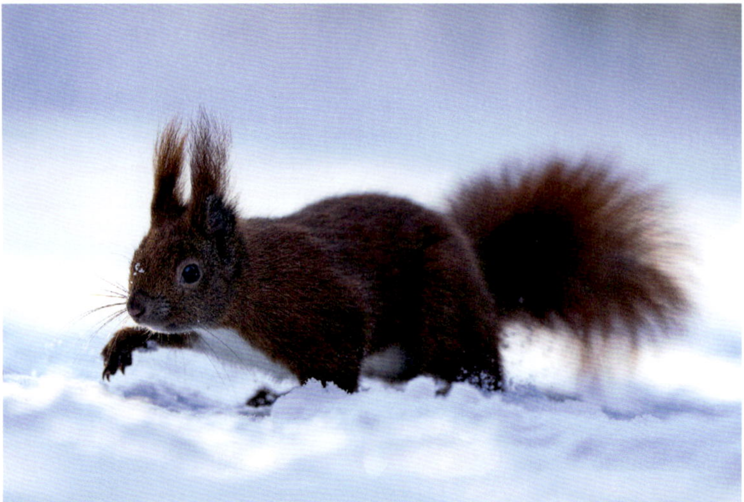

Ein Eichhörnchen bahnt sich in einem Berliner Stadtpark seinen Weg durch den Schnee zur Futterstelle.

Wenn du in der Stadt fotografierst, musst du dich nicht unbedingt in dein tollstes Tarnoutfit werfen. Man fällt mit Tarnsachen oft unangenehm auf und muss sich manch neugieriger Frage stellen. Die Stadttiere sind Menschen gewöhnt, also ist eine Tarnung für die meisten Arten nicht notwendig.

In vielen Stadtgebieten gibt es zudem kleine Besonderheiten zu entdecken, denn auch seltene Arten finden den Weg in die Städte: So hat sich zum Beispiel in Berlin eine Kreuzkrötenpopulation gehalten, und auch die Gottesanbeterin findet man bisweilen inmitten der Häuser auf Brachflächen. Das sind nur einige Beispiele, um dir zu zeigen, dass auch in der Stadt Flora und Fauna gedeihen können und du für tolle Tieraufnahmen gar nicht unbedingt weit herausfahren musst.

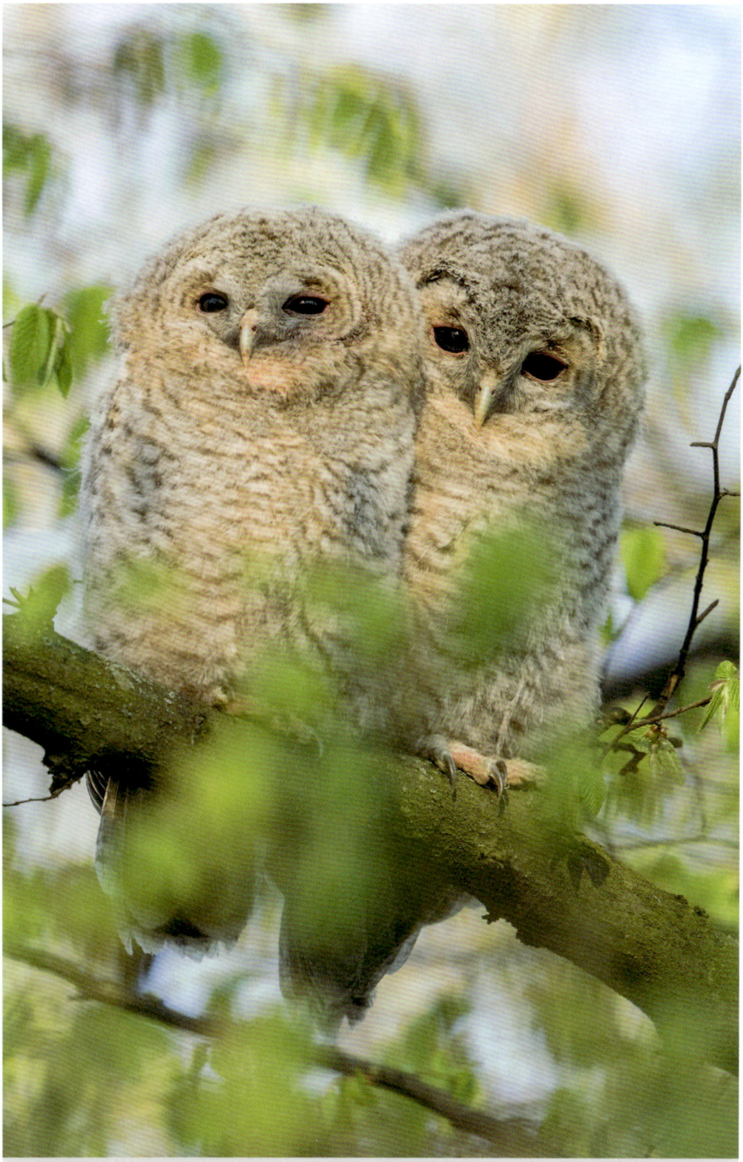

An manchen Ecken schauen sogar Waldkäuze tagsüber verträumt aus ihrer Höhle oder ziehen ihren Nachwuchs in Parkanlagen auf.

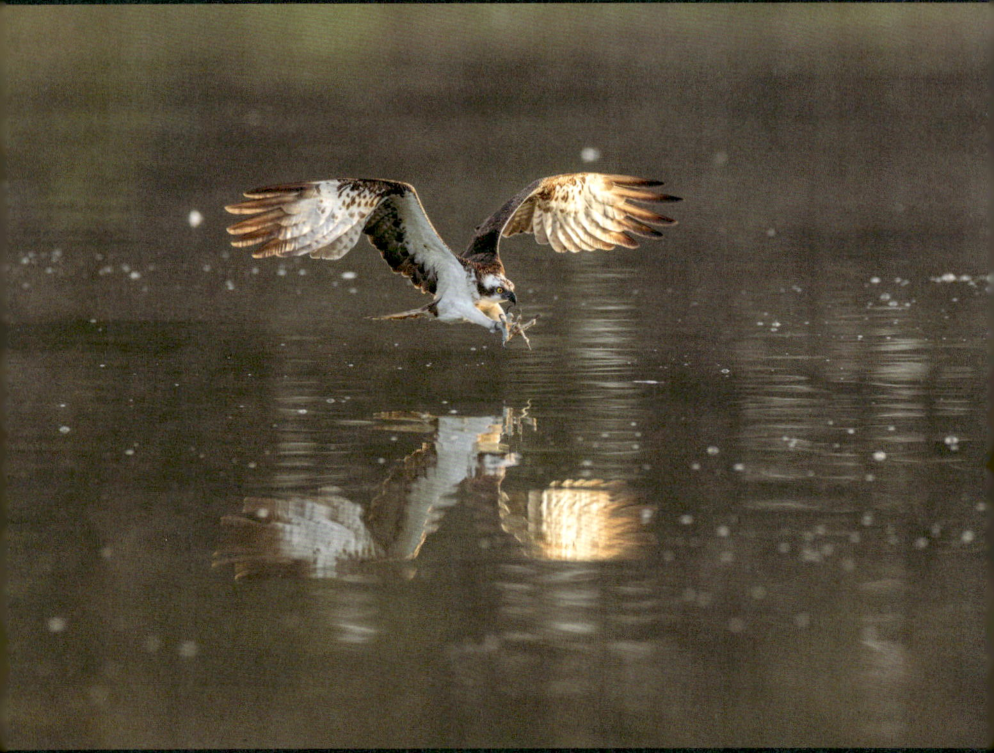

WORKSHOP TIERFOTOGRAFIE

Feld und Flur

Benötigte Ausrüstung

- Teleobjektiv
- ggf. Stativ (Dreibein oder Einbein)
- flexible Tarnung

Planung

- auch mit Fahrrad oder Auto möglich
- vorherige Erkundung geeigneter Pirschwege oder Ansitzplätze

Umsetzung

An Wald- oder Feldkanten kann es morgens und abends sehr spannend werden. Gerade Kulturpflanzen wie Raps und Korn bieten sich für schöne Rehfotos an, aber auch Feldhase, Fuchs und Fasan sind typische Tiere, die du dort antreffen kannst. Mit etwas Glück lassen sich zudem der Dachs oder das Hermelin blicken. Wenn dich dein Arbeitsweg über Land führt, dann halte doch einfach mal am Rande eines Wald- oder Feldweges an. Viele Tiere sind entspannter, wenn du noch im Auto sitzt und aus dem Fenster heraus fotografierst.

PROFITIPP

Beachte die Höhe des Getreides, denn auch ein Reh schaut im Sommer nur noch mit den Lauschern heraus. Nutze besser die Feldkanten oder Übergänge sowie die Fahrspuren für schöne Freistellmöglichkeiten.

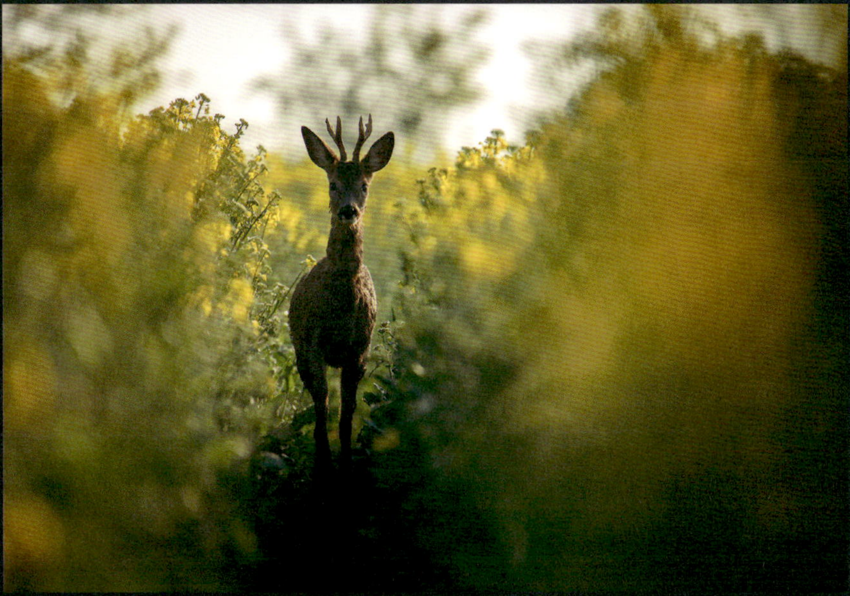

Rehbock in der Fahrspur eines Rapsfeldes
600 mm | f/6.3 | 1/640 s | ISO 400

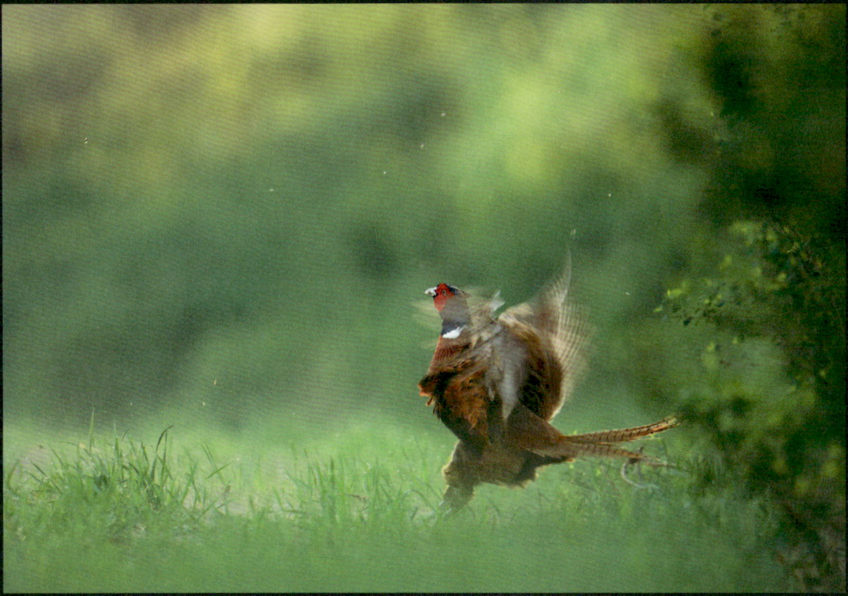

Jagdfasan an einer Feldkante
700 mm | f/5.6 | 1/250 s | ISO 500

Im Unterholz

Benötigte Ausrüstung

- Teleobjektiv
- ggf. Stativ (Dreibein oder Einbein)
- flexible Tarnung

Planung

- Erkundung des Waldes sowie der Waldwege
- Ansitzplanung an geeigneten Stellen

Umsetzung

Beim Ansitz im Unterholz suchst du dir am besten eine Stelle, an der du nicht direkt den nächsten Baum vor der Nase hast. Waldlichtungen, Wiesen oder auch Wege sind da wesentlich geeigneter. Achte bei deinem Ansitz darauf, rechtzeitig dort zu sein und auf dem Weg dorthin nicht zu laut zu laufen (knackende Äste vermeiden). Waldwege eignen sich hervorragend für schöne Wildaufnahmen. Hast du dort einen beliebten Wildwechsel entdeckt bzw. deuten viele Tierspuren auf regen Betrieb hin, kannst du dich am Wegesrand verstecken und hast einen guten Überblick über das Gebiet.

PROFITIPP

Bereite dich bereits beim Losgehen darauf vor, dass dir auf dem Weg zu deinem Ansitz etwas vor die Linse laufen kann. Mir sind schon viele schöne Fotos geglückt, wenn ich die Kamera ausgepackt und fertig eingestellt hatte.

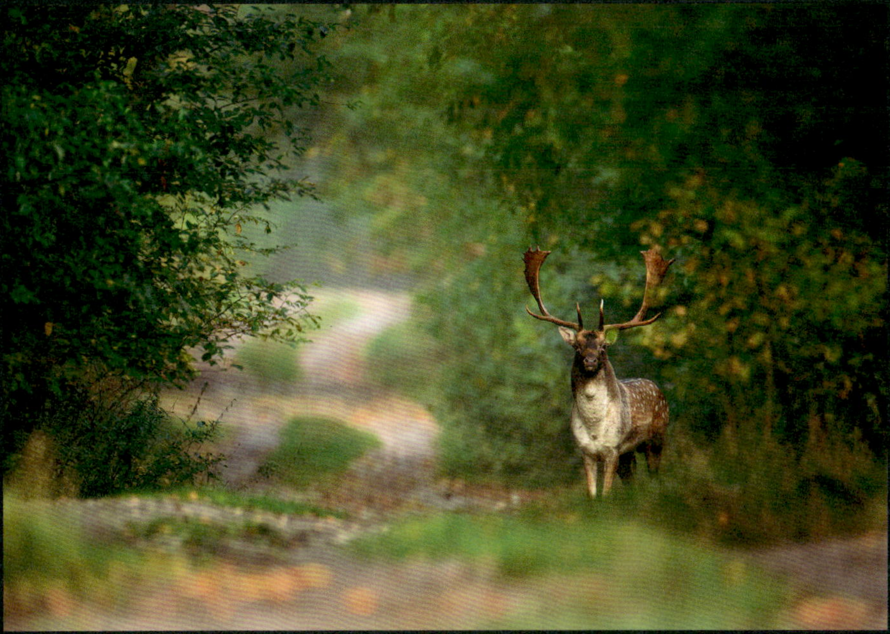

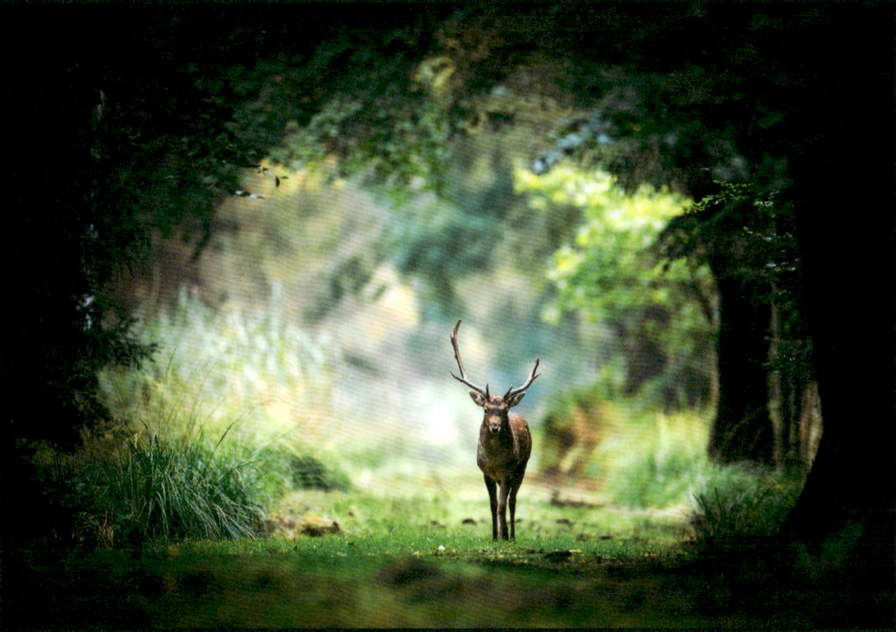

Damhirsche auf Waldwegen
oben: 560 mm I f/4 I 1/200 s I ISO 1600; unten: 560 mm | f/4 | 1/100 s | ISO 2000

In der Brunftzeit

Benötigte Ausrüstung

- Teleobjektiv
- Stativ und ausreichend Tarnung

Planung

- Brunftplätze in Erfahrung bringen, eventuell erst einmal erkunden und mit dem Jäger absprechen
- viel Zeit einplanen und rechtzeitig vor Ort sein

Umsetzung

Beim Rotwild ist es abends einfacher, gute Fotos zu schießen, da das Wild in der Regel erst spät auf die Brunftwiesen zieht. Morgens muss man bereits im Dunkeln unterwegs sein und sich gut auskennen, um das Wild nicht zu stören. Beachte die Windrichtung und nähere dich dem Brunftplatz gegen den Wind. Dein Versteck sollte schnell aufzubauen sein und dich möglichst gut tarnen. Beim Damwild ist das Ganze etwas schwieriger, da der Damhirsch seine Brunftkuhle nicht lange verlässt. Dort hast du idealerweise schon vor der Brunftzeit ein Versteck vorbereitet, sodass du dich nur noch hinschleichen musst.

PROFITIPP

Deine Fotoausrüstung bereitest du am besten schon vorher vor, damit du, am Brunftplatz angekommen, nicht mehr so viel hantieren und anbringen musst. Ich fixiere meine Kamera bereits vorab am Auto und werfe die Tarnschals darüber, sodass ich schon auf dem Weg zum Ansitzplatz die Chance auf Fotos habe.

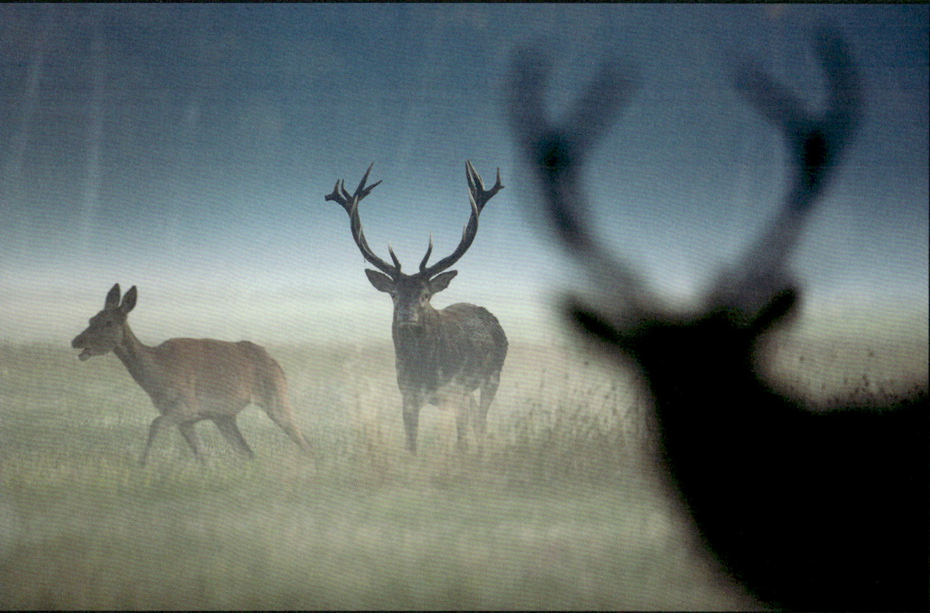

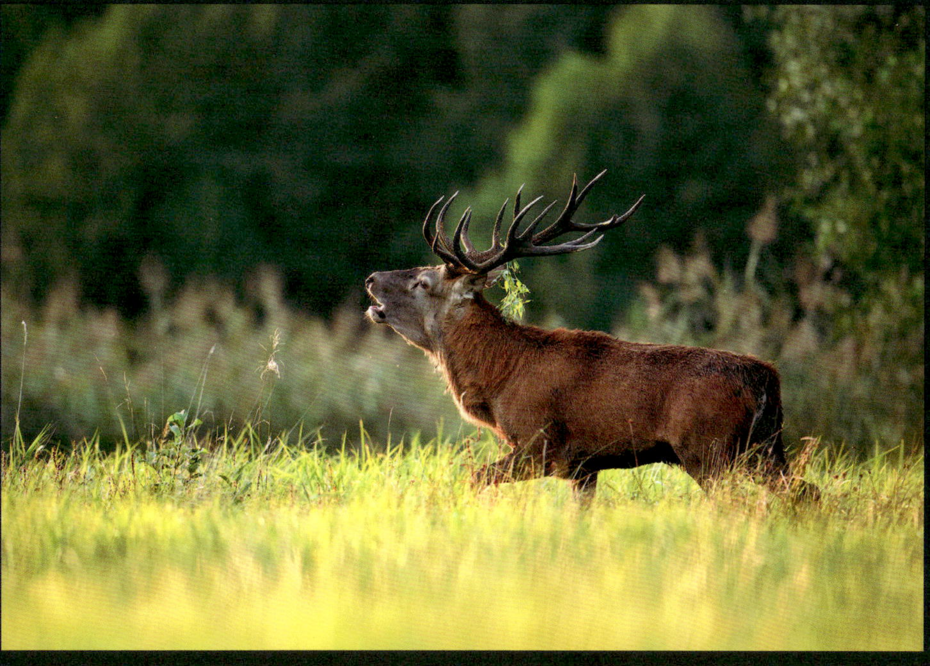

Rotwild in der Brunftzeit
oben: 700 mm | f/5.6 | 1/200 s | ISO 1000; unten: 500 mm | f/4 | 1/1000 s | ISO 1250

In der Laichzeit

Benötigte Ausrüstung

- Makroobjektiv, Zwischenbrennweite, Teleobjektiv
- Bohnensack

Planung

- vorab Laichgewässer ausfindig machen, dabei Krötenwanderzäune beachten

Umsetzung

An warmen Frühlingstagen lassen sich Gras- und Moorfrösche sowie Erdkröten gut bei der Wanderung sowie in der Laichzeit fotografieren. Je nach Region kannst du zudem Wechsel-, Kreuz- und Knoblauchkröte oder Arten wie Rotbauchunke und Teichfrosch beobachten. Versuche, nah genug an dein Motiv heranzukommen, ohne die Ufervegetation zu beschädigen. Versuche zudem, unterschiedliche Lichtsituationen einzufangen. Im Gegenlicht am Gewässer lassen sich – besonders im Abendlicht – wunderschöne Reflexe mit einbinden.

PROFITIPP

Ein Teleobjektiv mit geringer Naheinstellgrenze ist besonders gut geeignet, da du von weiter weg einen guten Abbildungsmaßstab erhältst, aber auch relativ nahe Motive gut fotografieren kannst.

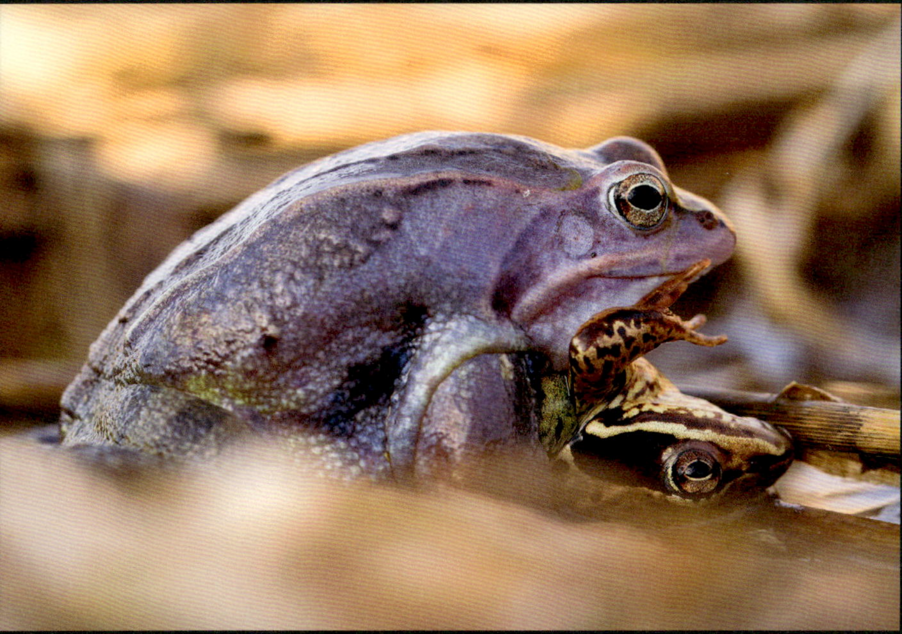

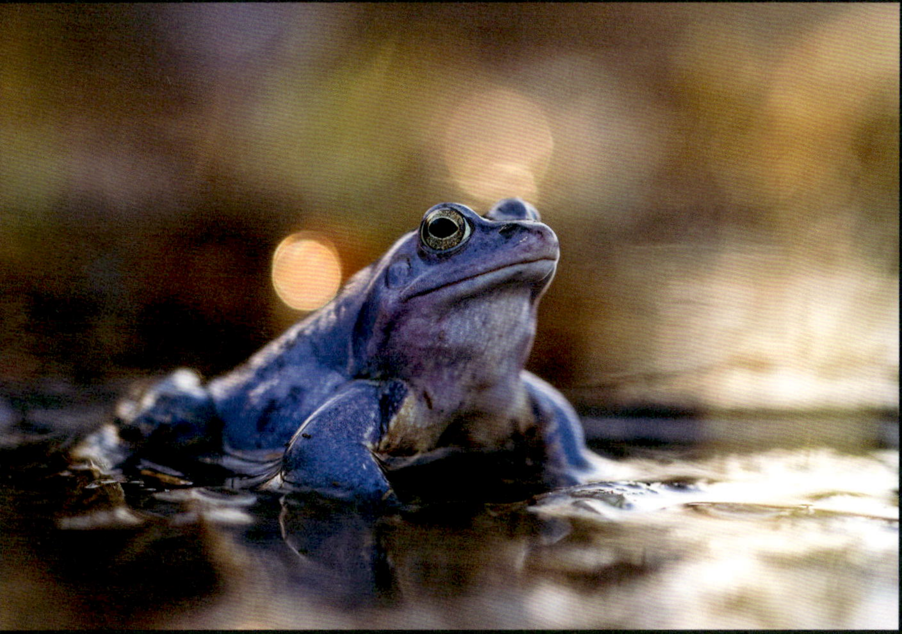

Moorfrösche zur Paarungszeit
oben: 100 mm | f/6.3 | 1/250 s | ISO 400; unten: 100 mm | f/3.5 | 1/500 s | ISO 200

Tierporträts

Benötigte Ausrüstung

- Teleobjektiv
- Auflagemöglichkeit für Kamera und Objektiv (Stativ, Bohnensack oder Rucksack)

Planung

- Tierporträts kann man nicht wirklich planen. Wildgehege und Heimattiergärten eignen sich hervorragend zum Üben, denn dort sind die Tiere weniger scheu. Auch an beliebten Urlaubsspots, an denen Tiere oft gefüttert werden, ist dies gut möglich.

Umsetzung

Die Augen sind der Spiegel zur Seele – das sollte man auch bei der Porträtfotografie von Tieren beachten. Die Schärfe sollte möglichst genau auf den Augen bzw. auf einem Auge liegen, da der Blick des Betrachters so zu diesen geführt wird. Nutze dafür am besten ein einzelnes Autofokus-Feld, welches du genau auf dem Auge platzierst. Wenn deine Kamera über eine Augenerkennung verfügt, dann nutze diese dafür und stelle vorher „Tiere“ im entsprechenden Menüpunkt ein.

PROFITIPP

Klassische Porträts von Tieren sind schön, keine Frage. Doch warum den Bildausschnitt nicht auch mal etwas gewagter wählen? Probiere dich aus und fotografiere zum Beispiel lediglich einen Teil des Kopfes oder eine Gesichtshälfte deines Motivs.

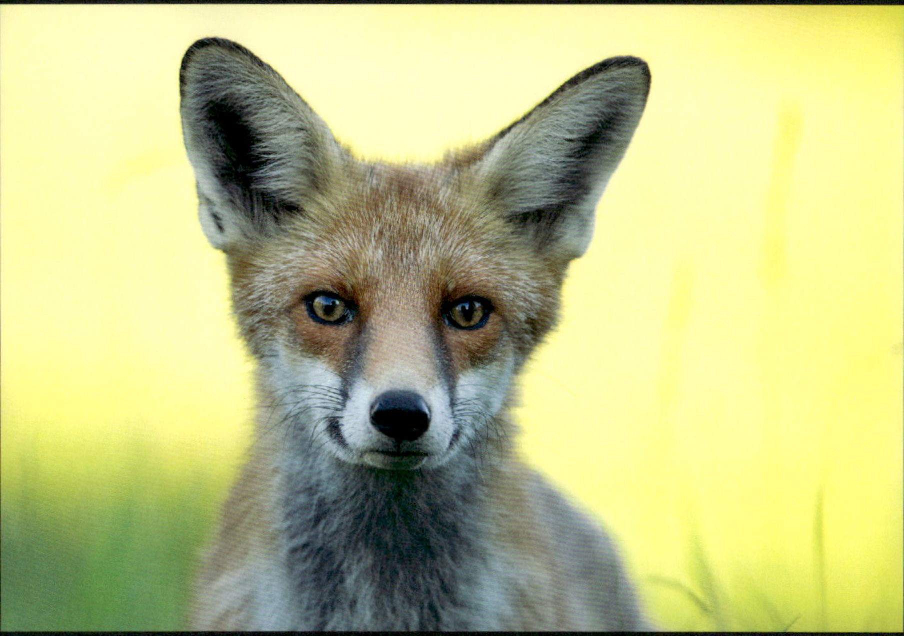

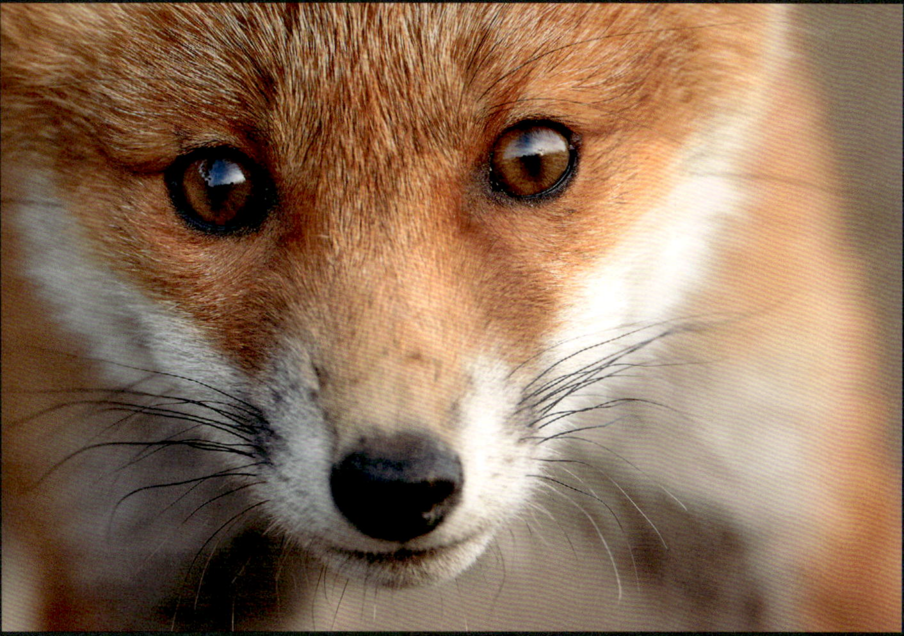

Fuchsporträts mit unterschiedlichen Bildausschnitten
oben: 428 mm | f/6,3 | 1/640 s | ISO 1600; unten: 600 mm | f/7,1 | 1/320 s | ISO 1000

Tiere im Lebensraum

Benötigte Ausrüstung

- Weitwinkel, Zwischenbrennweite
- Stativ
- Kabel- bzw. Funkauslöser oder Lichtschranke

Planung

- funktioniert am besten bei zutraulichen oder täglich zur gleichen Zeit auftauchenden Tieren

Umsetzung

Es gibt mehrere Methoden, um sich Wildtieren mit einem Weitwinkelobjektiv zu nähern. Wenn man sehr viel Geduld mitbringt, kann man es versuchen, indem man seine Kamera auf einem Stativ montiert und alles an die ausgesuchte Stelle stellt. Entweder tarnt man sich dann gut und verharrt einige Stunden vor Ort, oder man setzt sich weiter entfernt hin und löst mittels Funkauslöser aus. Wenn du eine Lichtschranke hast, dann kannst du dein Equipment auch länger an Ort und Stelle stehen lassen und dich in der Umgebung aufhalten. Deine Kamera wird automatisch aktiviert, sobald das Tier durch die Lichtschranke läuft oder fliegt.

PROFITIPP

Gelungene Weitwinkelaufnahmen von Wildtieren sind eine der großen Herausforderungen der Fotografie. Wenn deine Kamera lautlos auslösen kann, dann nutze diese Funktion unbedingt oder wähle alternativ den Silent-Modus.

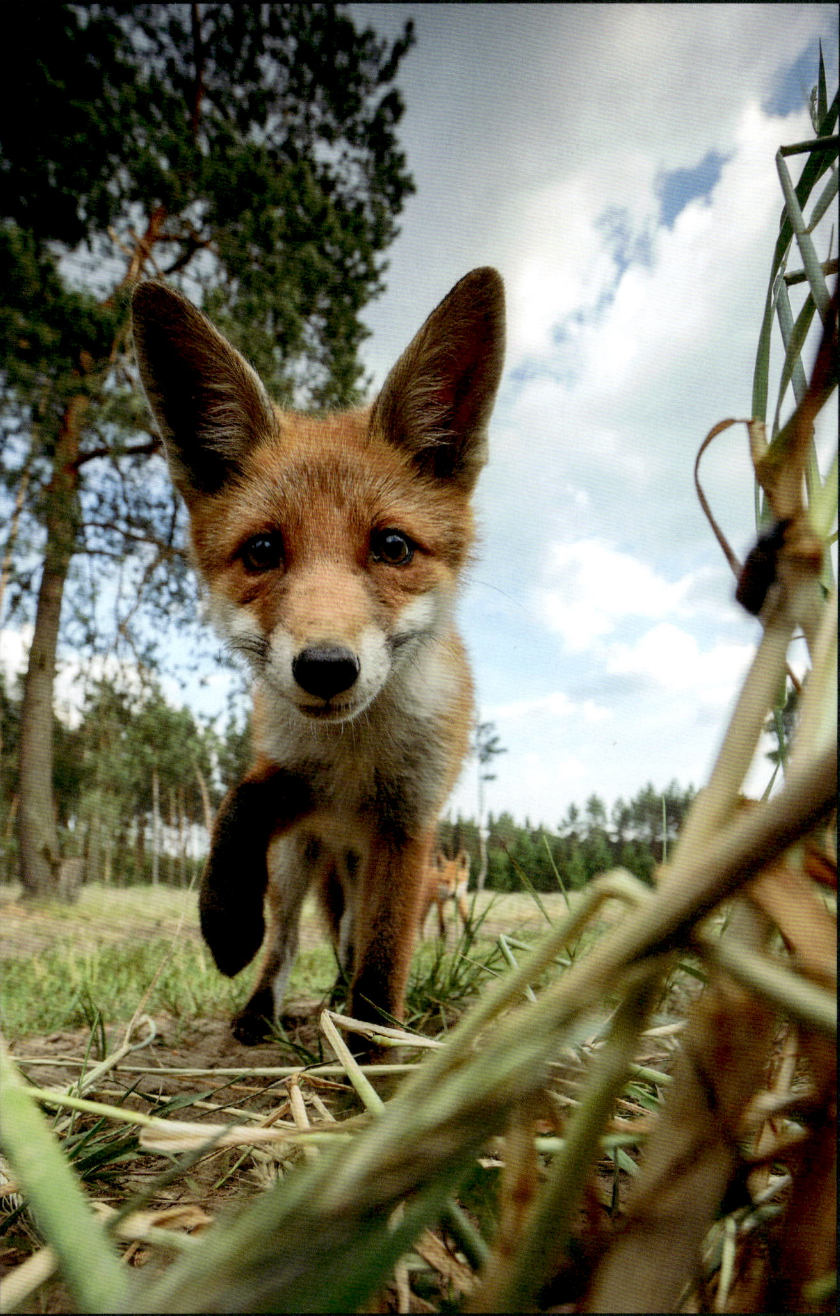

Eine rundum natürliche Jungfuchsaufnahme
17 mm | f/9 | 1/320 s | ISO 1000

Dynamische Mitzieher

Benötigte Ausrüstung

- Teleobjektiv

Planung

- vorherige Belegung der Kamera mit entsprechenden Einstellungen (ISO niedrig, Belichtungszeit zwischen 1/10 s und 1/40 s)

Umsetzung

Planen lassen sich solche Mitzieher nicht, doch wenn sich eine Gelegenheit bietet und du schnell die Einstellungen wechseln kannst, dann können dir solche Fotos gelingen. Wichtig ist hierbei die Serienbildfunktion, damit du genügend Auswahl hast. Wenn das Tier sich seitlich zu dir bewegt, gelingen solche Aufnahmen am ehesten, da es in der Schärfeebene bleibt und du gerade mitziehen, also die Kamera mitbewegen kannst. Der Kopf des Tieres sollte weitestgehend scharf sein, der Rest des Tierkörpers darf gern verwischt dargestellt werden.

PROFITIPP

Ziehe die Kamera beim Auslösen ruhig und gerade in der Bewegungsrichtung des Tieres mit, ohne zu verwackeln. Das ergibt schöne, gerade Umgebungsstrukturen, die den dynamischen Effekt noch verstärken.

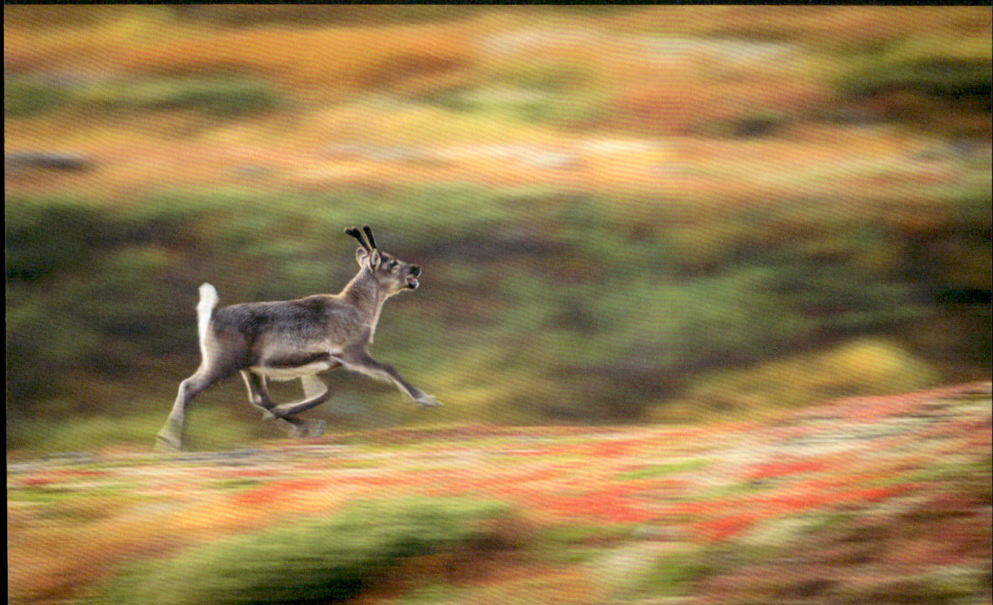

Mitzieher von Möwe (oben: 560 mm | f/7.1 | 1/50 s | ISO 100)
und Rentier (unten: 560 mm | f/5 | 1/30 s | ISO 100)

Tiere im Nebel

Benötigte Ausrüstung

- Teleobjektiv

Planung

- morgens kalte Temperaturen abpassen, bestenfalls nach Regengüssen

Umsetzung

In sehr dichtem Nebel ist es schwierig, Tiere ausfindig zu machen. Suche deshalb vorab nach Orten, an denen sich oft Wildtiere zeigen. Wenn du dicht genug an dein Motiv herankommst, entstehen mystische und magische Aufnahmen. Auch Silhouettenfotos im Nebel sind reizvoll, vor allem im Gegenlicht. Der große Vorteil am Nebel ist, dass die Tiere ebenfalls eine eingeschränkte Sicht haben und dich dadurch oft viel dichter an sich heranlassen.

PROFITIPP

Im Nebel empfiehlt es sich, die Belichtungskorrektur nach oben zu regeln, da die Fotos ansonsten schnell zu dunkel werden. Es kann zudem sein, dass du manuell nachfokussieren musst, da die Kontraste aufgrund des Nebels sehr gering sind und der Autofokus nicht greift.

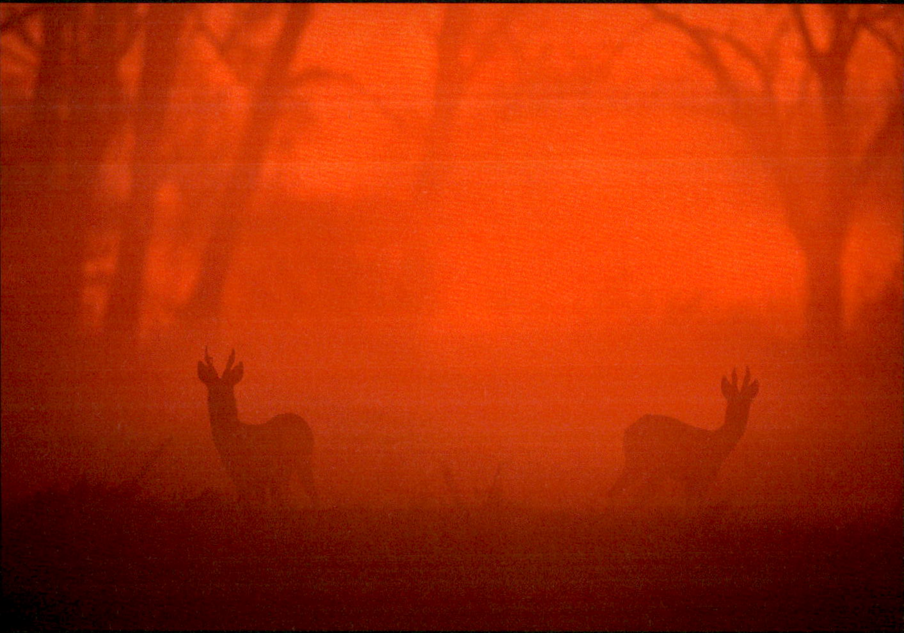

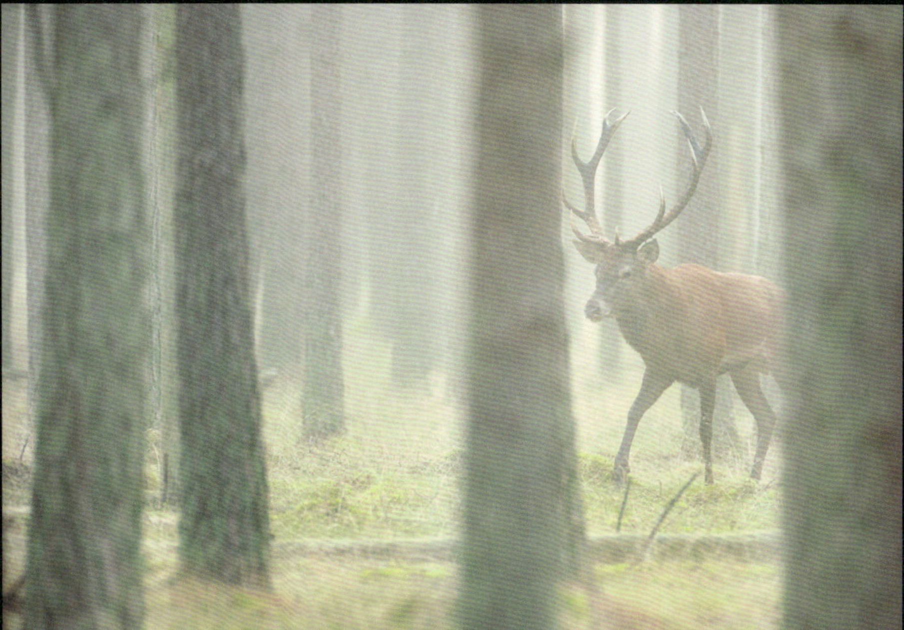

Rehböcke (oben: 600 mm | f/6.3 | 1/800 s | ISO 400) und Rothirsch

Vögel im Flug

Benötigte Ausrüstung

- Teleobjektiv

Planung

- Kamera auf Serienbildfunktion einstellen
- kurze Verschlusszeiten einstellen (mindestens 1/500 s, besser noch kürzer)

Umsetzung

Um einen Vogel im Flug scharf darzustellen, braucht es möglichst kurze Verschlusszeiten. Es kommt hierbei unter anderem auf die Flügelschlagfrequenz des jeweiligen Vogels an: Ein Seeadler gleitet recht ruhig über das Wasser, während ein Wintergoldhähnchen wie ein kleiner Kolibri umherschwirrt. Arbeite daher am besten mit der Blendenautomatik oder im manuellen Modus, da du die Verschlusszeit dort entsprechend voreinstellen kannst.

PROFITIPP

Wenn du Vögel gegen den Himmel fotografierst, musst du etwas überbelichten, da sonst einfach nur ein schwarzer Vogel vor hellem Hintergrund zu erkennen ist.

Wenn du spannende Wolkenformationen oder Lichtstimmungen hast und die Vögel nur als Silhouette darstellen möchtest, dann kannst du diesen Effekt selbstverständlich zu deinem Vorteil nutzen.

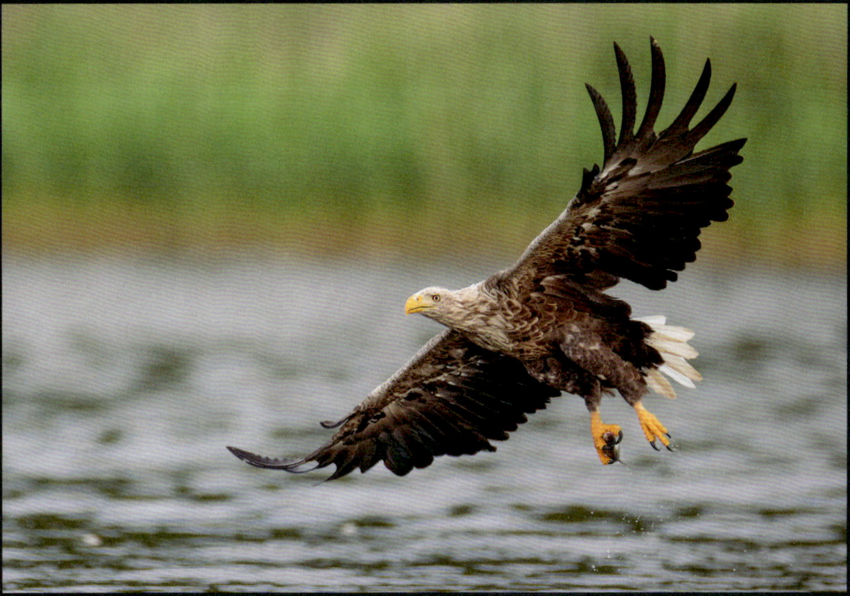

Die gleitende Bewegung des Seeadlers wurde mit einer kurzen Verschlusszeit eingefroren.
560 mm | f/4 | 1/2500 s | ISO 2000

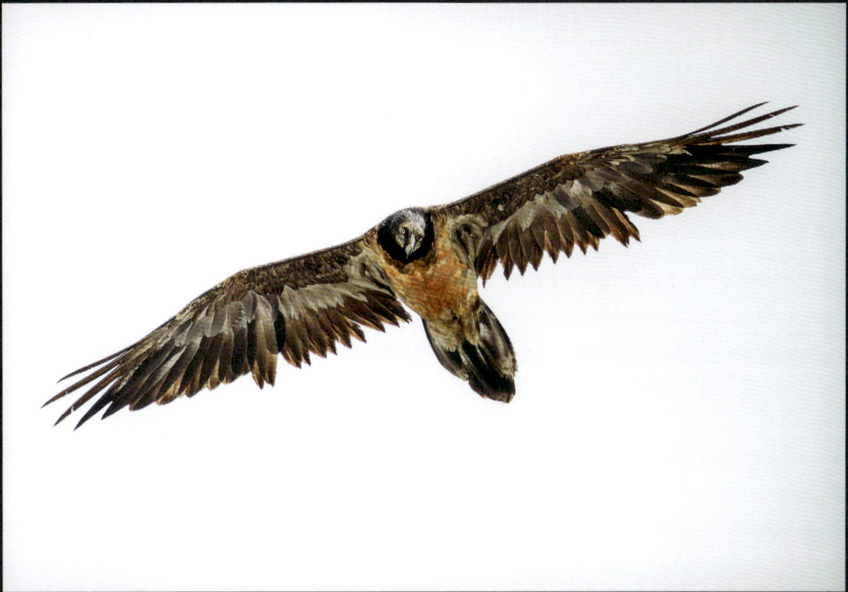

Das Bild dieses Bartgeiers habe ich mit +1.7 EV überbelichtet, damit gegen den Himmel dennoch alle Details gut zu erkennen sind.
560 mm | f/4 | 1/2500 s | ISO 400

Vögel im Schilf

Benötigte Ausrüstung

- Teleobjektiv
- ggf. Einbeinstativ

Planung

- Kamera auf Serienbildfunktion einstellen

Umsetzung

Schilf ist für die Vogelfotografie besonders reizvoll, denn durch die warmen, goldenen Töne entstehen wunderschöne Hintergründe. Die Fruchtstände sind für einige Vogelarten eine Nahrungsquelle, während die Halme gute Versteckmöglichkeiten vor Fressfeinden bieten. Zudem brüten viele Arten in Schilfgürteln.

Wenn du einen Vogel durch das dichte Schilfrohr entdeckt hast, versuche ihn mit einem einzelnen Autofokus-Messfeld durch die Halme hindurch anzufokussieren. Suche dazu eine kleine Lücke oder warte, bis der Vogel auf eine geeignete Position fliegt.

PROFITIPP

Manchmal gelingt es nicht, mit dem Autofokus durch das dichte, relativ kontrastarme Schilf hindurchzufotografieren – vor allem, wenn der Vogel eine ähnliche Gefiederfärbung hat. Versuche es in diesem Fall mit dem manuellen Fokus.

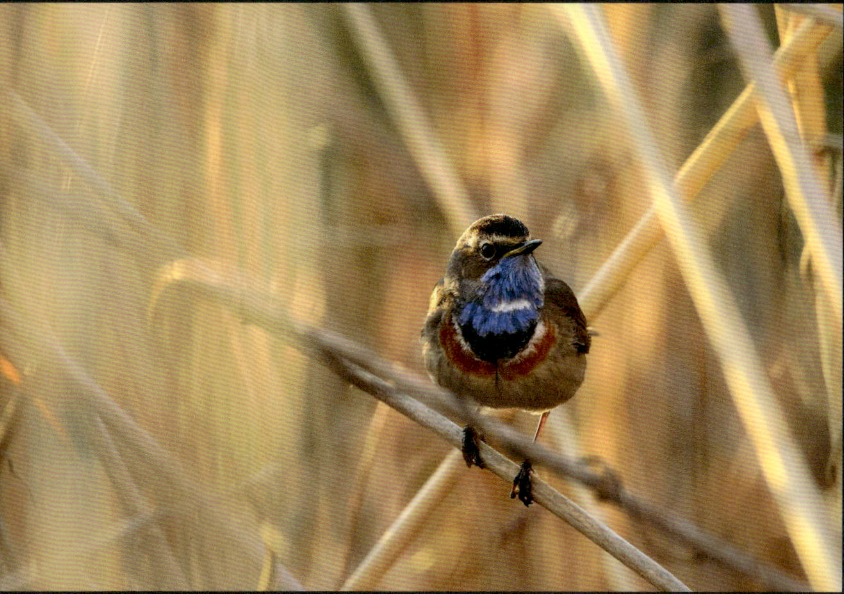

Das Blaukehlchen sorgt für einen Farbkontrast im Schilf.
600 mm | f/6.3 | 1/320 s | ISO 800

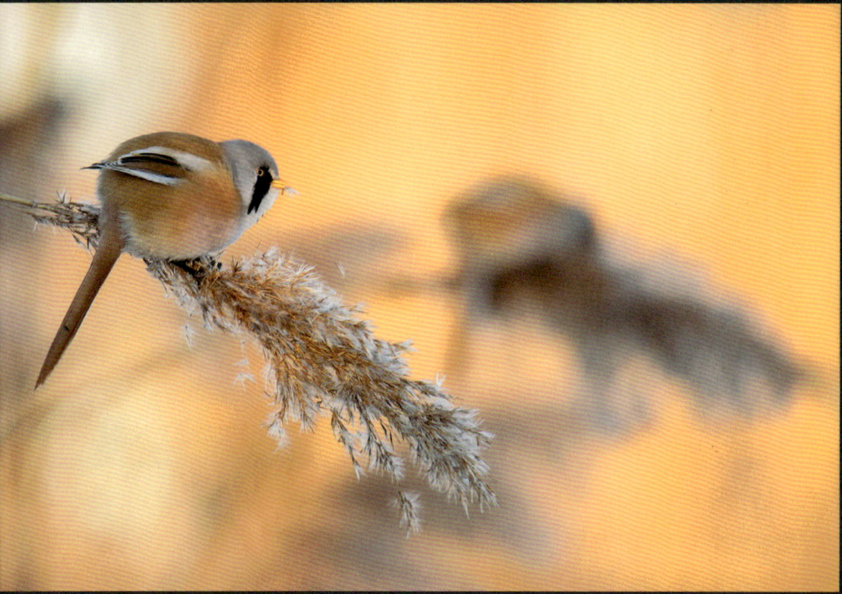

Durch die offene Blende verschwimmt die zweite Bartmeise im Hintergrund.
600 mm | f/6.3 | 1/250 s | ISO 800

Jungtierfotografie

Benötigte Ausrüstung

- Teleobjektiv
- gute Tarnung

Planung

- regelmäßiges Beobachten
- vorsichtiges Annähern (bei Störung zurückziehen!)

Umsetzung

Wenn du einen Bau oder Jungtiere entdeckt hast, heißt es, viel Geduld mitzubringen. Mit einem Teleobjektiv kannst du dich – wenn gerade die Luft rein ist – in einiger Entfernung auf die Lauer legen. Achte auf die Windrichtung und gute Tarnung am Ansitz, auch mit natürlichen Ressourcen. Die Elterntiere sind sehr wachsam, um ihren Nachwuchs zu schützen, da fällt jeder verkehrt sitzende Baumstamm auf.

PROFITIPP

Wenn Jungtiere wie z. B. Füchse zutraulicher werden, sei unbesorgt. Sie sind meistens nur neugierig. In der Regel gewinnen sie ihre Menschenscheu mit der Zeit wieder. Du solltest sie nicht anfüttern und zudem versuchen, Distanz zu wahren und nicht zu regelmäßig vorbeizuschauen.

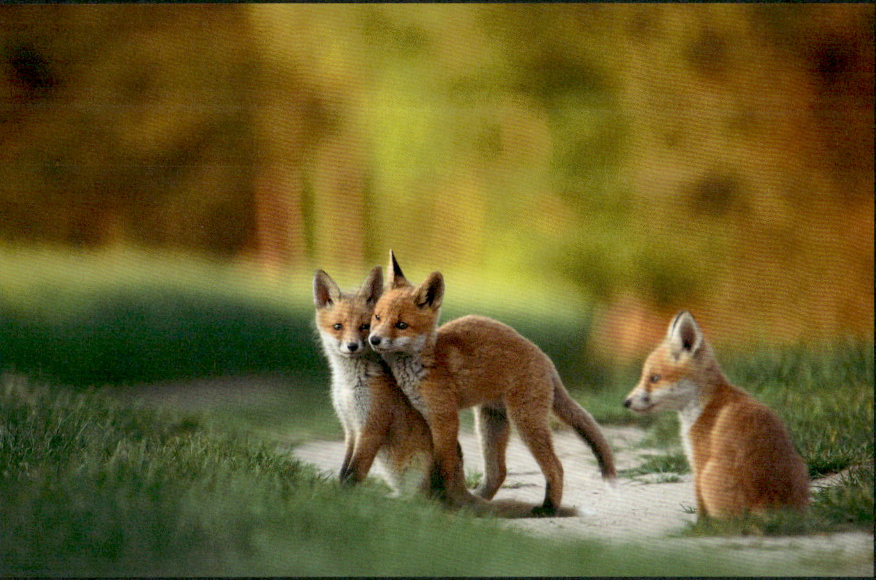

Die verspielten Jungfüchse lassen sich von der Kamera nicht stören.
600 mm | f/6.3 | 1/500 s | ISO 1600

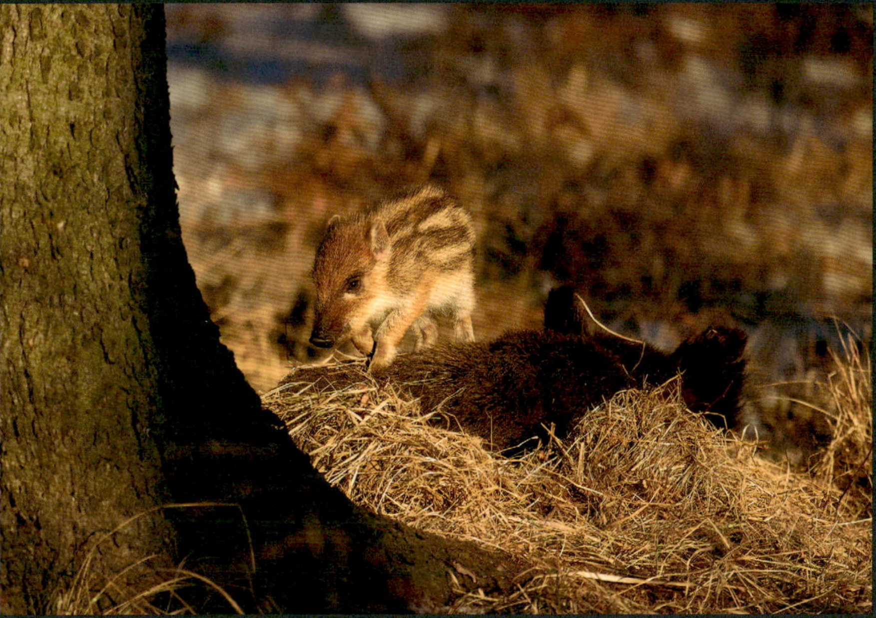

Eine ganz besondere Bindung zwischen Frischling und Bache
390 mm | f/5.6 | 1/500 s | ISO 200

Schattenrisse

Benötigte Ausrüstung

- Weitwinkel, Zwischenbrennweite, Teleobjektiv

Planung

- Tiere mit „Wiedererkennungswert" eignen sich besonders gut (prägnante Silhouetten durch Geweih oder Hörner).

Umsetzung

Umrisse von Tieren lassen sich besonders gut vor einem hellen Hintergrund ablichten, zum Beispiel vor dem Himmel, vor Wolkenformationen oder vor weiten Bergebenen. Wichtig ist, den richtigen Moment zu erwischen, wenn die Kontur des Tieres gut zu erkennen ist und dein Motiv nicht nur einen schwarzen Klumpen im Bild bildet. Du kannst zudem etwas unterbelichten, damit du einen richtigen Schattenriss erzeugst und keine Details des Tieres mehr zu erkennen sind.

PROFITIPP

Schöne Lichtstimmungen eignen sich besonders gut für Scherenschnitte, zum Beispiel wenn das Tier erhaben auf einem Hügel oder Berg steht und du dich etwas unterhalb befindest.

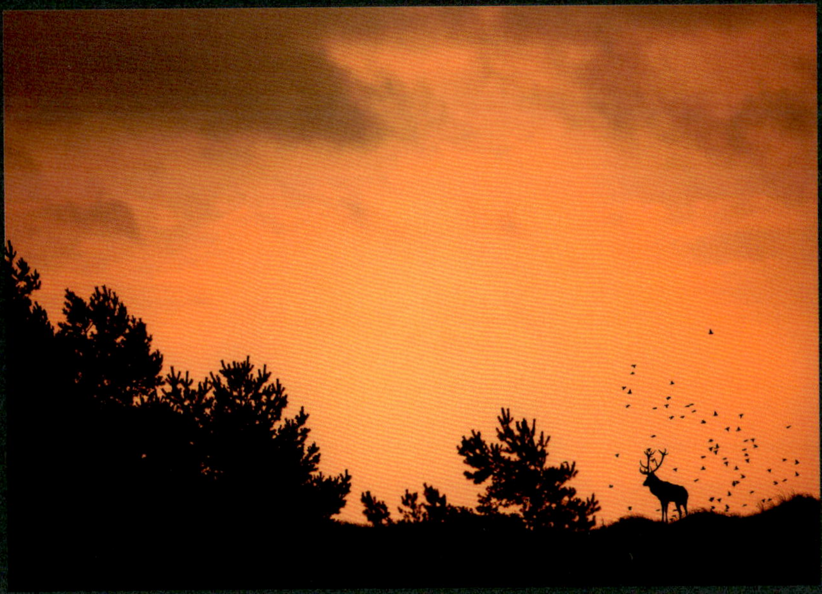

Der Rothirsch im Starenschwarm wirkt durch die Lichtstimmung und durch seine erhöhte Position auf einer Düne besonders majestätisch.
500 mm | f/4 | 1/1000 s | ISO 200

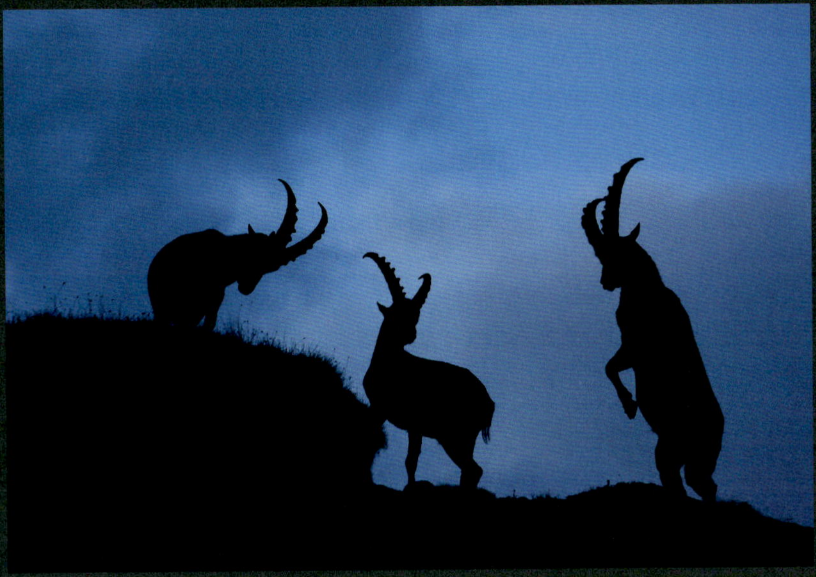

Die kämpfenden Steinböcke wurden gegen die Wolken fotografiert, sodass lediglich ihre Silhouetten zu sehen sind.
200 mm | f/4.5 | 1/640 s | ISO 1250

Tiere im Spotlight

Benötigte Ausrüstung

- Teleobjektiv

Planung

- an sonnigen Tagen nach starken Kontrasten suchen (Lichtstrahl auf dem Tier, während die Umgebung im Schatten liegt)

Umsetzung

Auch diese Bildsituation ist nicht wirklich planbar. Wichtig ist, dass die Sonne scheint und die Umgebung im Schatten liegt. Am besten sind richtige Spotlights, die sich zum Beispiel im Wald bilden, wenn die Sonnenstrahlen durch das Blattwerk hinab auf den Waldboden scheinen. Wenn sich ein passender Moment ergibt, gibt es ein paar Dinge, auf die du achten kannst: Um zu verhindern, dass die hellen Bildbereiche ausbrennen, also überbelichtet dargestellt werden, solltest du die Belichtungskorrektur stark herunterregeln. Achte beim Auslösen zudem darauf, dass prägnante Merkmale des Tieres im Licht liegen, zum Beispiel die Augen oder beim Vogel der Schnabel.

PROFITIPP

Besonders gelungen wirken deine Spotlight-Fotos, wenn um das Motiv herum nichts Störendes beleuchtet wird und das Tier das einzige angestrahlte Element ist.

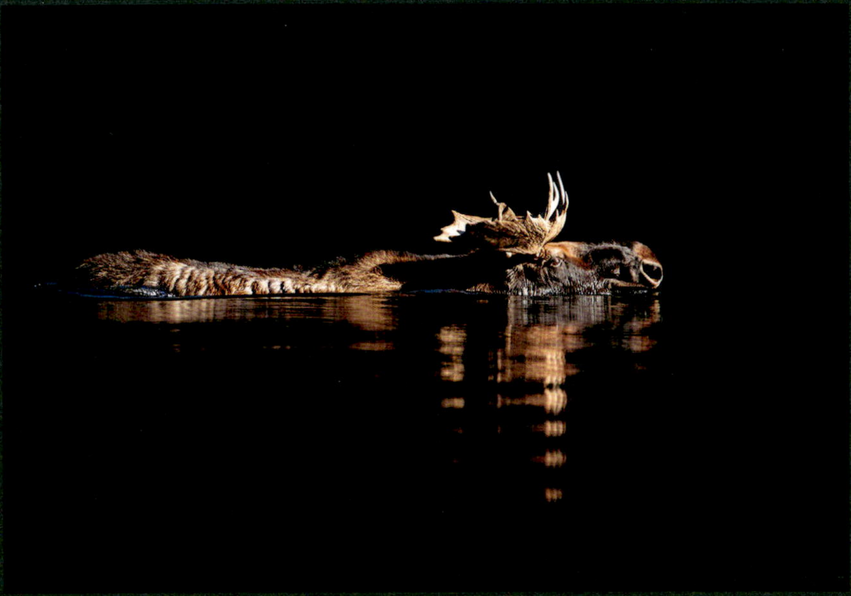

Der Elchbulle lässt sich vom Licht den Weg durch den See leiten.
600 mm | f/6.3 | 1/640 s | ISO 400

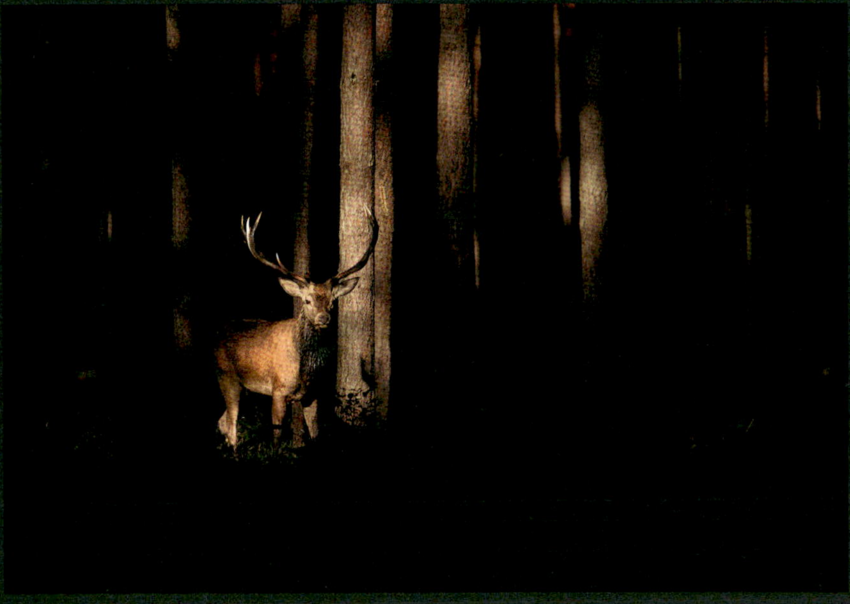

Der Rothirsch wird zwischen den Bäumen ins Rampenlicht gerückt.
600 mm | f/6.3 | 1/500 s | ISO 500

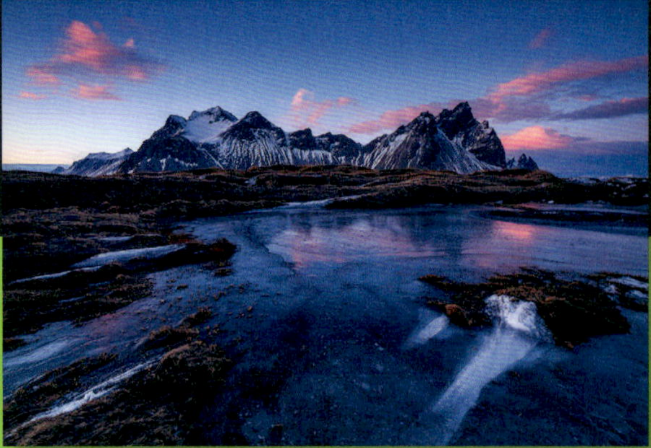

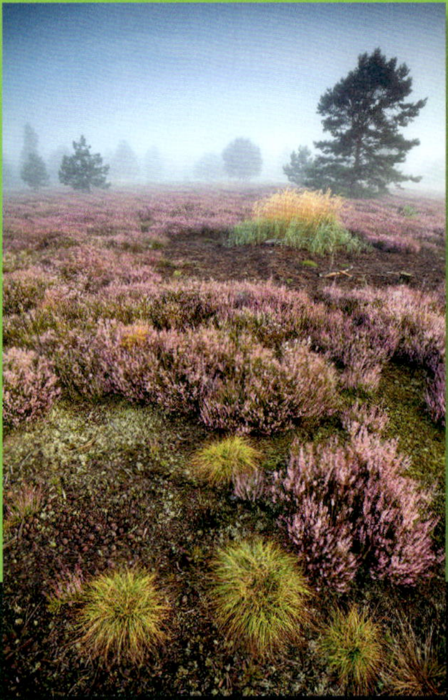

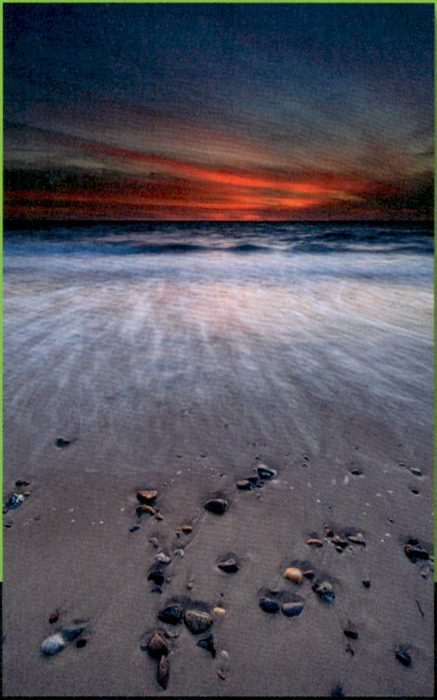

AUF FELD UND FLUR – LANDSCHAFTS-FOTOGRAFIE

Urlaubserinnerungen in stimmungsvollen Landschaftsfotos festhalten – wer möchte das nicht? Doch auch vor der Haustür laden Seen, Flüsse, Wiesen, Moore und Berge als reizvolle Landschaftsmotive dazu ein, die Kamera und das Stativ zu zücken. Du wirst sehen: Beim Erkunden der Gegend und dem Entdecken neuer (Foto-)Oasen lässt es sich wunderbar entspannen, und man erlebt mitunter die eine oder andere positive Überraschung …

Jahreszeiten

Landschaften besitzen zu unterschiedlichen Jahreszeiten jeweils ihren ganz eigenen Reiz. Der zugefrorene See im Winter stellt mitunter im Sommer eine interessante Szene für Spiegelungen dar, der frischgrüne Buchenwald im Frühling bietet ein wahres Farbenfeuerwerk im Herbst. Du findest also – egal zu welcher Jahreszeit – stets spannende Motive für die Landschaftsfotografie. Auch wenn es in Deutschland hauptsächlich Kulturlandschaften zu bestaunen gibt, findet man in einigen Naturschutzgebieten und Nationalparks noch natürliche Refugien, die keiner strengen Ordnung unterliegen.

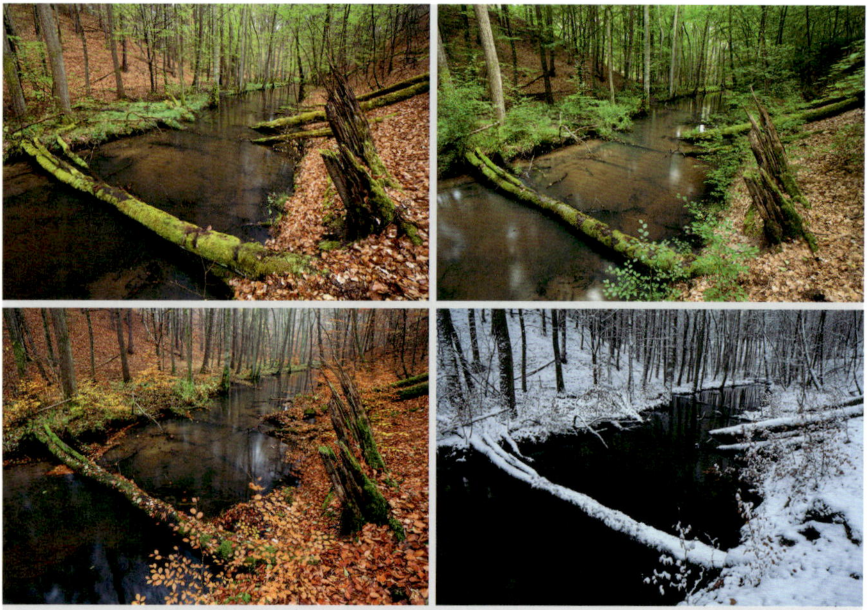

Zu unterschiedlichen Jahreszeiten hat dasselbe Motiv jeweils eine ganz eigene Wirkung.

Tageszeiten

Genauso wichtig wie die Jahreszeit ist die Zeit des Tages, an der du deine Aufnahme machst. Vor allem Sonnenauf- und -untergänge bieten sich für stimmungsvolle Fotos an, da das warme Licht der Sonne der Szenerie Lebendigkeit verleiht. Außerdem bieten dir die Minuten vor Sonnenauf- bzw. nach Sonnenuntergang oft farbintensive Himmel, da die Wolken angestrahlt werden. Wenn du Glück hast, dann brennt der gesamte Himmel und es entsteht ein einzigartiges Farbenfeuerwerk.

Schöne Stimmungen lassen sich manchmal sogar planen: Überprüfe den Wolkenradar (z. B. auf **wetteronline.de**) oder sieh weit vor Sonnenaufgang aus dem Fenster. Wenn sich im Osten ein schmaler Streifen klar zeigt, der Rest des Himmels aber mehr oder weniger bedeckt ist, dann kannst du fast sicher sein, dass die Wolken sich färben werden.

Gefallen dir eher die kühlen Stimmungen, dann musst du dich noch etwas früher aus dem Bett quälen oder dich nach Sonnenuntergang noch etwas gedulden. Wenn die warmen Töne abklingen, übernehmen Blautöne die Vorherrschaft und die Details der Landschaft schwinden. An klaren Tagen ist das Blau des Abend- oder Morgenhimmels besonders intensiv.

BLAUE UND GOLDENE STUNDE

Blaue Stunde: Zeitspanne innerhalb der Dämmerung, wenn sich die Sonne noch unterhalb des Horizontes befindet; charakteristisch durch die intensive Blaufärbung des Himmels.

Goldene Stunde: knappe Zeitspanne kurz nach Sonnenauf- und kurz vor Sonnenuntergang; charakterisiert durch warmes und rötliches Licht.

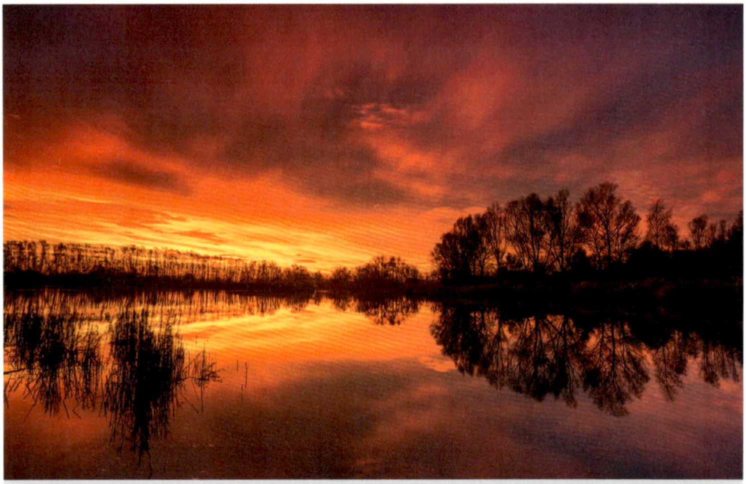

Zum Sonnenaufgang explodiert an manchen Tagen der Himmel regelrecht.

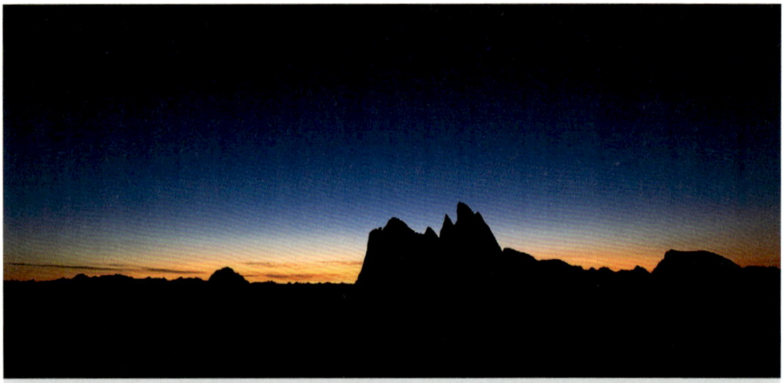

Bergkulisse zur Blauen Stunde, kurz nach Sonnenuntergang an einem klaren Tag in den Alpen aufgenommen

PROFITIPP

Sei am besten immer etwas früher vor Ort (30–60 Minuten), denn du benötigst Zeit, um dein Equipment aufzubauen und die Aufnahme zu planen.

Selbstverständlich lassen sich zu jeder Uhrzeit schöne Aufnahmen machen, doch den besonderen Reiz schenken dir vor allem die Morgen- und Abendstunden. Wenn du einen schönen Ort für ein Landschaftsfoto gefunden hast, dann kannst du dort eine längere Studie des Lichtverlaufs machen, indem du alle paar Minuten ein Foto aufnimmst. Die unterschiedlichen Lichtstimmungen verwandeln das Foto, und du kannst dir später eine Serie zusammenstellen oder dein Lieblingsfoto heraussuchen.

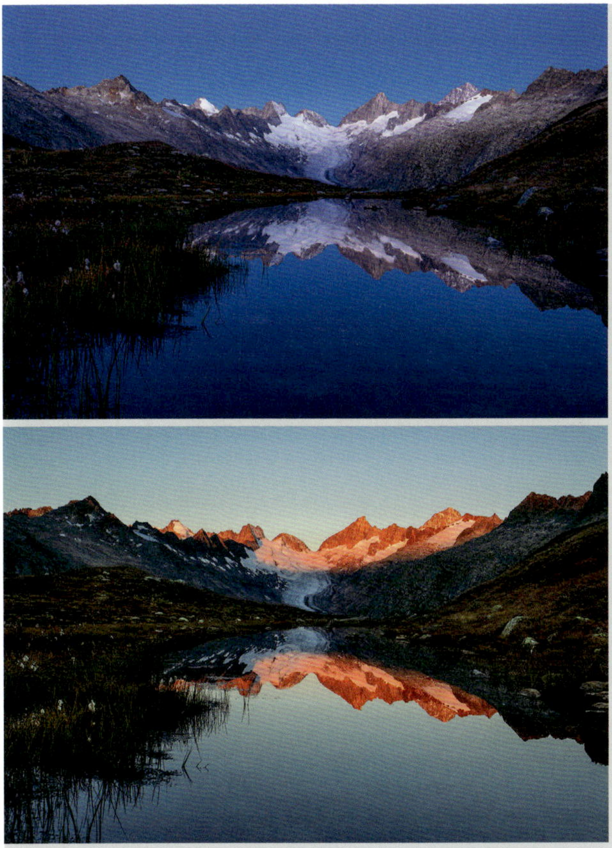

Die Lichtsituation verändert sich im Laufe weniger Minuten. Aufnahmezeit oben: 6:31 Uhr, unten: 6:57 Uhr

PROFITIPP

Manchmal kommt es vor, dass der Himmel eine beeindruckende Färbung annimmt, du aber auf die Schnelle kein schönes Landschaftsmotiv findest. Mach dich nicht verrückt, es muss nicht immer die majestätische Bergkulisse sein! Manchmal reicht auch eine Pfütze oder ein Baum auf einem Feld. Du kannst dann versuchen, mithilfe eines Perspektivwechsels oder einer anderen Brennweite doch noch zu einer spannenden Bildkomposition zu gelangen.

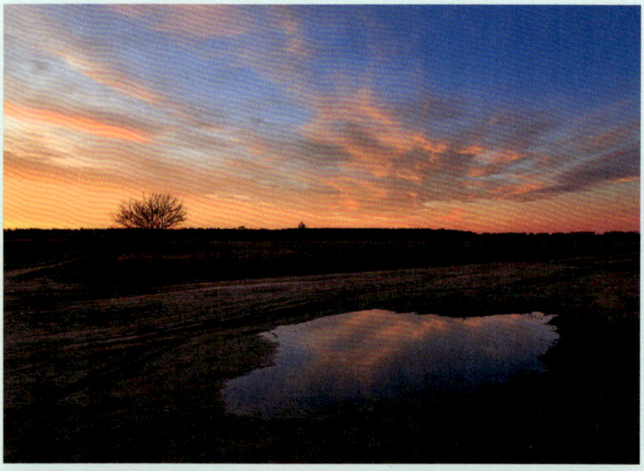

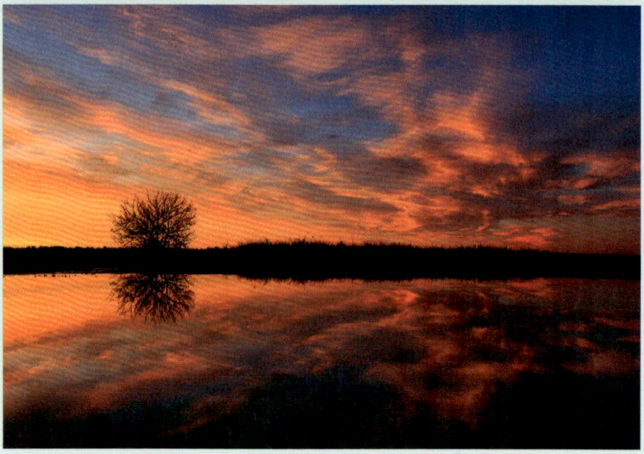

Einfach mal auf Augenhöhe gehen, dadurch wird eine unscheinbare Pfütze schnell zum beeindruckenden See.

Filtereinsatz

Über die einzelnen Filter und ihre Funktionen haben wir bereits auf Seite 28 gesprochen. Auch wenn die heutigen Kameras einen hohen Dynamikumfang besitzen und du in der Nachbearbeitung am PC viel anpassen kannst, bietet sich der Einsatz von Einschub- oder Schraubfiltern in der Landschaftsfotografie an. Die Wirkung des Polfilters kannst du beispielsweise gar nicht mithilfe eines Bearbeitungsprogramms ersetzen, weshalb du ihn immer im Gepäck haben solltest. Der Graufilter ist dir besonders dann von Nutzen, wenn du auch tagsüber Langzeitbelichtungen aufnehmen willst. Einige Grauverlaufsfilter (0.9 ND medium, 1.2 ND soft) habe ich immer im Gepäck, wenn ich das Weitwinkelobjektiv einpacke. Auch wenn du bei der anschließenden Bildbearbeitung einen künstlichen Verlauf hinzufügen kannst, finde ich den Einsatz vor Ort sinnvoller, da du direkt die Wirkung im Bild erkennen kannst.

DYNAMIKUMFANG

Der Dynamikumfang stellt die Reichweite zwischen dem hellsten und dem dunkelsten Bereich des Motives dar. Je höher er bei einer Kamera ist, desto mehr Details können auf dem Foto dargestellt werden.

Bei Grauverlaufsfiltern solltest du darauf achten, dass der Verlauf nicht zu hart ist, wenn keine klare Horizontlinie vorhanden ist. Wenn Objekte wie beispielsweise Bäume oder Berge in der Horizontebene liegen, werden diese sonst zu dunkel. Mit einem softeren Verlauf und nicht ganz so starker Abdunkelung ist es hingegen möglich, den oberen Bildbereich nur etwas zu verdunkeln, ohne, dass es zu sehr auffällt.

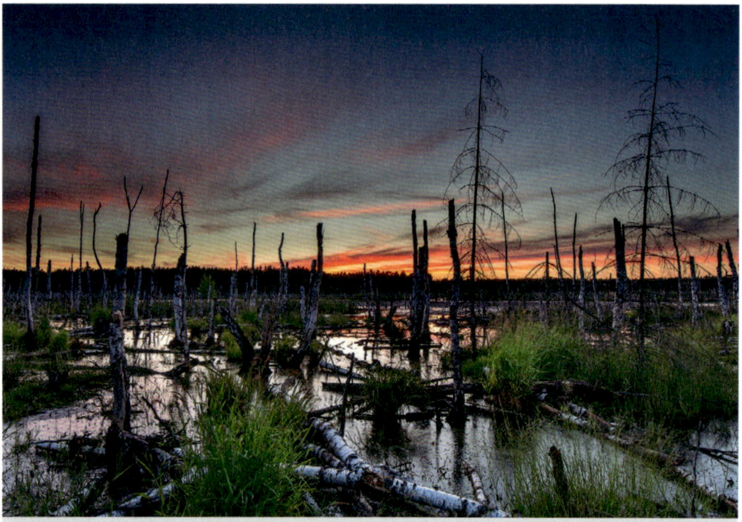

Durch die Verwendung eines starken Grauverlaufsfilters mit hartem Verlauf wird der obere Bildbereich zu sehr abgedunkelt, Himmel und Baumstämme werden zu dunkel.

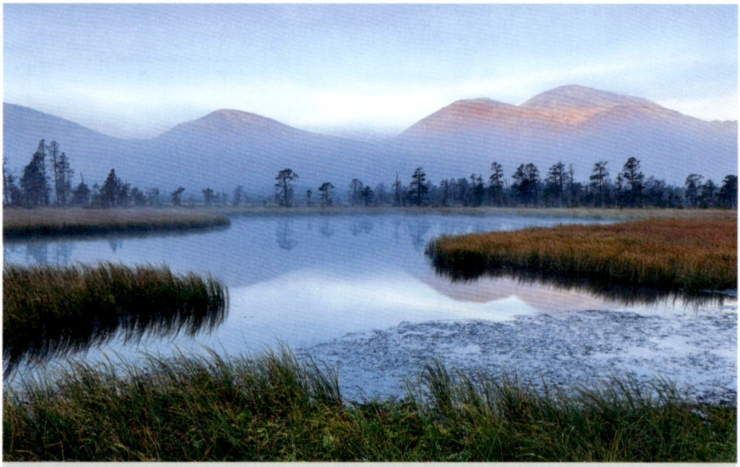

So sieht ein harmonischer GND-Filtereinsatz aus. Verwendet wurde für diese norwegische Seenlandschaft ein softer GND Filter 1.2.

PROFITIPP

Achte beim Kauf deiner Filter darauf, dass sie keinen prägnanten Farbstich haben, da es ansonsten zu unrealistischen Farbwiedergaben kommen kann. Wichtig ist außerdem die regelmäßige Reinigung deiner Filter, denn Staubkörner und Fussel werden im Bild beim Abblenden zu unschönen Sensorflecken. Vor allem im Gegenlicht fallen solche Staubpartikel auf, da die Sonnensterne nicht mehr so schön strukturiert dargestellt werden. Daher verzichte ich bei Gegenlichtaufnahmen mit tief stehender Sonne in der Regel auf einen Filtereinsatz.

Langzeitaufnahmen

Du kennst sicher diese Aufnahmen am Meer, bei denen das Wasser so schön verwaschen aussieht wie Nebel. Das ist ein typischer Langzeitbelichtungseffekt. Du stellst dafür einfach die Blendenautomatik oder den manuellen Modus ein und probierst unterschiedliche Belichtungszeiten aus. Beginne bei relativ kurzen Belichtungszeiten (1/10 s bis 1/30 s) und verlängere diese stetig bis auf mehrere Sekunden.

Achte dabei ebenfalls auf die anderen Werte, denn in der Blendenautomatik wird deine Kamera versuchen, eine mögliche Überbelichtung mit einer weitgehend geschlossenen Blende zu verhindern. Im manuellen Modus kannst du beide Werte bestimmen und nötigenfalls mit der Belichtungskorrektur eingreifen, falls das Bild zu dunkel oder zu hell wird.

Dabei spielt natürlich auch das Umgebungslicht eine Rolle. Ist es ein strahlend heller Tag, wirst du dein Foto nicht lange genug belichten können, ohne eine Überbelichtung zu riskieren. Doch du hast ja glücklicherweise den Graufilter eingepackt! Mit einem starken Graufilter kannst du sogar tagsüber eine ansprechende Langzeitbelichtung erreichen, ganz ohne ausgebrannte Stellen im Bild.

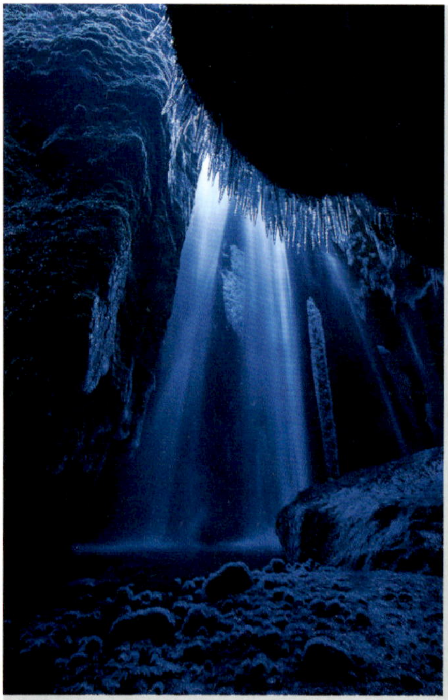

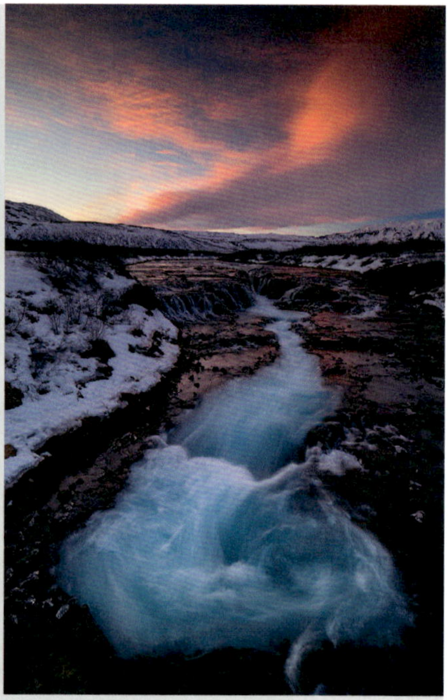

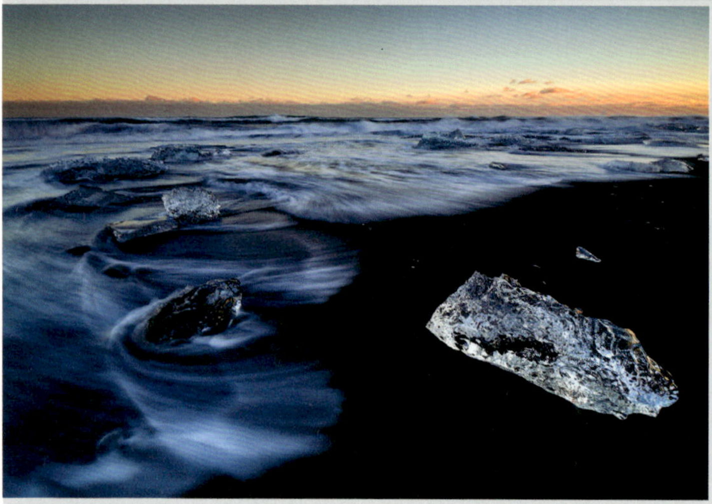

Diese Fotos wurden mit einer halben Sekunde Verschlusszeit aufgenommen, um die Dynamik des Wassers darzustellen.

EXKURS: KREATIVE LANGZEITAUFNAHMEN

Die Langzeitbelichtung eignet sich nicht nur für Aufnahmen, in denen Wasser eine Rolle spielt. Du kannst diesen Effekt in allen Situationen einsetzen, in denen Bewegung mit im Spiel ist. Weht der Wind kräftig durch die Baumspitzen? Ziehen die Wolken schnell am Himmel? Fallen die Regentropfen schnell zur Erde? Fixiere deine Kamera auf einem Stativ und verlängere die Verschlusszeit, bis dir der Effekt gefällt.

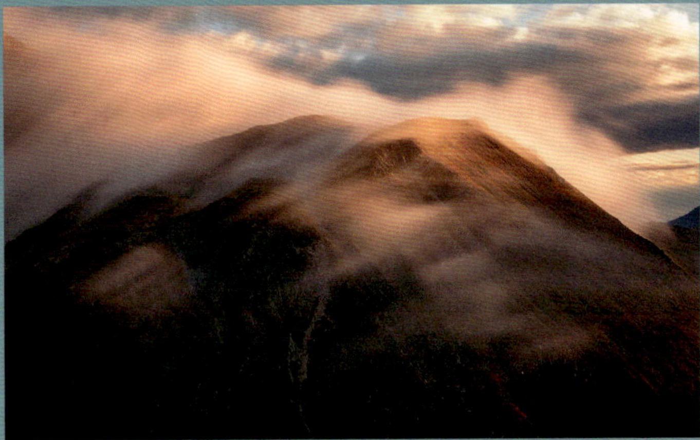

Schnell ziehende Wolken, 10 s Verschlusszeit

Nachtfotografie

Um den **Sternenhimmel** zu fotografieren, benötigst du viel Licht. Doch genau das fehlt nachts, gerade bei Neumond. Die Konsequenz wäre, die Belichtungszeit zu verlängern. Dabei kommt dir allerdings die Erdrotation in die Quere: Wenn du nachts zu lange belichtest, werden die Sterne zu Sternspuren (Striche statt Punkte). In bestimmten Fällen können solche Effekte reizvoll sein, aber um die Milchstraße scharf abzulichten, ist es eher hinderlich.

Grundsätzlich gilt: Je weitwinkeliger dein Objektiv ist, desto länger kannst du belichten, damit die Sterne noch punktförmig erscheinen. Man kann diese Belichtungszeit mit der 500er-Regel berechnen.

BERECHNUNG DER BELICHTUNGSZEIT

Vollformatsensor
500/Brennweite = maximale mögliche Verschlusszeit

APS-C Sensor
500/Brennweite x Cropfaktor = maximale mögliche Verschlusszeit

Bei empfindlicheren Sensoren kannst du auch mit 300 statt mit 500 rechnen, um die Belichtungszeit zu verlängern. Wenn du ganz genau wissen willst, wie lange du belichten kannst, ohne dass es zu unerwünschten Effekten kommt, dann rechne dir deine maximale mögliche Verschlusszeit aus und schaue dir dein Foto in der Vergrößerung an. Wenn dir die Sterne punktförmig genug sind, dann verwendest du entsprechend die jeweilige Regel.

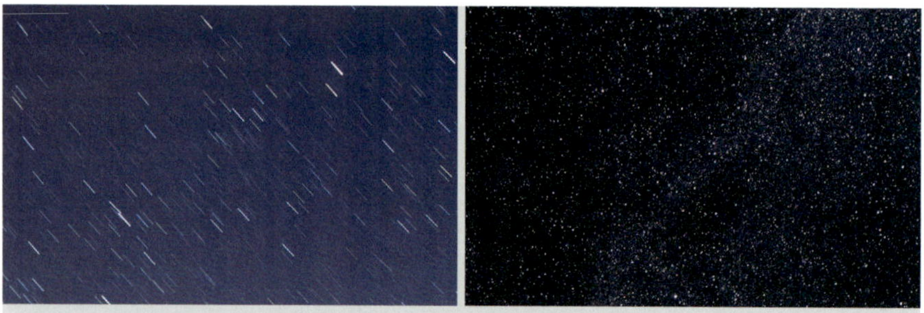

Ungewollte Sternspuren vs. scharfe Darstellung des Sternenhimmels dank einer maximalen möglichen Verschlusszeit von 20 Sekunden

Um den Vordergrund etwas heller darzustellen und somit bei Dunkelheit ein gut ausgeleuchtetes Foto zu bekommen, würdest du normalerweise mehrere Minuten lang belichten. Doch genau das geht ja nicht, wie wir gerade gesehen haben. Es gibt mehrere Lösungen für dieses Problem:

- Vordergrund mit künstlicher Lichtquelle sanft ausleuchten
- ISO-Wert höher einstellen (Vorsicht, Bildrauschen nimmt zu!)
- Vordergrund mit sehr langer Belichtung einzeln aufnehmen und Foto des Himmels nachträglich einfügen
- Aufnahme bei Vollmond (dann sind aber die Sterne schlecht zu erkennen)

Den Vordergrund mit einer Leuchte gleichmäßig auszuleuchten halte ich für sehr schwierig. Es wird Zonen geben, die du nicht gleichmäßig ausleuchten kannst, dadurch entstehen unschöne Schatten. Dennoch kann es manchmal gelingen, zum Beispiel mit dem sanften Licht des Handydisplays oder einer sehr diffus strahlenden Lampe. Leuchte damit nur kurz und gleichmäßig über den Vordergrund deines Bildes oder beleuchte ganz gezielt ein Objekt im Vordergrund, welches auf dem Nachtfoto hervorgehoben werden soll.

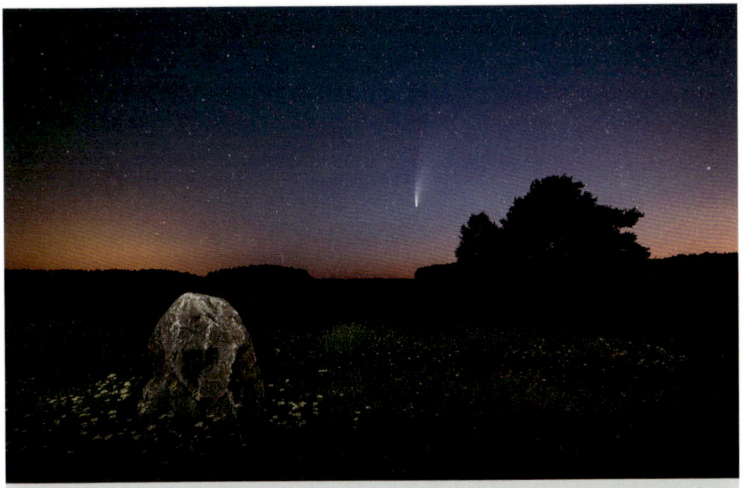

Gezielte Ausleuchtung des Steines im Vordergrund mithilfe des schwachen Lichtes des Handydisplays; im Hintergrund sieht man den Kometen Neowise.

Bei **Vollmond** entstehen ebenfalls reizvolle Fotos – die Landschaft wirkt mystisch und wird von ganz allein angestrahlt. Der Nachteil daran: Die Sternenpracht ist durch das natürliche Licht nicht mehr so gut sichtbar. Wenn du bei Vollmond dennoch den Sternenhimmel abbilden möchtest, dann bleibt dir nichts anderes übrig, als ein möglichst lichtstarkes Objektiv zu verwenden, den ISO-Wert höher einzustellen und so lange es geht zu belichten. Der Nachteil ist, dass sich das Bildrauschen dann bemerkbar macht, aber ganz ohne wird es nicht gehen.

Eine weitere Herausforderung bei der Nachtfotografie ist das Fokussieren. Den Autofokus kannst du getrost vergessen, denn dieser wird dich hier im Stich lassen. Stelle deine Kamera auf manuell um und fokussiere erst einmal auf unendlich. Nun kannst du im Live-View-Modus heranzoomen und dir die Sterne genauer ansehen. Justiere etwas nach, meistens wird die optimale Schärfe etwas vor dem Unendlich-Symbol am Fokussierring erreicht.

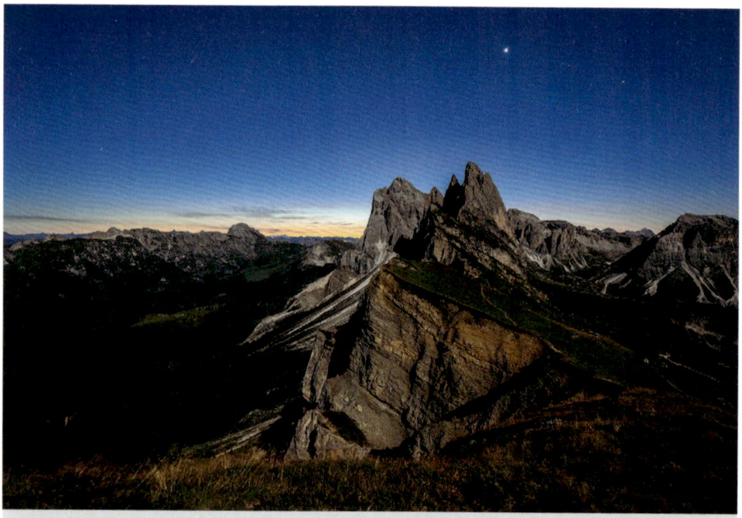

Bei Vollmondaufnahmen wird die Landschaft von allein gut ausgeleuchtet, nur die Sterne verblassen durch die Helligkeit.

PROFITIPP

Nutze nachts ein stabiles Stativ und einen Kabel- oder Funkauslöser, um Verwacklungen zu vermeiden. Um im Dunkeln gut hantieren zu können, lohnt sich zudem der Einsatz einer kleinen Stirnlampe (am besten mit rotem Licht, damit du deine Augen nicht wieder minutenlang an die Dunkelheit gewöhnen musst).

Panoramen

Eine besonders faszinierende Wirkung haben Panoramen. Sie vermitteln eine Weite, wie es kein normales Querformat vermag. Wer bereits mit dem Handy oder mit einer Digitalkamera entsprechende Panoramafunktionen genutzt hat, der weiß, dass das fertige Foto aus mehreren Bildern besteht, die zusammengerechnet werden (**Stitching**). Da die meisten Kameras das nicht automatisch können, nimmt man zur Erstellung eines Panoramas nacheinander eine Reihe von Fotos auf, die sich etwas überlappen. Diese Bildreihe wird dann am PC zusammengerechnet. Bei simplen Motiven, die weit entfernt sind, ist das bei gutem Licht freihand kein Problem. Für Motive, die einen nahen Vordergrund aufweisen, benötigst du eventuell ein mittels Wasserwaage ausgerichtetes Stativ oder sogar einen Panorama-Stativkopf. Das liegt daran, dass es beim Zusammenfügen der Fotos zum sogenannten **Parallaxeneffekt** kommen kann.

PARALLAXENEFFEKT

Halte einmal deinen Daumen nah und mittig vor deine Augen und schwenke den Kopf nach links und rechts, wie die Kamera auf dem Stativ. Du wirst bemerken, dass dein Finger sich optisch entgegengesetzt zur Bewegungsrichtung deines Kopfes verschiebt.

Lässt du diesen Effekt bei deiner Panoramaaufnahme außer Acht, werden sich nahe gelegene Objekte ebenfalls verschieben und du wirst kein deckungsgleiches Panorama erhalten. Gerade wenn du ein Motiv wie einen Baum oder Strauch im Vordergrund hast, ist es umso wichtiger, den Parallaxeneffekt zu vermeiden. Dies kannst du tun, indem du die Kamera bei der Aufnahme der Einzelfotos um das optische Zentrum des Objektivs drehst, der oft als **Nodalpunkt** oder als parallaxenfreier Drehpunkt bezeichnet wird.

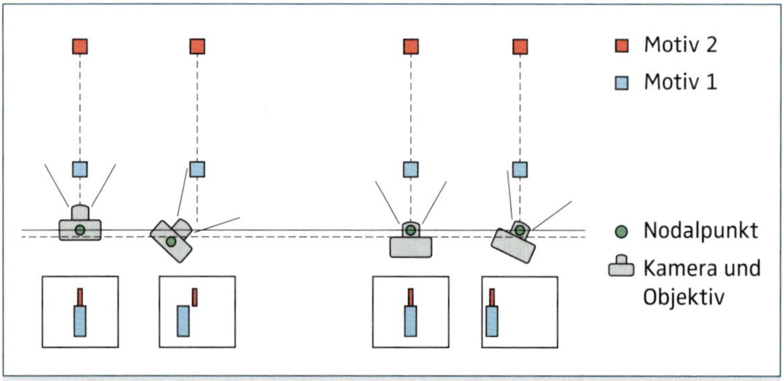

Wenn sich die Kamera um den Nodalpunkt dreht, bleiben die Objekte vor der Linse auf einer Linie.

Jedes Objektiv hat seinen eigenen Nodalpunkt, den du erst einmal finden musst. Du kannst dazu einen speziellen Nodalpunktadapter benutzen. Das ist ein Einstellschlitten, den du auf dem Stativ befestigst und daran deine Kamera im Hochformat anbringst. Wenn alles aufgebaut ist, richte deine Kamera auf ein nahe gelegenes Objekt und ein weiteres Motiv, das sich dahinter befindet (z. B. anderes Stativ vor Stehlampe). Die beiden Objekte sollten sich auf einer Geraden befinden.

Schwenke nun langsam die Kamera nach links und rechts. Wenn sich die beiden Objekte dabei verschieben, dann verändere die Position der Kamera am Einstellschlitten (entweder weiter vor oder zurück). Irgendwann kommt der Moment, in dem beide Objekte beim Schwenken der Kamera in einer Linie verbleiben. Merke dir die entsprechenden Werte des Einstellschlittens, denn mit diesen Einstellungen kannst du nun ein parallaxenfreies Panorama erzeugen.

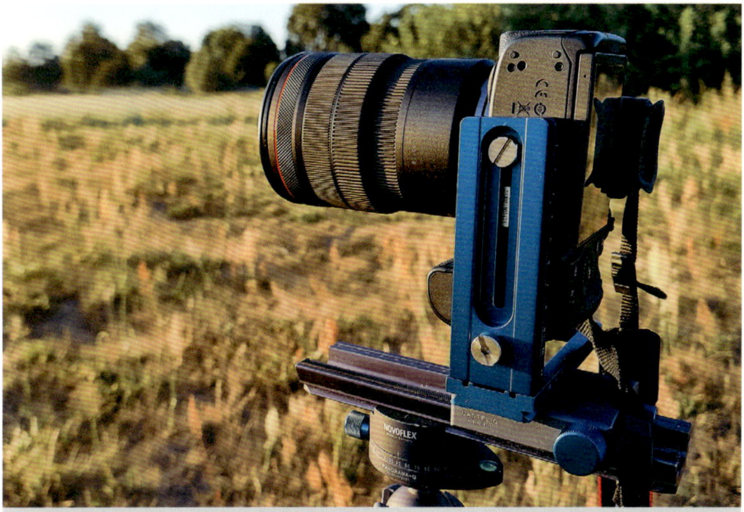

Mit Panoramaplatte, Einstellschlitten und L-Winkel bewaffnet, wird deine Panoramaaufnahme garantiert ein Erfolg.

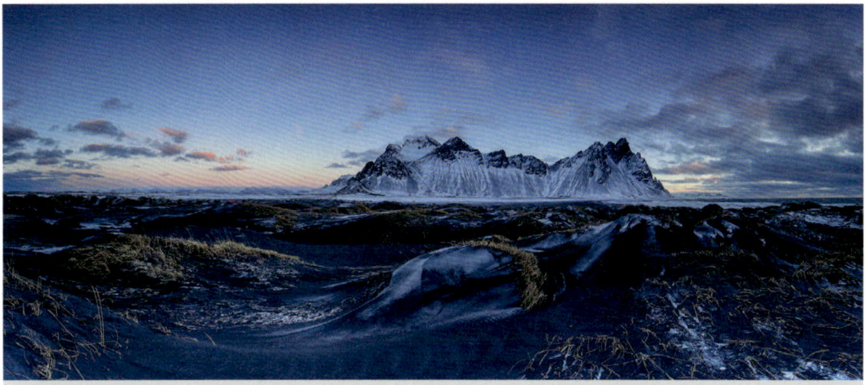

Fertiges Panorama, zusammengesetzt aus sechs Hochformatfotos

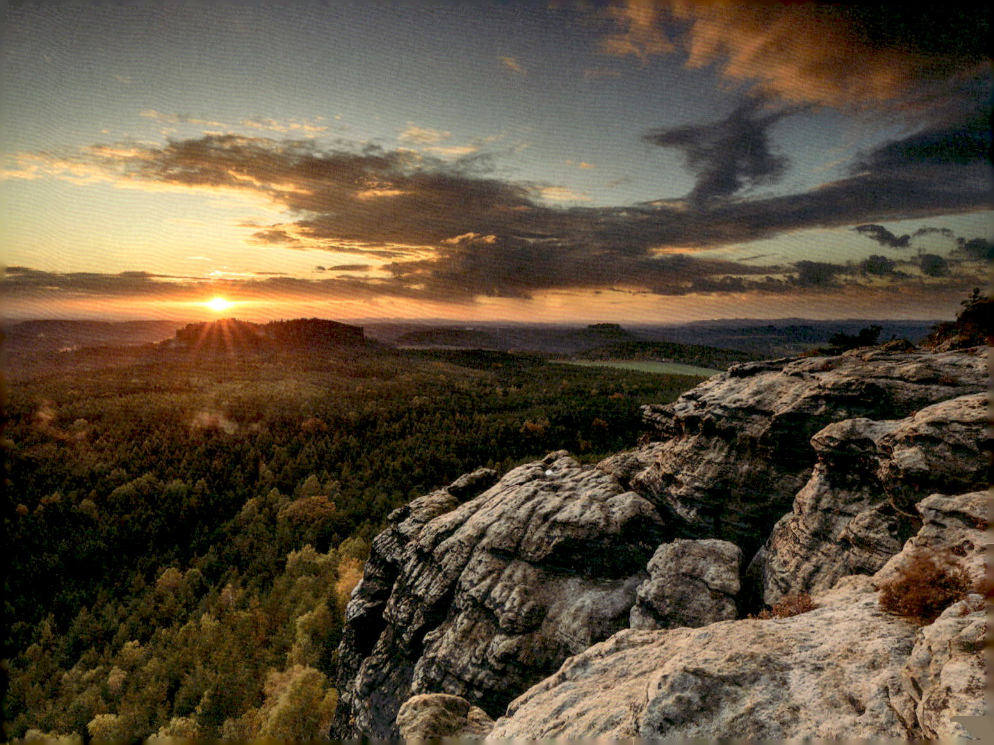

WORKSHOP LANDSCHAFTS-FOTOGRAFIE

Bei Tageslicht

Benötigte Ausrüstung

- Weitwinkel- oder leichtes Teleobjektiv
- ggf. Stativ

Planung

- Halte nach schönen Landschaften Ausschau.

Umsetzung

Bei praller Mittagssonne zu fotografieren, ist für Landschaftsaufnahmen kaum zu empfehlen. Dennoch ist es möglich, auch tagsüber schöne Landschaftsaufnahmen zu machen. Dafür bietet sich ein interessanter Himmel an, zum Beispiel mit Schleier- oder Cumuluswolken. Denke zudem an eine mögliche Konvertierung deiner Fotos in Schwarz-Weiß – so bietet selbst kontrastreiches Mittagslicht schöne Motive.

PROFITIPP

Auch herannahende Unwetter eignen sich hervorragend für Aufnahmen bei Tageslicht, denn das schnelle Wechselspiel aus Regen und Sonnenschein schafft Spannung und sorgt mit etwas Glück für den einen oder anderen Regenbogen.

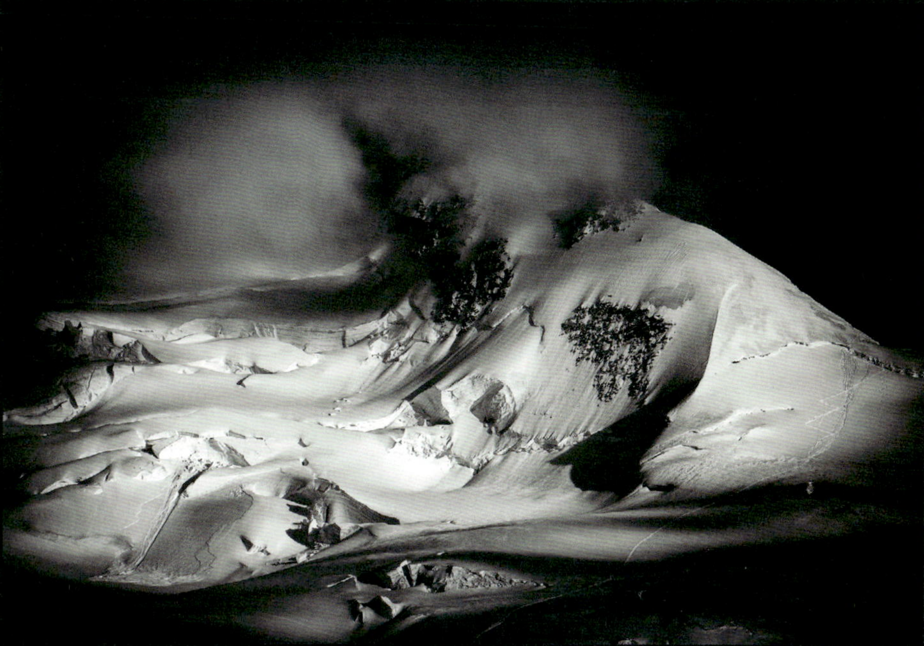

Durch die starken Schatten gewinnt das Foto in Schwarz-Weiß an Tiefe.
375 mm | f/8 | 1/2500 s | ISO 320

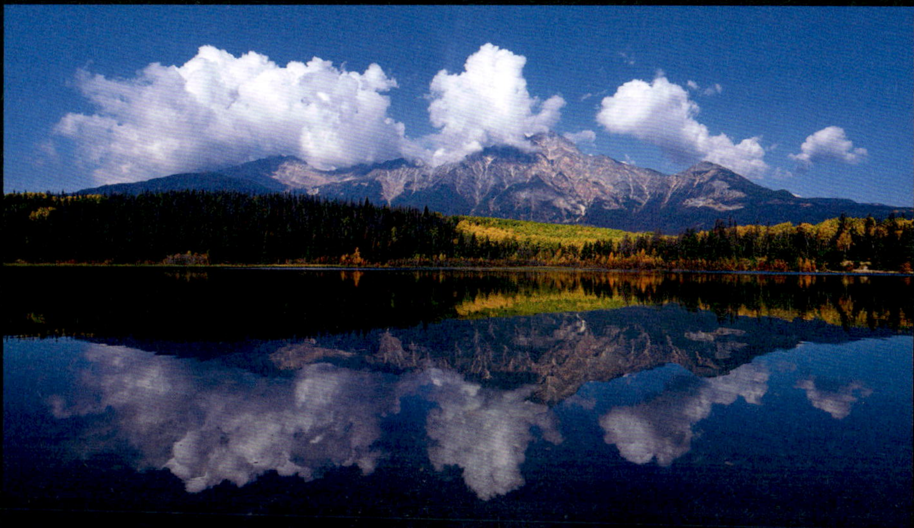

Die Cumuluswolken, die sich im Wasser spiegeln, verleihen dem Bild eine gewisse Dynamik.
20 mm | f/8 | 1/160 s | ISO 100

Goldene Stunde

Benötigte Ausrüstung

- beliebiges Objektiv
- Stativ
- ggf. Filter

Planung

- Beachte den Wetterbericht: Klarer Himmel eignet sich besonders gut für die strahlende Morgen- und Abendstunde.
- Wähle einen Ort, an dem die tief stehende Sonne am Horizont noch gut sichtbar ist.

Umsetzung

Die Goldene Stunde, ein Zauberwort für jeden Naturfotografen. Sie bietet sehr schönes Licht mit wenigen Kontrasten und warmen Farbtönen und eignet sich hervorragend zur Ausleuchtung von Landschaften oder für stimmungsvolle Gegenlichtaufnahmen. Wenn Nebel mit im Spiel ist, wirst du überrascht sein, wie sehr sich die Landschaft mit ihm verändert: Aus leichtem Rosa wird ein kräftiges Rot, und später wird der Nebel orange-gelb angestrahlt.

PROFITIPP

Nutze beim Fotografieren in der Zeit der Goldenen Stunde alle Himmelsrichtungen, denn das Licht wechselt schnell und es entstehen unterschiedliche Bildwirkungen. Denke dabei an einen möglichen Einsatz deiner Filter, denn auch, wenn das Licht warm ist, ist es oft sehr intensiv und führt gerade bei Gegenlicht schnell zu Überbelichtungen des Himmels. Leichter Nebel ist bei Gegenlicht besonders schön, da sich dann Lichtstrahlen auf dem Foto abbilden lassen.

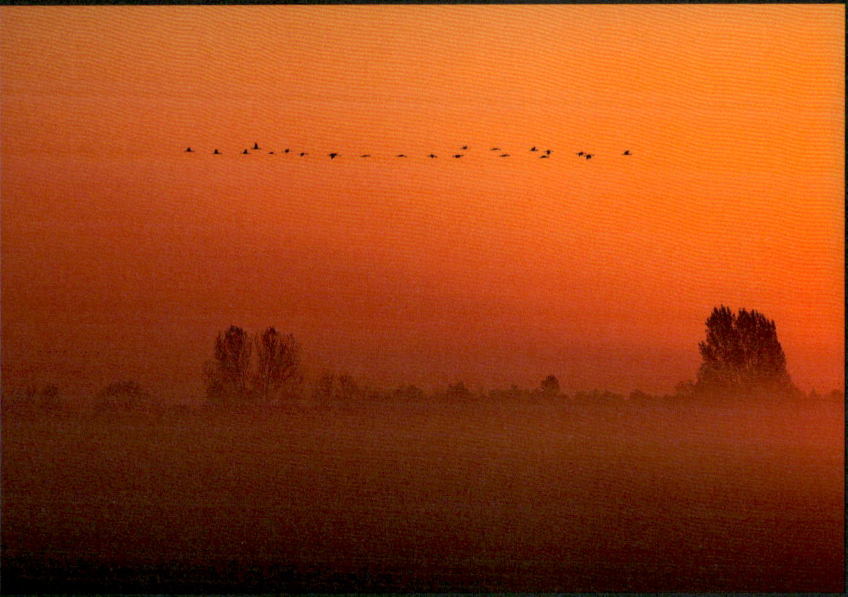

Der kräftige, rote Nebel verleiht dem Bild etwas Mystisches.
226 mm | f/8 | 1/1000 s | ISO 400

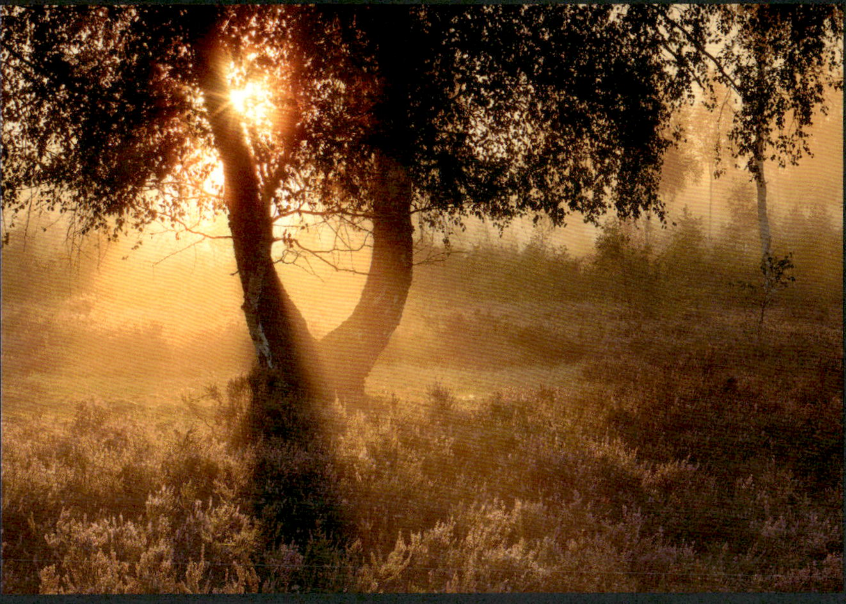

Kein Licht ist so warm und weich wie das der Goldenen Stunde.
100 mm | f/22 | 1/3 s | ISO 100

Blaue Stunde

Benötigte Ausrüstung

- lichtstarkes Weitwinkelobjektiv
- Stativ
- Funk- oder Kabelauslöser

Planung

- Suche bereits zum Sonnenuntergang nach einem geeigneten Spot.

Umsetzung

Die Blaue Stunde beginnt, wenn die warmen Farben des Sonnenuntergangs sich verflüchtigen bzw. etwa eine Stunde vor Sonnenaufgang, bevor sich der Himmel rötlich färbt. An klaren Tagen ist sie besonders intensiv und eignet sich hervorragend für Scherenschnitte markanter Landschaftsmotive. Aber auch an wolkenverhangenen Tagen kannst du sie nutzen, zum Beispiel für Langzeitbelichtungen.

PROFITIPP

Um die Wirkung der Blauen Stunde auf deinen Aufnahmen zu verstärken, kannst du den Weißabgleich leicht anpassen. Stelle ihn manuell auf 4000–4900K ein, dann wirkt alles etwas bläulicher.

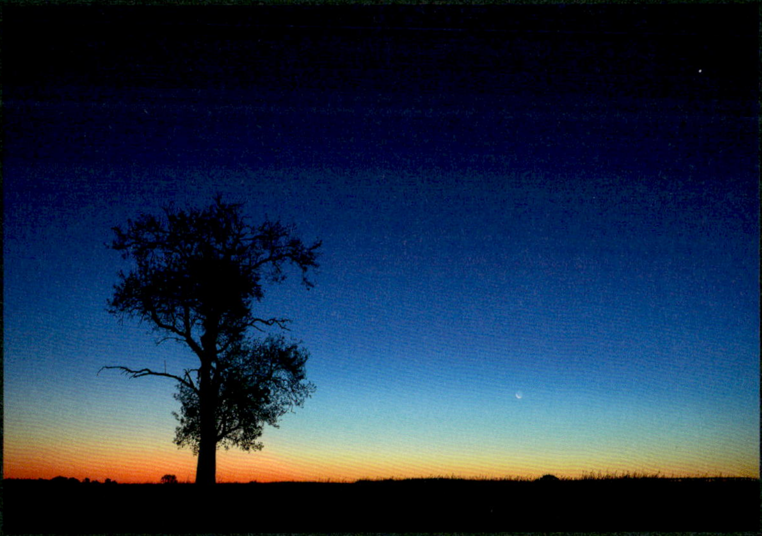

Wenn die Welt erwacht: In der Blauen Stunde kannst du den Beginn eines neuen Tages auf deinen Chip bannen.
32 mm | f/8 | 8 s | ISO 50

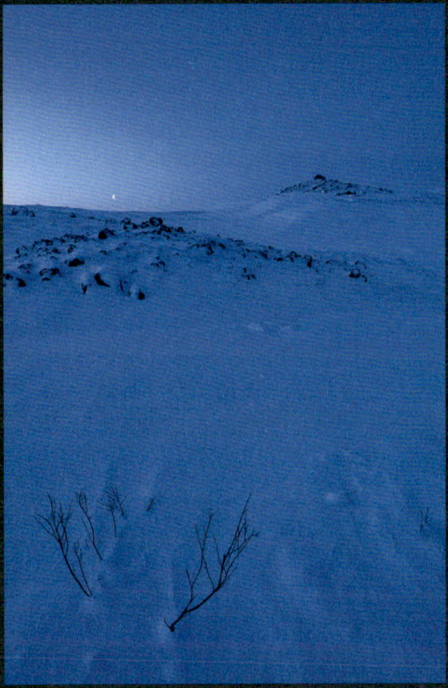

Dank des angepassten kühlen Weißabgleichs entsteht ein intensives Blau, welches sehr gut zur Stimmung der Schneelandschaft auf Island passt.
19 mm | f/13 | 1.6 s | ISO 100

An der Küste

Benötigte Ausrüstung

- Weitwinkelobjektiv, leichte Teleobjektive
- Stativ
- Graufilter, Grauverlaufsfilter mit hartem oder mittlerem Verlauf

Planung

- Halte am Strand nach interessanten Motiven für den Vordergrund Ausschau (Steine, Muscheln, angespültes Strandgut).

Umsetzung

An der Küste wirst du immer interessante Objekte finden. Diese kannst du als Hauptmotiv nutzen, während die See im Hintergrund die Szene belebt. Versuche, nicht nur von oben zu fotografieren, sondern rücke auch mal näher an die Motive heran. Wenn du gerade keinen anderen Vordergrund hast, kannst du die Wellen dafür nutzen. Mit längerer Belichtungszeit werden sie dynamischer. Wenn sich die Welle zurückzieht, wirken die Wasserbewegungen besonders schön und entwickeln eine Sogwirkung.

PROFITIPP

Achte unbedingt auf eine gerade Horizontlinie, damit dein Foto nicht kippt und das Meer „ausläuft". Du kannst sie zwar im Nachhinein begradigen, aber falls im Vordergrund Motive nah am Rand sind, werden sie womöglich angeschnitten. Du kannst die Wasserwaage deiner Kamera aktivieren, um zu überprüfen, ob dein Foto eine gerade Horizontlinie aufweist.

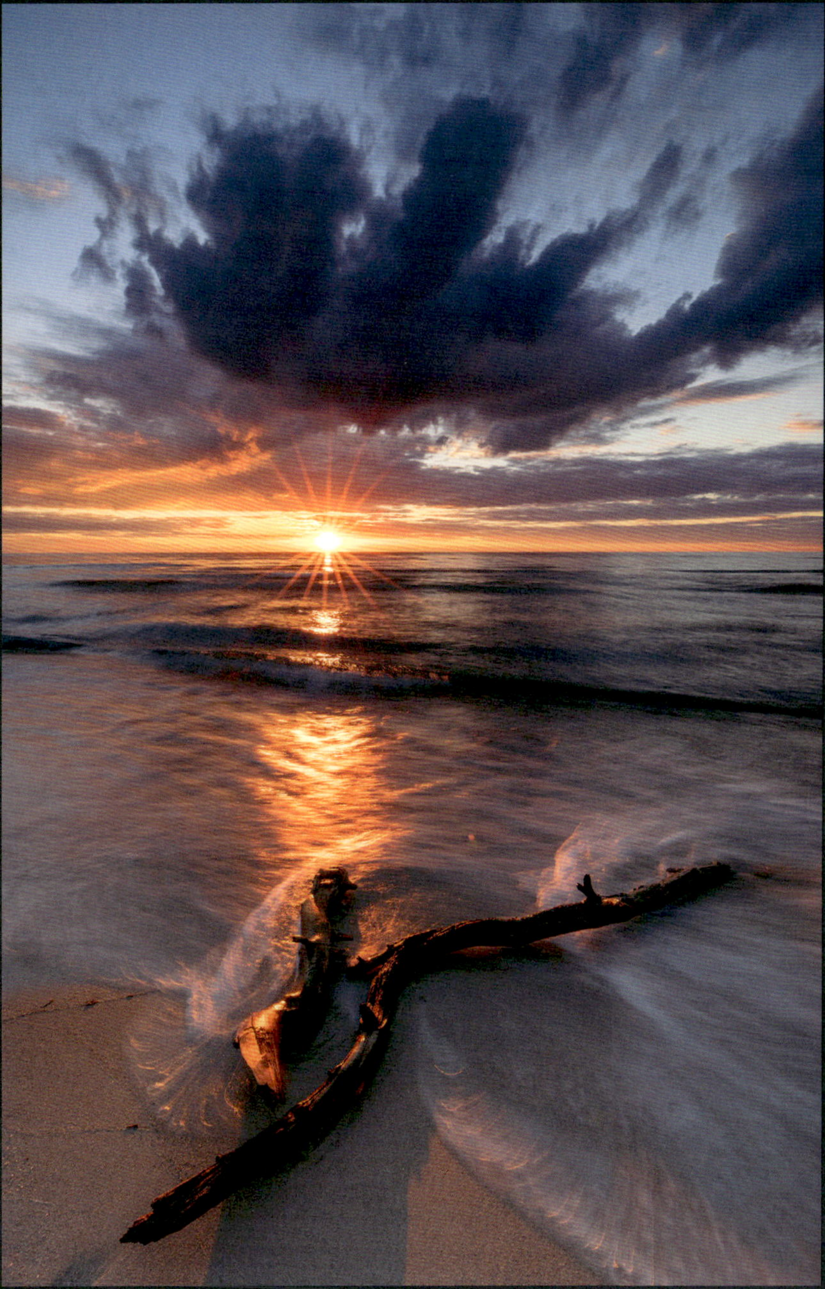

Die Belichtungszeit sorgt für eine weiche und zugleich dynamische Wirkung des Wassers. Fotografiert wurde hier aufgrund der geraden Horizontlinie mit einem GND-Filter mit hartem Verlauf.
15 mm | f/20 | 0.8 s | ISO 100

In den Bergen

Benötigte Ausrüstung

- Weitwinkel, Zwischenbrennweite, Teleobjektiv
- Stativ
- Grauverlaufsfilter mit softem Verlauf

Planung

- Halte Ausschau nach geeigneten Fotostellen mit viel Ausblick.

Umsetzung

Berge sind nicht nur für Wanderer ein Hingucker, sie ziehen auch Fotografen magisch an. Wolkenverhangene Gipfel, weite Bergtäler, neblige Bergwälder ... Es gibt so viel zu entdecken! Nutze nicht nur das Weitwinkelobjektiv, sondern auch eine Telebrennweite, um Details herauszuarbeiten. Besonders schön sind weite Ausblicke von ganz oben, die über der Wolken- oder Nebelschicht in den Tälern liegen. Verlängere in solch einem Fall die Belichtungszeit, sodass die Wolken oder der Nebel auf dem Foto dynamischer wirken.

PROFITIPP

Orte auf einer Karte oder auf Google Maps einen See vor einer Bergkette. Wenn die Bergkette von der Morgen- oder der Abendsonne angeleuchtet wird, kannst du die Reflexion im Wasser festhalten.

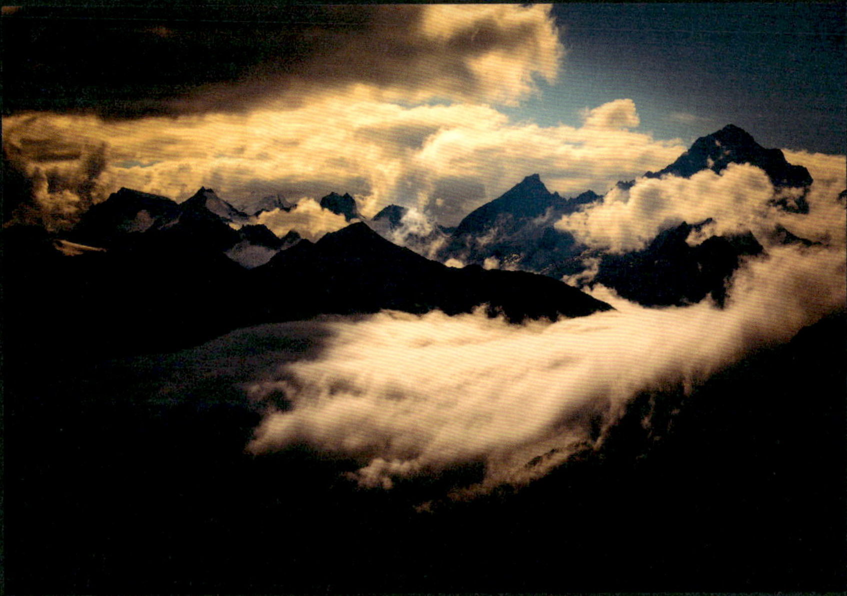

Wunderschönes Wolkenspiel in den Bergen
110 mm | f/9 | 1/30 s | ISO 100, -1 EV

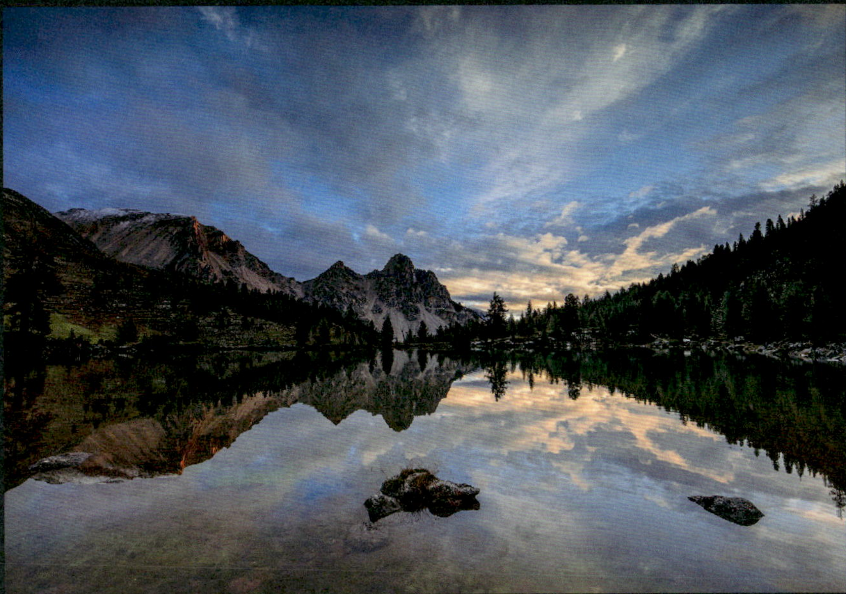

Bergsee in den Dolomiten bei Sonnenaufgang, diffusem Licht
und spannender Wolkenstimmung
17 mm | f/11 | 1/10 s | ISO 100 | -0.7 EV; Einsatz eines soften GND Filters 1.2

Unten am Bach

Benötigte Ausrüstung

- Weitwinkelobjektiv, Zwischenbrennweite
- Polfilter, Graufilter
- Stativ
- Funk- oder Kabelauslöser

Planung

- Neblige oder regnerische Tage eignen sich hervorragend!

Umsetzung

Wenn deine Kamera auf einem Stativ angebracht ist, dann suche dir interessante Bildausschnitte mit dekorativen Motiven im Vordergrund (Blätter, Steine, Wurzelwerk). Stelle eine geringe ISO-Zahl ein und blende ab (f/8 und aufwärts). Alternativ kannst du auch die Belichtungszeit vorwählen. Diese sollte allerdings nicht zu lang sein: Bei mehreren Sekunden wird das Wasser ansonsten „nebelig" und enthält keine wirkliche Struktur mehr. Teste einmal aus, was dir am besten gefällt. Nutze zudem den Polfilter, um noch mehr Sättigung in deine Fotos zu bringen und Reflexionen zu mindern.

PROFITIPP

Vermeide Regentropfen auf der Linse und den Filtern, da dies durch das Abblenden zu großen, unscharfen Flecken auf deinem Foto führt. Nutze dafür die Gegenlichtblende oder einen Regenschirm, der über das Objektiv gehalten wird. Kontrolliere vor jedem Foto, ob auch keine Wassertropfen auf deiner Optik sind.

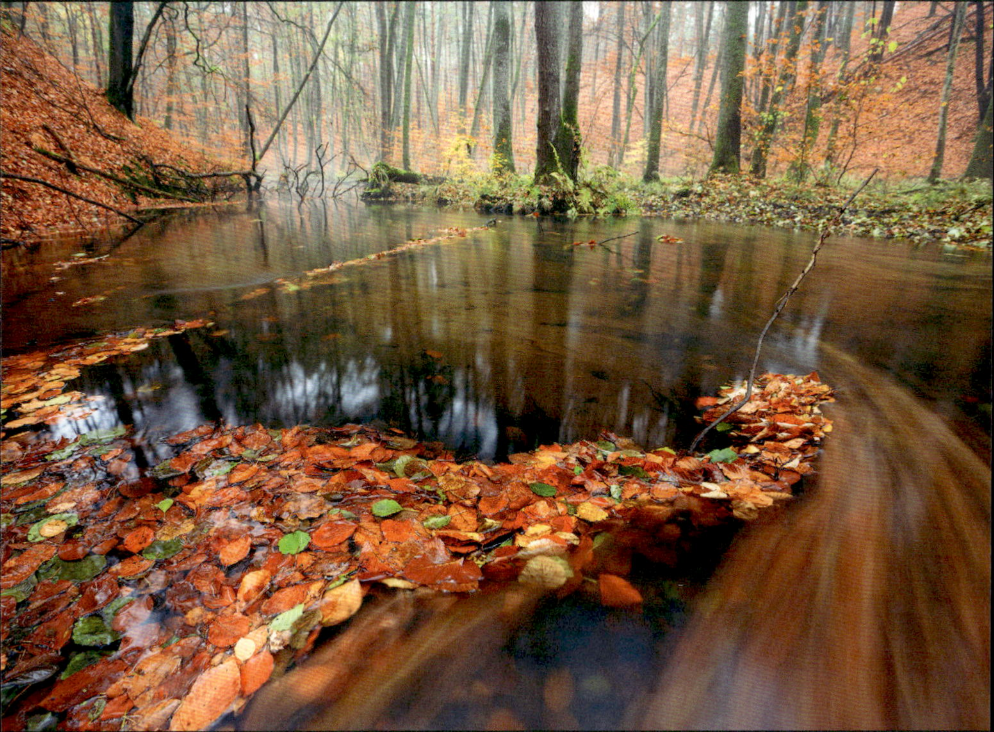

Scheue dich nicht davor, dich mitten in den Bach zu stellen –

Nebelwelten

Benötigte Ausrüstung

- Weitwinkel, Zwischenbrennweite, Teleobjektiv
- Stativ
- ggf. Filter

Planung

- Behalte vorab den Wetterbericht im Auge: Kühle Nächte und warme Tage sind eine gute Voraussetzung für morgendliche Nebelstimmungen.

Umsetzung

Ganz egal, wo du Nebel entdeckst: Fotografisch ist dieser immer interessant. Auch in der größten Nebelsuppe lassen sich wunderbar Motive wie Moore, kleine Gewässer oder Waldszenen fotografieren. Im bergigen Gelände kannst du versuchen, einen schönen Ausblick über das Nebelmeer zu gewinnen. Schraube die Belichtungskorrektur ein wenig nach oben, denn sonst wird dein Bild schnell zu düster.

PROFITIPP

Nebel und Sonnenstrahlen, da geht einem das Herz auf. Um solch ein Foto umzusetzen, solltest du auf Wiesen nach frei stehenden Bäumen suchen, die du gut vor die aufgehende Sonne setzen kannst.

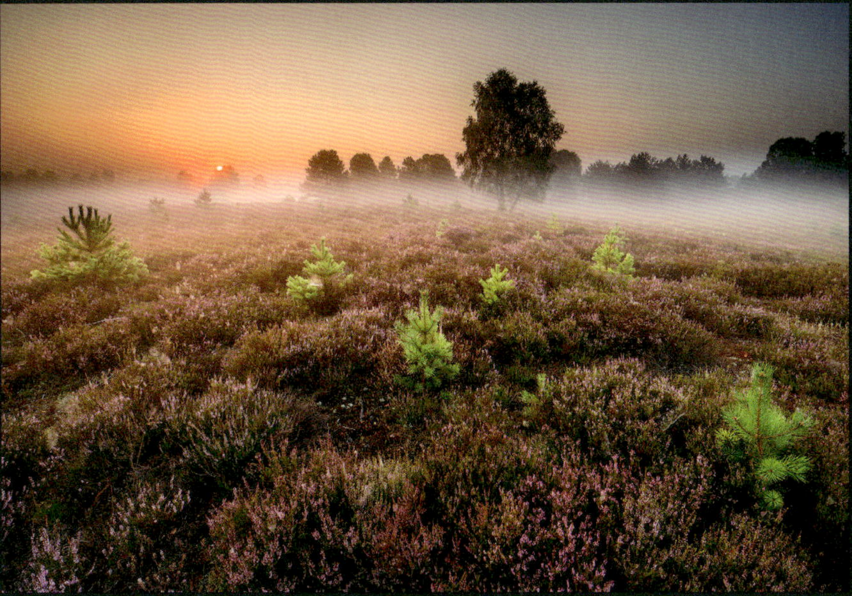

Die Heidelandschaft im Nebel lässt die Zeit stillstehen.
15 mm | f/14 | 0.6 s | ISO 100

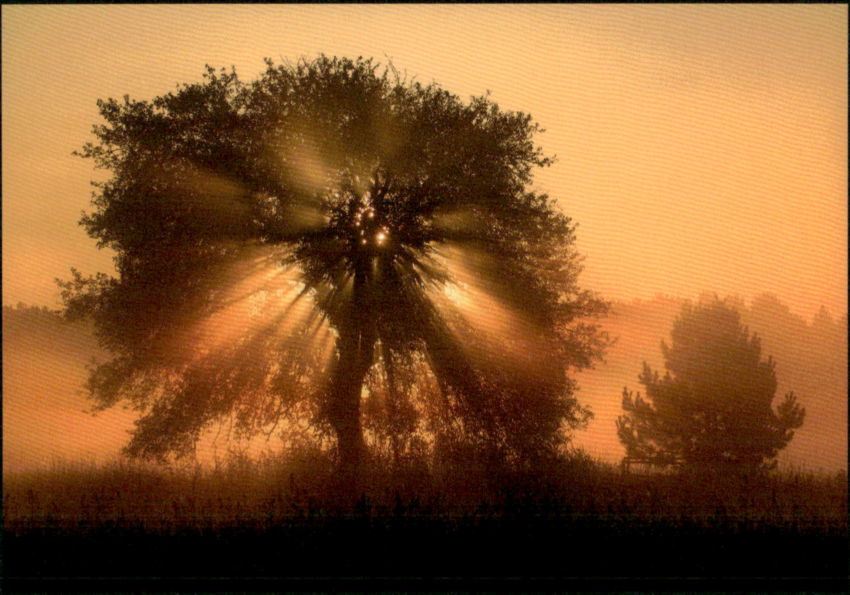

Ein spektakulärer Sonnenaufgang, dessen majestätische Wirkung durch die Strahlen unterstrichen wird.
100 mm | f/9 | 1/649 s | ISO 100

Geheimnisvolle Wälder

Benötigte Ausrüstung

- Weitwinkelobjektiv, Zwischenbrennweite
- Stativ
- Polfilter

Planung

- Mache dich frisch nach einem Regenguss oder bei interessanter Lichtstimmung mit Nebel oder Dunst auf in den Wald.

Umsetzung

Das Chaos des Waldes richtig in Szene zu setzen, ist gar nicht so einfach. Schöne Lichtstimmungen sind rar, daher solltest du jede Chance nutzen, die sich dir bietet. Wenn leichter Nebel oder Dunst in den Wäldern hängt und sich die Sonne hindurchgekämpft hat, dann bilden sich wunderschöne Strahlen zwischen den Bäumen. Wenn du deine Position veränderst, dann ändert sich auch der Strahlenverlauf im Gegenlicht. Setze den Sonnenstern an einer markanten Stelle ins Bild, um es zu vervollständigen.

PROFITIPP

Wenn es gerade geregnet hat und alles noch nass ist, wirken die Farben des Waldes besonders frisch und satt. Wenn du einen Polfilter einsetzt, kannst du diesen Effekt noch verstärken, da Reflexionen abgemildert werden.

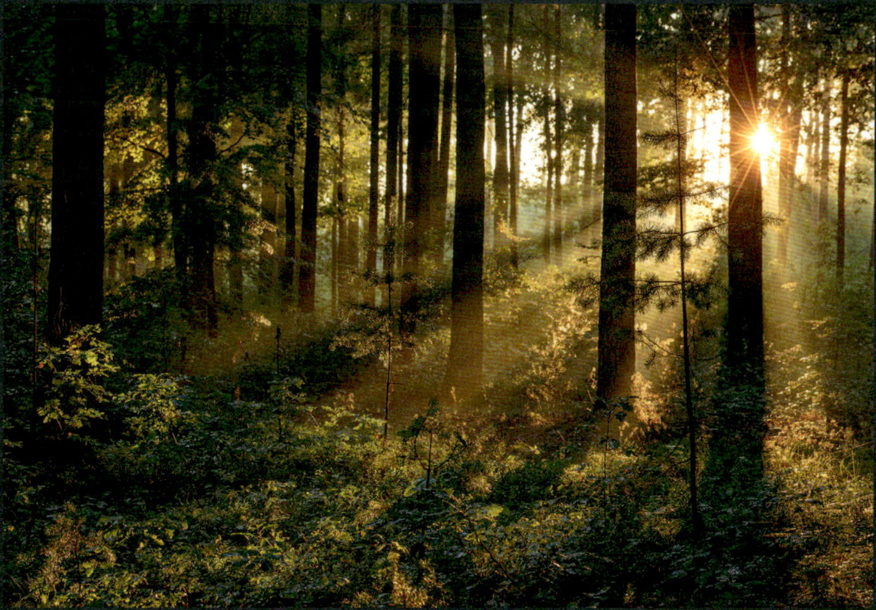

Der perfekte „Waldmoment“! Nach einem Regenschauer bildete sich leichter Dunst und die Abendsonne fiel durch die Bäume.
100 mm | f/8 | 1/60 s | ISO 100; Polfilter

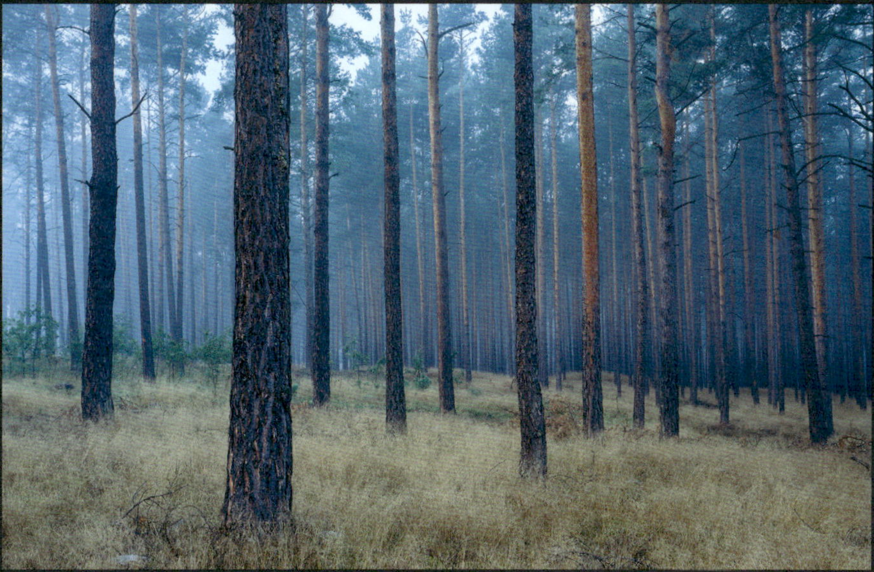

Auch eine kühlere, ruhigere Stimmung hat etwas für sich.
40 mm | f/14 | 3.2 s | ISO 100

Unwetter

Benötigte Ausrüstung

- Weitwinkel, Zwischenbrennweite
- Stativ
- Funk-/Kabelauslöser bzw. Kamera mit Intervallfunktion
- ggf. Grauverlaufsfilter

Planung

- Beachte an wechselhaften Tagen den Regenradar und die Zugrichtung der Gewitter.
- Suche einen Fotospot mit Ausblick und ohne störende Elemente.

Umsetzung

Wenn du einen guten Platz mit Blickrichtung auf heranziehende Gewitterzellen gefunden hast, dann baue dein Fotoequipment direkt auf, damit du gut vorbereitet bist. Tagsüber kannst du zusätzlich Grauverlaufsfilter nutzen, damit deine Unwetterzelle noch beeindruckender aussieht. Für Blitze wählst du – je nach Helligkeit – besser eine längere Belichtungszeit. Nachts kannst du mehrere Sekunden belichten, dann ist die Chance auf Blitze größer und die Umgebung ist besser ausgeleuchtet.

PROFITIPP

Wenn du Blitze fotografieren möchtest, aktiviere am besten die Intervallfunktion deiner Kamera oder deines Kabelauslösers. Dir mag zwar bei hoher Blitzfrequenz auch ein Zufallstreffer gelingen, aber deutlich ergiebiger ist es mittels dieser Methode, da du nicht mehr für jedes Foto einzeln auslösen musst, sondern die Kamera ein Foto nach dem anderen schießt. So kann dir kaum ein Blitz entgehen!

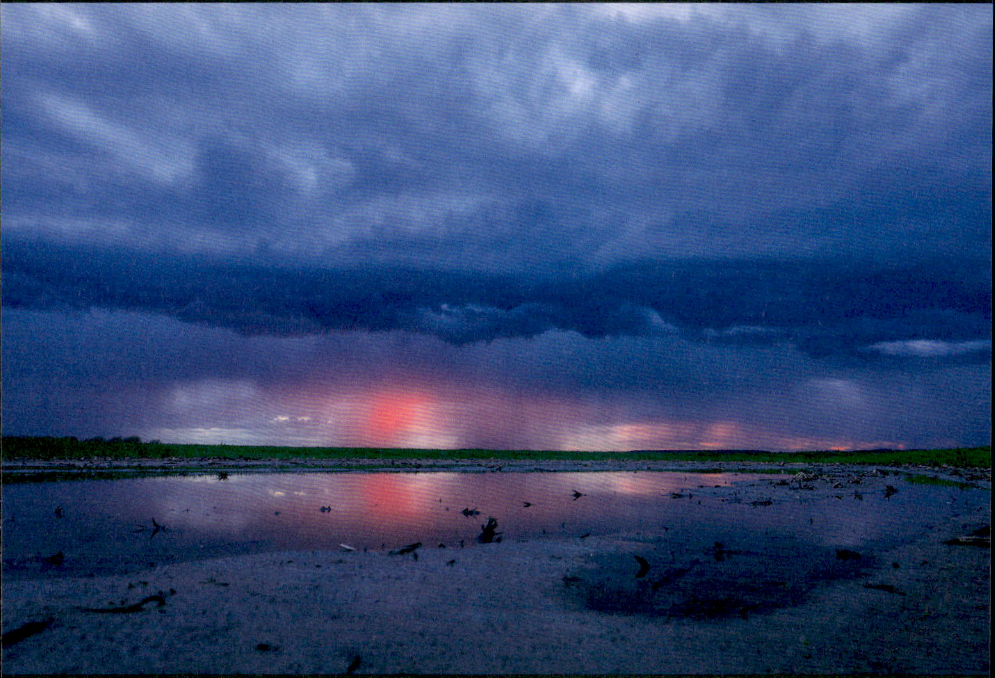

Scheue dich nicht, auch mal eine Pfütze als Vordergrund zu nutzen, um dein Foto zu gestalten, wenn du sonst kein geeignetes Motiv findest.
22 mm | f/7.1 | 1/10 s | ISO 400

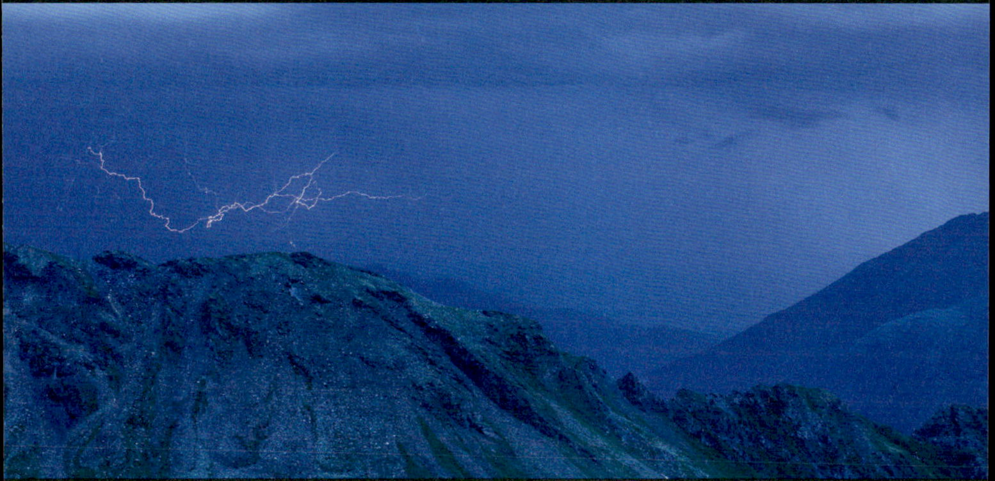

Perfektes Timing! Blitzfotografie erfordert Geduld, zahlt sich aber aus.
80 mm | f/20 | 13 s | ISO 100 | -0,7 EV

Sternenhimmel

Benötigte Ausrüstung

- möglichst lichtstarkes Weitwinkelobjektiv
- Stativ
- Funk- oder Kabelauslöser

Planung

- Suche dir einen Ort mit wenig Lichtverschmutzung in der Natur.
- Erkunde tagsüber dein Umfeld, um einen geeigneten Platz zu wählen.

Umsetzung

Bereite dein Equipment am besten im Hellen vor, da es nachts schwierig werden kann mit der Bildgestaltung. Wenn es dunkel genug ist und die ersten Sterne zum Vorschein kommen, stelle entweder manuell (Autofokus funktioniert in der Dunkelheit nicht) auf die Sterne scharf oder fokussiere auf kurz vor dem Unendlich-Symbol auf dem Fokussierring. (Weitere Hinweise zum Thema Nachtfotografie findest du auf Seite 233). Mit viel Glück kannst du auch andere Himmelskörper entdecken und mit aufs Bild bannen.

PROFITIPP

Nimm dir am besten eine gute Taschenlampe mit, um deinen Vordergrund kurz anleuchten zu können. So kannst du auch in der Dunkelheit noch deinen Standort verändern und Motive im Vordergrund miteinbeziehen.

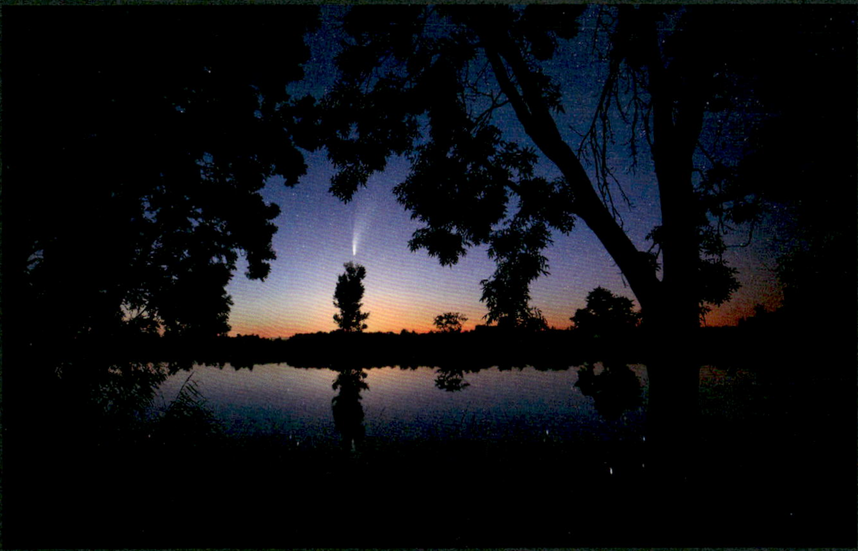

Sterne und Komet, ein seltener Anblick! Mit Bäumen im Vordergrund vor einem kleinen See ließ sich hier ein ganz besonderes Foto komponieren.
17 mm | f/2.8 | 15 s | ISO 2500

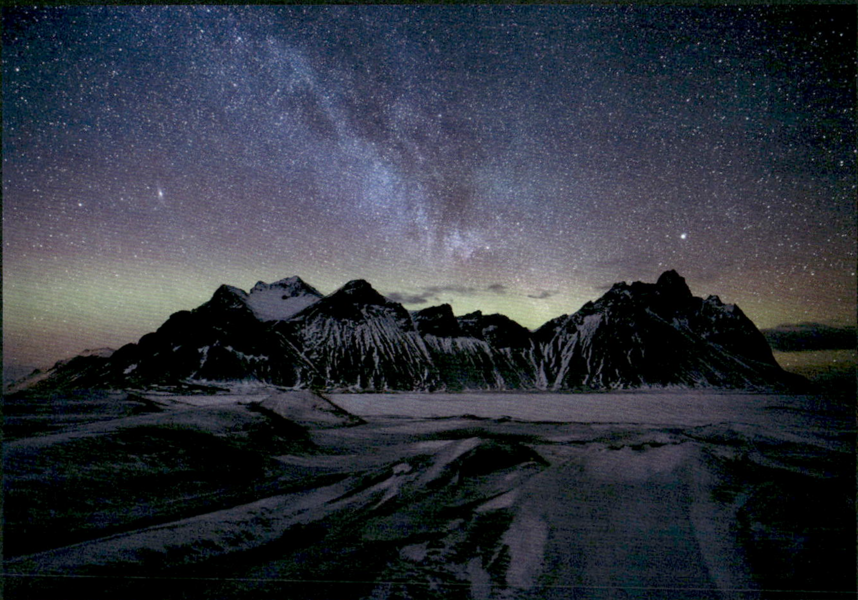

Fernab von Städten und Straßenbeleuchtung zeigen sich die Sterne klar und zahlreich, so wie hier auf Island.
15 mm | f/2.8 | 25 s | ISO 4000

Milchstraße

Benötigte Ausrüstung

- lichtstarkes Weitwinkelobjektiv
- Stativ
- Funk- oder Kabelauslöser

Planung

- In unseren Breiten ist die Milchstraße zwischen März und Oktober zu sehen, am besten von Juni bis August.
- Suche nachts einen Ort mit wenig Lichtverschmutzung auf, möglichst bei klarer Nacht um die Neumondzeit herum.

Umsetzung

Ein geeigneter Vordergrund ist wichtig, denn nur den Himmel zu fotografieren ist nicht sehr reizvoll. Ein frei stehender Baum oder ein Kornfeld bilden zum Beispiel einen schönen Vordergrund. Fokussiere manuell und drehe den Fokussierring auf kurz vor Unendlich. Visiere im Live-View-Modus die Sterne an und präzisiere den Fokuspunkt. Beachte zudem die Tipps zur Nachtfotografie auf Seite 233.

PROFITIPP

Damit die Milchstraße auch mit Vordergrund gut zu erkennen ist, kannst du bei Bedarf zwei Aufnahmen mithilfe eines Bearbeitungsprogramms übereinanderlegen: eine mit sehr langer Belichtungszeit und niedrigem ISO-Wert vom Vordergrund und eine für den Nachthimmel mit hoher ISO-Zahl.

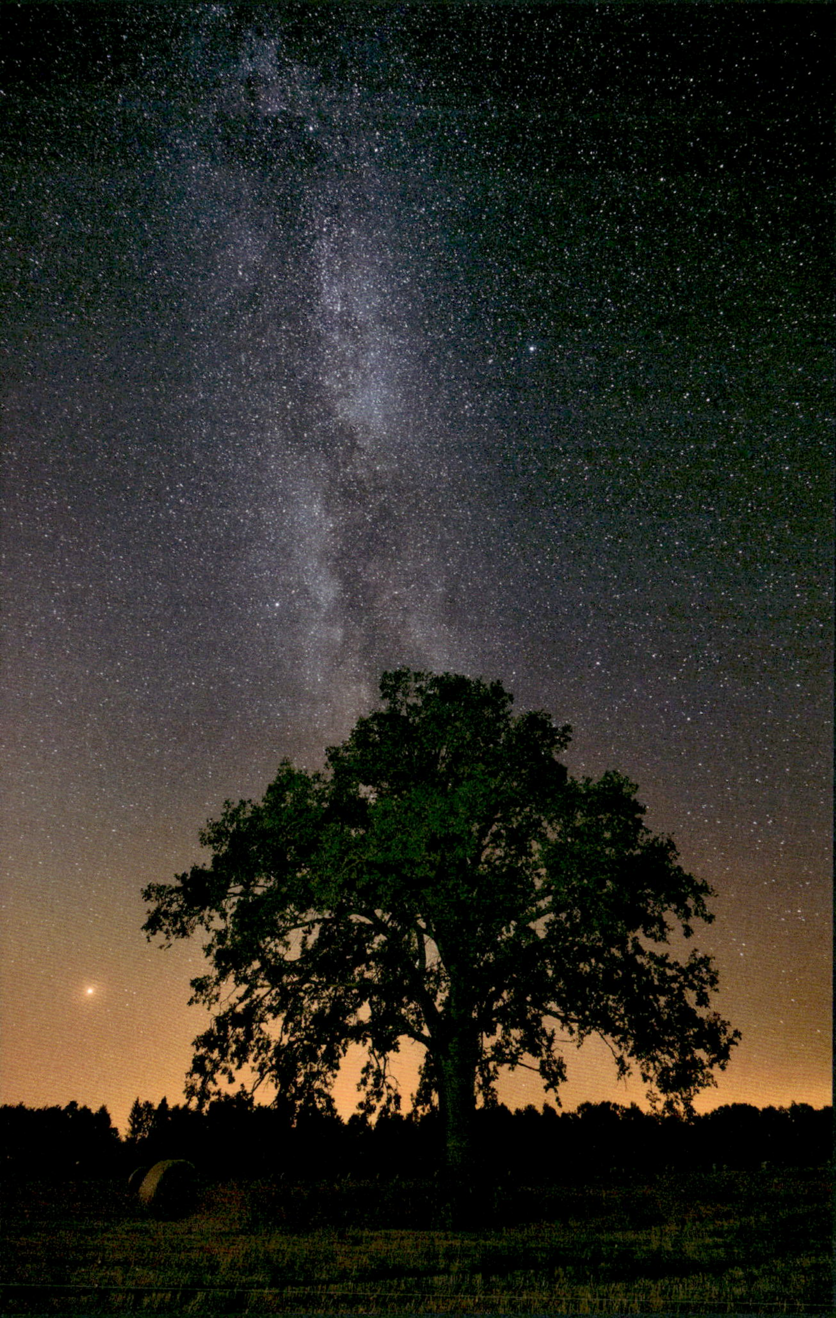

Nachtaufnahme einer ganz alltäglichen Kulturlandschaft, die durch die Milchstraßeneinbindung und den frei stehenden Baum zu etwas ganz Besonderem wird.
15 mm | f/2.8 | 25 s | ISO 4000

Reflexionen auf dem Wasser

Benötigte Ausrüstung

- alle Objektive
- Stativ

Planung

- Suche an windstillen Tagen einen See mit schöner Ufervegetation oder mit einer Bergkulisse auf.

Umsetzung

Egal ob zum Abendlicht oder tagsüber: Perfekte Spiegelungen im Wasser bieten immer einen ganz besonderen Reiz. Die Symmetrie ist ein Wohlgefallen für unser Auge, weshalb wir so gerne nach Reflexionen Ausschau halten. Um eine schöne Spiegelung zu fotografieren, gehst du am besten an windstillen Tagen an Gewässer mit einem interessanten Uferrand. Das können zum Beispiel markante Bäume, Wälder oder Berge sein, die sich im ruhigen Wasser spiegeln. Vorsicht mit dem Filtereinsatz bei Spiegelungen! Ein Polfilter kann dir hier die Wirkung sogar abschwächen, da er die Reflexionen auf dem Wasser vermindert.

PROFITIPP

Wenn du tagsüber bei recht hartem Licht fotografierst, kannst du dein Foto im Anschluss in Schwarz-Weiß konvertieren, um interessante Strukturen entstehen zu lassen. Außerdem kommt die Symmetrie dann besser zum Ausdruck, weil der Betrachter nicht von den Farben abgelenkt wird.

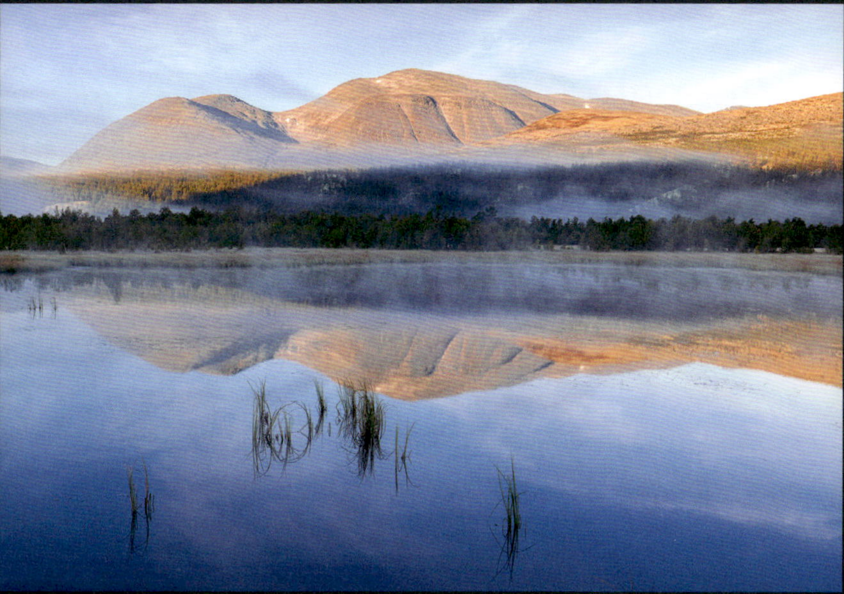

Goldenes Licht, Berge, Nebel und eine Spiegelung im See: Da jubelt das Fotografenherz!
35 mm | f/11 | 1/10 s | ISO 100 | +1 EV

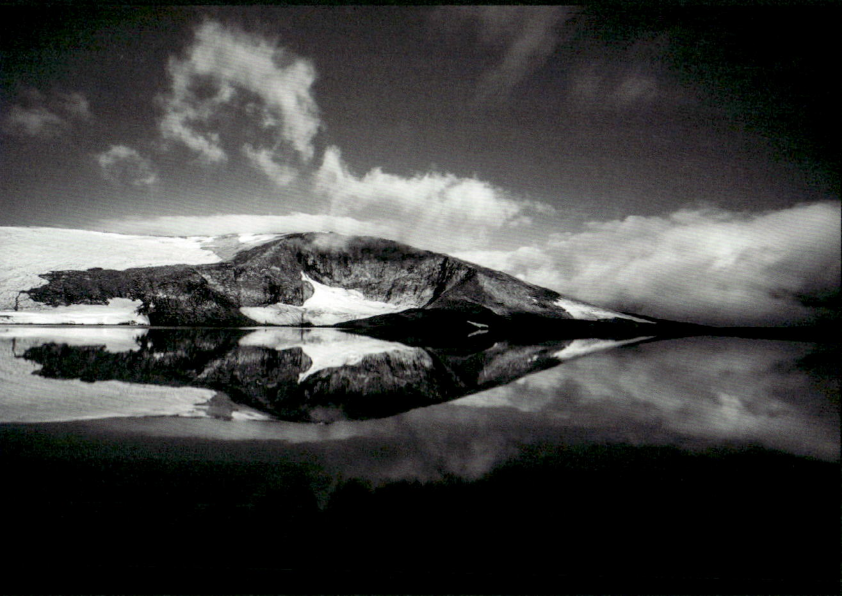

Eine Spiegelung in Schwarz-Weiß hat ihren ganz eigenen Charme.
15 mm | f/10 | 2,5 s | ISO 100 | +0.3 EV

Doppelbelichtung

Benötigte Ausrüstung

- Kamera mit Mehrfachbelichtungsfunktion
- Stativ
- ggf. Polfilter

Planung

- Fotografiere an bewölkten Tagen oder bei Dunst und leichtem Nebel, um Reflexionen oder Lichtspots zu vermeiden.
- Wälder, einzelne Bäume oder Flusslandschaften eignen sich besonders gut.

Umsetzung

Wenn du einen passenden Landschaftsausschnitt gefunden hast, wähle im Menü unter „Mehrfachbelichtung“ den Modus „additiv“ aus und fotografiere dein erstes Foto vom Stativ mit manuellem Fokus scharf wie ein normales Landschaftsfoto, nur etwas unterbelichtet. Die zweite Aufnahme derselben Szene defokussierst du manuell (drehe den Fokussierring am Objektiv, bis das Foto unscharf wird) und zoomst wieder leicht in den Bildausschnitt hinein, bis die Konturen des Motivs wieder halbwegs aufeinanderpassen. Öffne dabei die Blende so weit wie möglich und löse dein zweites Foto aus. Als Ergebnis wird deine Kamera aus den beiden Fotos ein Gesamtfoto mit einem märchenhaften und leicht vernebelten Effekt erstellen.

PROFITIPP

Auch mit einem Teleobjektiv lässt sich dieser Effekt nutzen. Die Freistellung deines Motivs wird durch den verschleierten Doppelbelichtungseffekt noch verstärkt. Achte darauf, dass du keine Lichtreflexe im Hintergrund hast, da diese sonst ausbrennen und unschöne Flecken bilden.

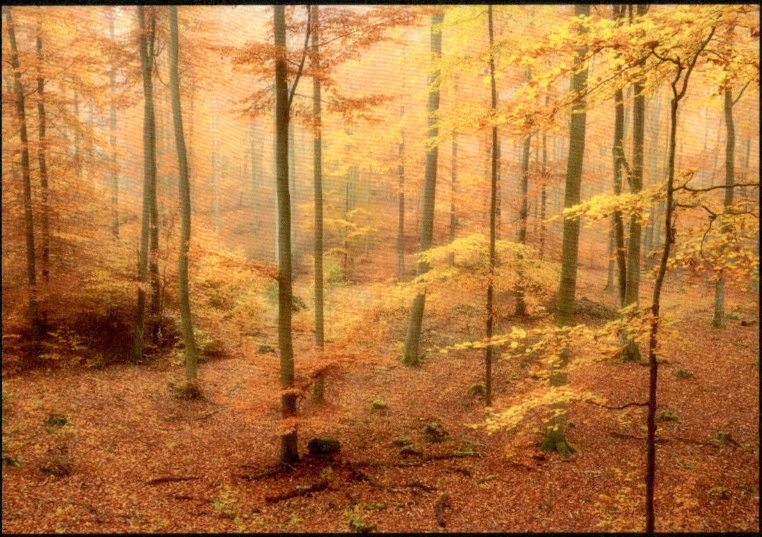

Der Doppelbelichtungseffekt lässt die Szene weich und verträumt wirken, wie einen richtigen Märchenwald.
39 mm | f/4 | 1/20 s | ISO 100

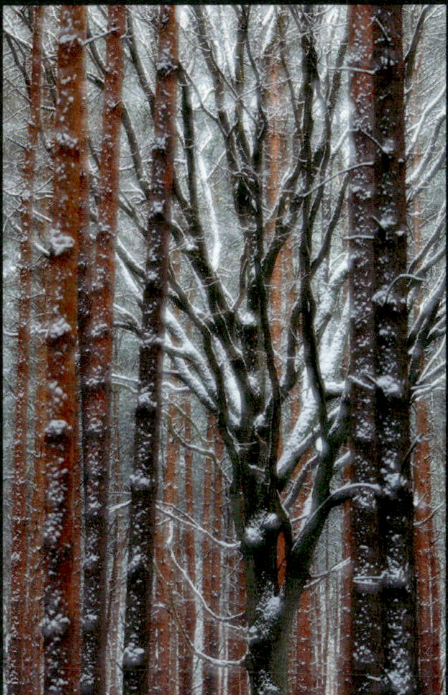

Die freigestellte Eiche wirkt durch die Telebrennweite etwas plastischer und durch den Einsatz der Doppelbelichtung märchenhaft und urig.
85 mm | f/2.8 | 1/80 s | ISO 100

Landschaften mit dem Teleobjektiv

Benötigte Ausrüstung

- Teleobjektiv
- Stativ
- Fern- bzw. Kabelauslöser

Planung

- Achte auf eine schöne Lichtstimmung.
- Halte nach besonders auffälligen Motiven in der Ferne Ausschau.

Umsetzung

Egal, welche Landschaft du fotografierst, du kannst immer auch überlegen, wie sie mit einem Teleobjektiv wirken würde. Dadurch kannst du markante Punkte deines Bildes herausarbeiten und den Blick des Betrachters auf spannende Details in der Landschaftsszene lenken. Zudem kannst du den Hintergrund verdichten und Ebenen zusammenrücken lassen. Dadurch wirkt dein Foto plakativer.

PROFITIPP

Achte auf die Verwacklungsgefahr durch die Schwingung des großen Objektivs beim Auslösen – selbst wenn es bereits auf einem Stativ angebracht ist. Am besten nutzt du einen Fern- oder Kabelauslöser bzw. den Selbstauslöser deiner Kamera.

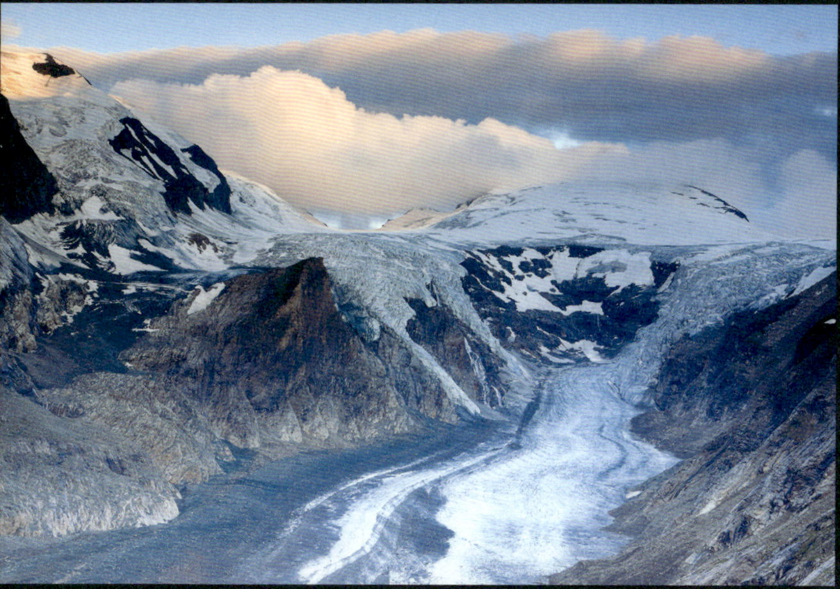

Durch eine Brennweite von 70 mm wirkt diese Gletscherzunge mit den Wolken noch imposanter.
70 mm | f/14 | ½ s | ISO 100

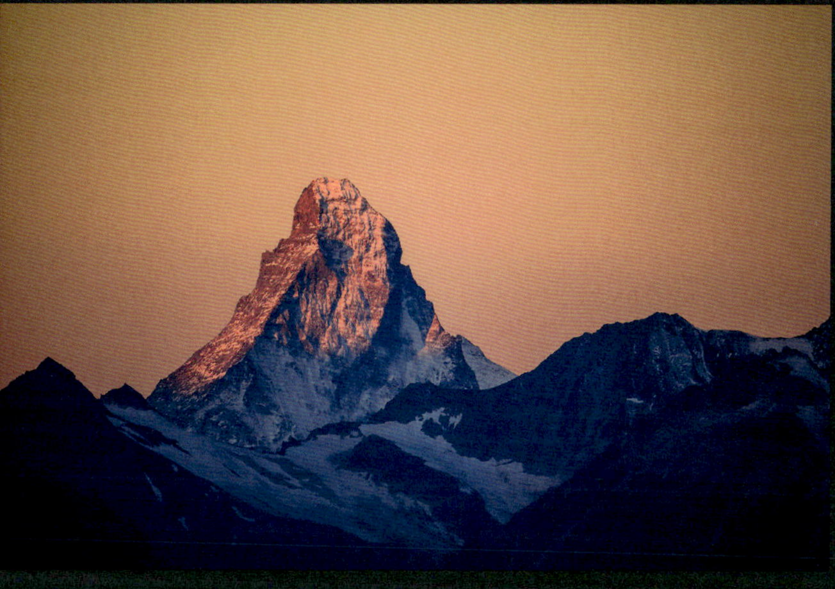

Dank des Teleobjektivs konnte ich die beleuchtete Bergspitze auch aus der Ferne als Hauptmotiv herausarbeiten.
600 mm | f/6.3 | 1/400 s | ISO 640

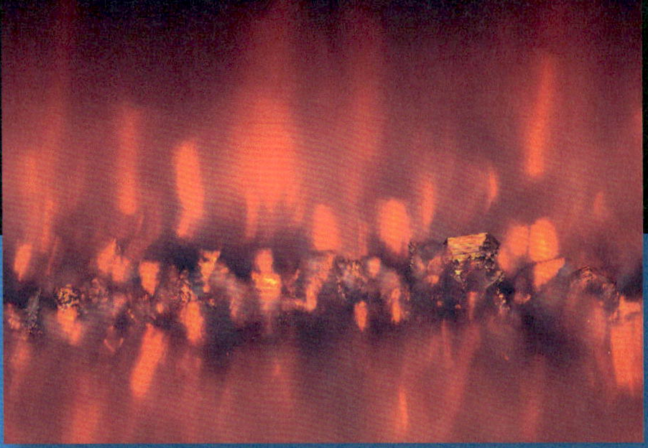

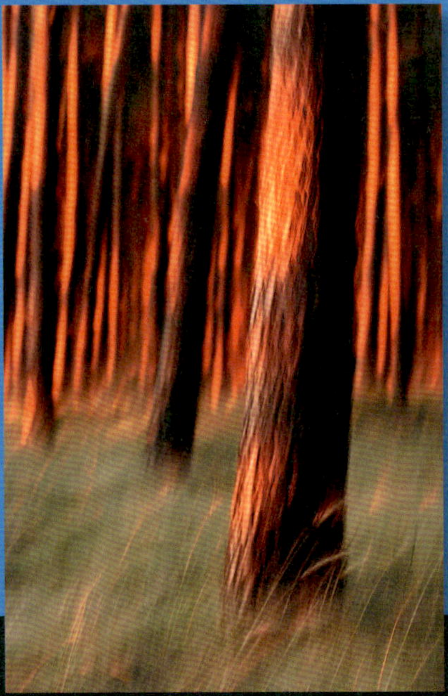

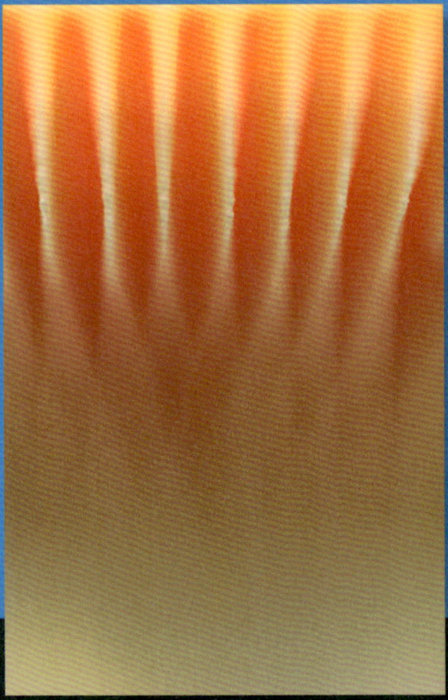

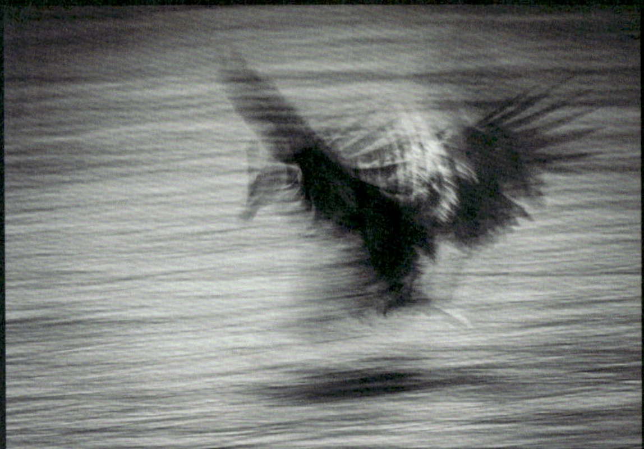

FORMEN UND FARBEN – MALEN MIT DER KAMERA

Die Kamera ist nur ein Werkzeug, der Künstler steht dahinter. Nach diesem Motto betrachten wir diese letzte Kategorie der Naturfotografie. Dabei wird deine Kamera nicht nur stoisch auf dem Stativ verharren, sondern darf sich, wie ein Pinsel in der Malerei, frei bewegen.

Strukturen in der Natur

Die Natur steckt voller Strukturen. Sehen wir uns beispielsweise Baumrinde an: Jede Baumart weist unterschiedliche Linien und Risse auf. Genauso verhält es sich mit Mustern in vereisten Pfützen, mit Gesteinen und Felsen oder mit Sand an der Küste. Die Natur erschafft Kunstwerke, und unsere Aufgabe ist es, sie zu sehen und festzuhalten!

Dazu benötigt man vor allem eines: gutes Vorstellungsvermögen und einen Blick fürs Detail. Hast du als Kind auch oft in den Himmel geschaut und in den Wolken Figuren gesehen? Genau dasselbe kannst du heute mit anderen Motiven versuchen! Ähnelt diese Eisstruktur nicht einer Ente, die einen Wasserfall hinabrutscht? Siehst du auch das Gesicht in der gefrorenen Pfütze?

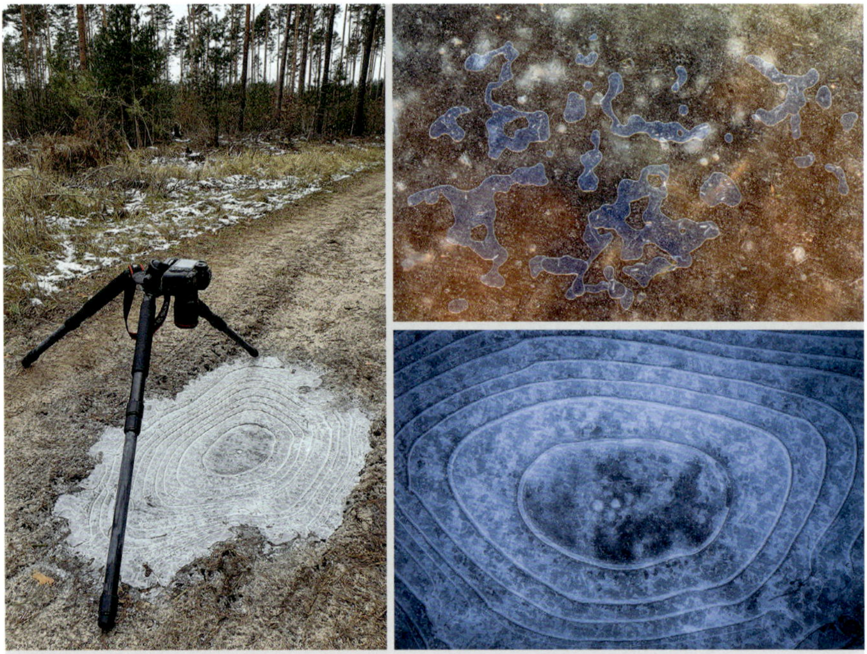

Werde kreativ, suche nach Strukturen und wähle ausgefallene Perspektiven.

Natürlich musst du nicht in allem eine gestaltliche Figur finden. Es reichen bereits interessante Strukturen, die sich wiederholen oder unterschiedliche Muster bilden. Oft bietet es sich an, für solche Strukturbilder eine Draufsicht zu wählen, am besten im 90-Grad-Winkel auf einem Stativ. So kannst du durch Abblenden und genaues Ausrichten der Kamera versuchen, möglichst viel in eine Schärfeebene zu bringen.

Doppelbelichtung

Die Mehrfachbelichtung haben wir bereits bei den Grundlagen der Bildgestaltung (Seite 102) und in der Landschaftskategorie (Seite 266) angesprochen. Auch in der künstlerischen Fotografie kannst du sie nutzen, um mehrere Aufnahmen übereinanderzulegen. Entweder verrechnet die Kamera die Aufnahmen, oder aber du bastelst sie am PC zusammen. Das kommt auf den Kameratyp an.

Besonders schöne Effekte erreichst du mit Strukturfotos, die dank der Doppelbelichtung einen leicht märchenhaften Schleier erhalten. Ein Foto wird dabei abgeblendet, das zweite Foto wird manuell defokussiert (bis zum Anschlag am Fokussierrädchen drehen) und mit möglichst offener Blende aufgenommen. Achte darauf, dass du bei der additiven Mehrfachbelichtung alle Aufnahmen leicht unterbelichtest, damit das Ergebnis nicht zu hell wird.

Eine andere Möglichkeit besteht darin, mehrere scharfe Aufnahmen desselben Motivs übereinanderzulegen, aber die Kamera bei jeder Aufnahme ein wenig zu drehen. So kannst du Muster mit leicht hypnotischer Wirkung erschaffen, ähnlich wie bei einer Tapete.

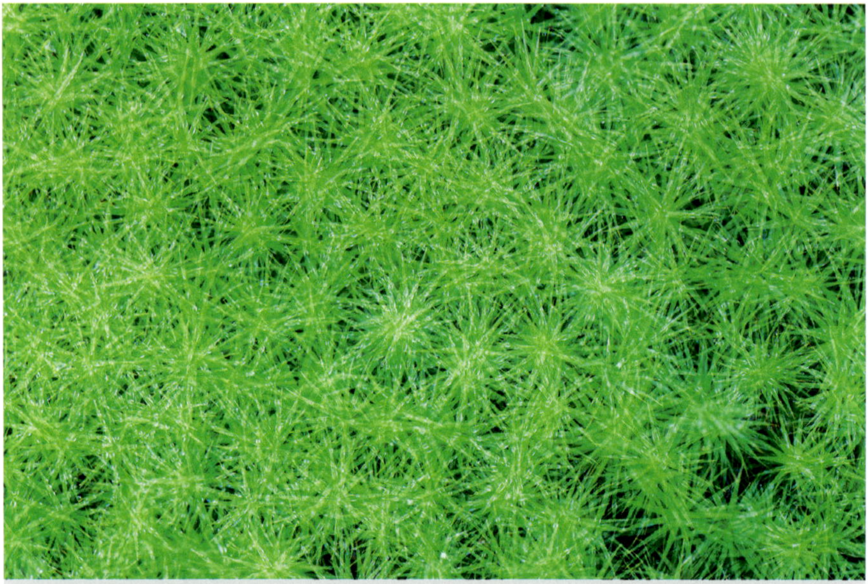

Bei dieser Mehrfachbelichtung einer Moosstruktur wurden drei Aufnahmen (jeweils leicht gedreht) übereinandergelegt.

Wischer und Mitzieher

Bewegte Bilder, die Dynamik vermitteln oder auf bestimmte Farben reduziert werden, kannst du mit „Wischen“ erstellen. Dieser Ausdruck hat sich in der Fotografie eingebürgert, obwohl er sicherlich nicht fachlich anerkannt ist. Dennoch weiß fast jeder Fotograf, was du meinst, wenn du mal wieder „den Wald gewischt“ hast.

Das Prinzip ist simpel: Du stellst eine etwas längere Belichtungszeit an deiner Kamera ein (am besten im Tv-Modus) und bewegst während der Belichtung die Kamera.

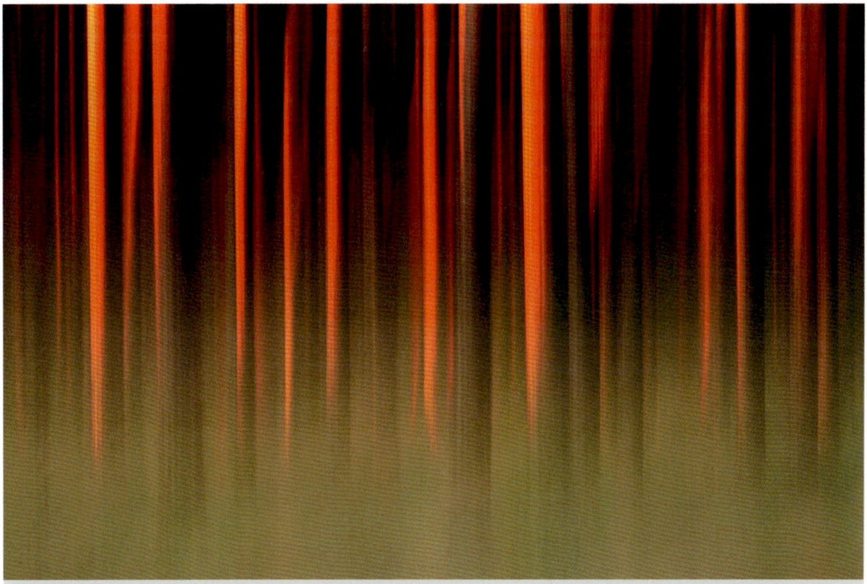

Beim Wischen von oben nach unten werden die Bäume auf ihre Linien und ihre Farben reduziert.

Die Belichtungszeit sollte nicht zu lang und nicht zu kurz sein, je nach Wischgrad, gewünschtem Effekt und Geschwindigkeit der Kamerabewegung. Du kannst die Kamera in alle Himmelsrichtungen oder auch schräg bewegen. Ich beginne meistens mit 1/10 s und belichte dann immer etwas länger, bis der Effekt für mich passt.

Sogenannte Drehwischer gibt es auch, dazu musst du die Kamera während der Belichtung lediglich schnell um einige Grad drehen. Diese Art von Wischer bietet sich vor allem an, wenn du ein mittiges und prägnantes Motiv ausgewählt hast und eine Art „Wirbel“ darum erzeugen möchtest.

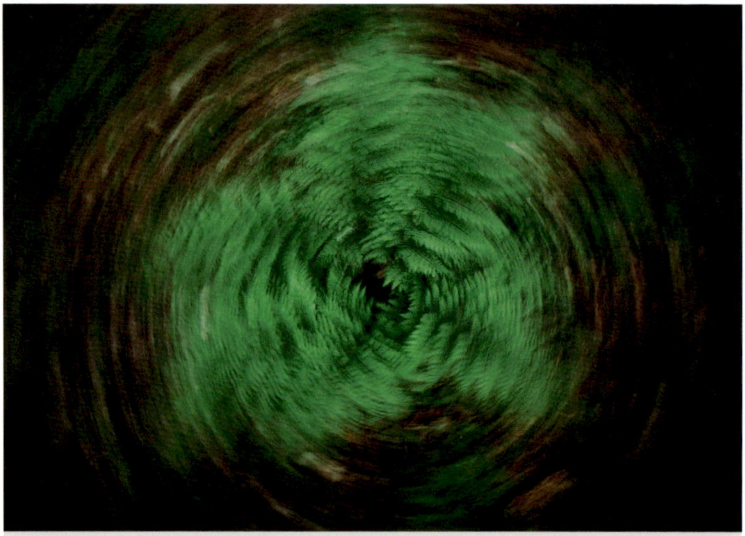

Dieser Farn befindet sich „im Auge des Sturms“.

Du kannst beim Verschluss der Kamera auch zoomen. Dazu empfehle ich dir, ein Stativ zu nutzen, da du sonst keine klaren Zoomeffekte erreichst, sondern leichte Verwacklungen und Wellen riskierst.

Manchmal reicht es auch schon aus, die Kamera bei der Aufnahme freihand leicht zu verwackeln oder leichte Kreisbewegungen zu machen. So erhält dein Foto einen malerischen Look. Deiner Kreativität sind bei dieser Art der Fotografie bzw. Malerei mit der Kamera absolut keine Grenzen gesetzt. Vielleicht entdeckst du beim Ausprobieren noch weitere schöne Effekte …

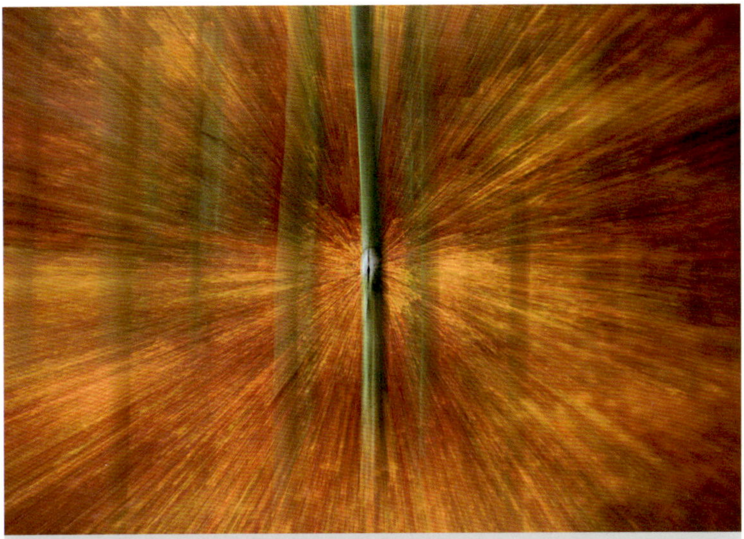

Durch das Heranzoomen während der Belichtung wird der Betrachter ins Bild „gesogen".

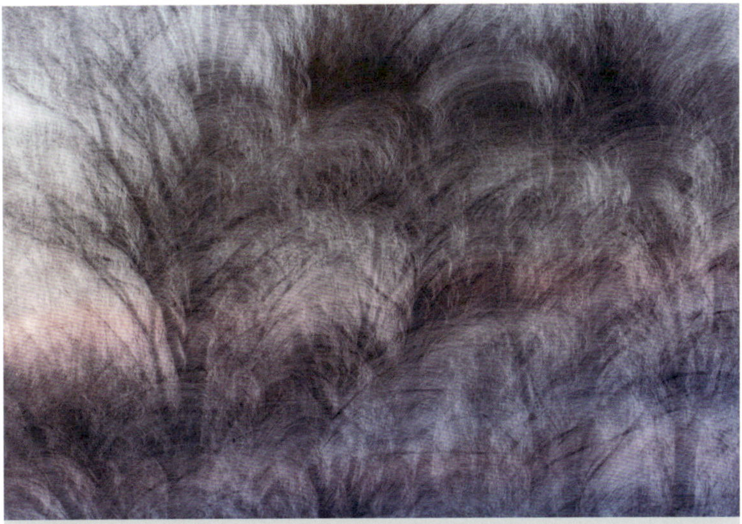

Kahle Birken können durch eine leicht kreisende Bewegung während der Belichtung ein spannendes Motiv ergeben.

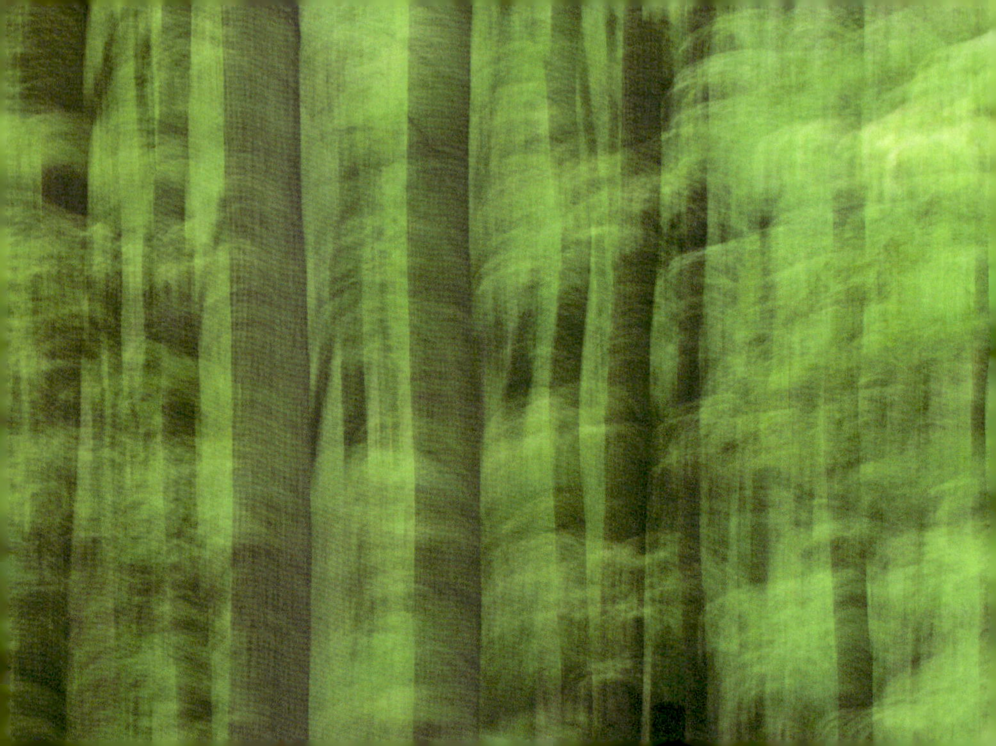

WORKSHOP MALEN MIT DER KAMERA

Wellen

Benötigte Ausrüstung

- Objektive mit leichter Telebrennweite, bevorzugt Zoomobjektive
- Graufilter

Planung

- Suche dir „bewegtes Wasser“ (Meer, See mit Wellengang, Fluss).

Umsetzung

Stelle deine Kamera in den Modus „Blendenautomatik“ oder „Manuell“. Beginne am besten mit einer Verschlusszeit von ca. 1/10 s und bewege deine Kamera bei der Betätigung des Auslösers leicht mit der Welle mit. Wenn die Verschlusszeit für den gewünschten Effekt noch nicht ausreicht, dann verlängere sie schrittweise. Am besten gelingen diese Aufnahmen an der Küste, denn dort hast du gleichmäßigen Wellengang und Gischt, was für viel Dynamik sorgt. Je nach Aufnahmezeitpunkt wird sich die Farbgebung deines Fotos ändern. Versuche daher, verschiedene Zeitpunkte (Dämmerung, Sonnenauf- oder -untergang, Tageslicht) und Lichtpositionen (Rückenlicht, Streiflicht, Gegenlicht) auszuprobieren.

PROFITIPP

Aus einer tiefen Perspektive wirken hoch aufspritzende Wellen mit Gischt besonders beeindruckend. Stelle dazu eine kurze Belichtungszeit ein und beobachte den Wellengang, bevor du auslöst. Auch längere Belichtungszeiten wirken bei Wellengang gut. Stelle deine Kamera einfach auf dem Stativ ab und experimentiere mit den unterschiedlichen Belichtungszeiten.

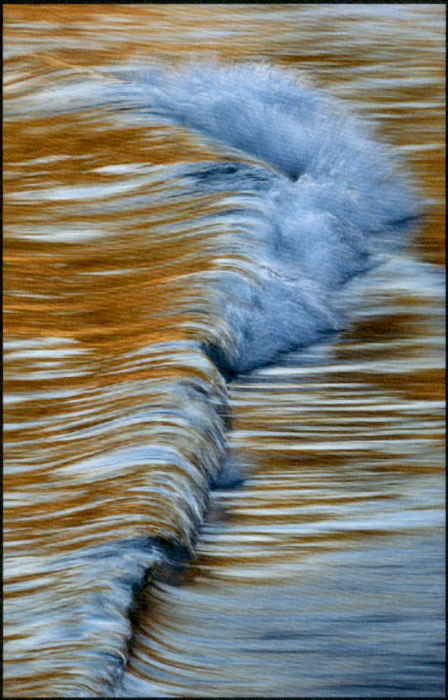

Wellenreiten mal anders!
200 mm | f/18 | 1/13 s | ISO 100; Polfilter

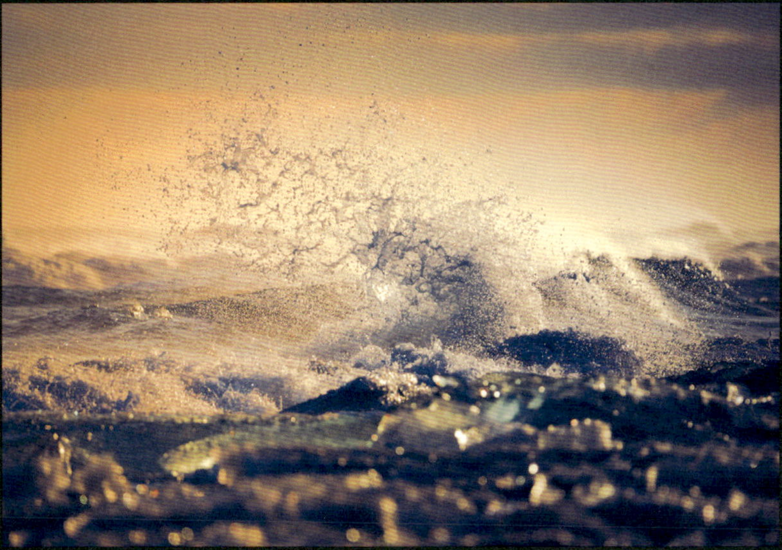

Die tiefe Perspektive verleiht der spritzenden Gischt noch mehr Dynamik.
600 mm | f/6.3 | 1/2000 s | ISO 160

Formen im Eis

Benötigte Ausrüstung

- Weitwinkel, Makroobjektiv, Zwischenbrennweite
- Stativ
- ggf. Polfilter und Diffusor

Planung

- Suche dir an einem kalten Wintertag gefrorene Pfützen, Bäche, Flussränder oder Seen.

Umsetzung

Betrachte die Eisstrukturen vor dir ganz genau. Erkennst du vielleicht ein Gesicht oder eine Figur darin? Handelt es sich um sich wiederholende Linien oder Muster? Um diese festzuhalten, bietet es sich an, das Stativ direkt über der Struktur aufzustellen und die Kamera im 90-Grad-Winkel auszurichten. So erhältst du eine direkte Draufsicht. Auch durch andere Perspektiven auf Augenhöhe lassen sich wunderschöne Figuren freistellen. Wenn dann noch die Sonne zum Vorschein kommt, glitzern diese anmutig.

PROFITIPP

Wenn das Licht zu viele Reflexionen auf deine Eisstruktur wirft, kannst du einen Polfilter einsetzen, um sie zu reduzieren. Nötigenfalls kannst du auch mit einem Diffusor etwas abschatten.

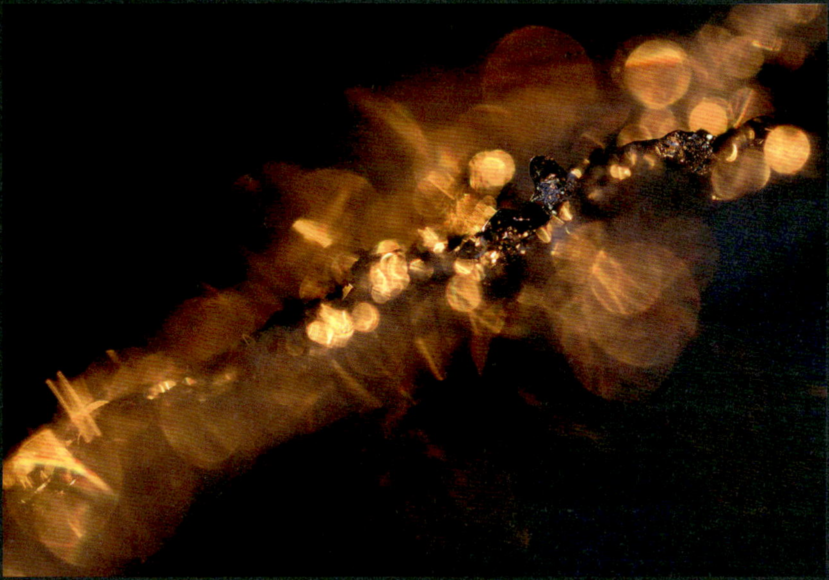

Eine Ente rutscht den Wasserfall hinab! Beim genauen Betrachten von Eisstrukturen kann man seiner Fantasie freien Lauf lassen.
100 mm | f/3.5 | 1/160 s | ISO 250

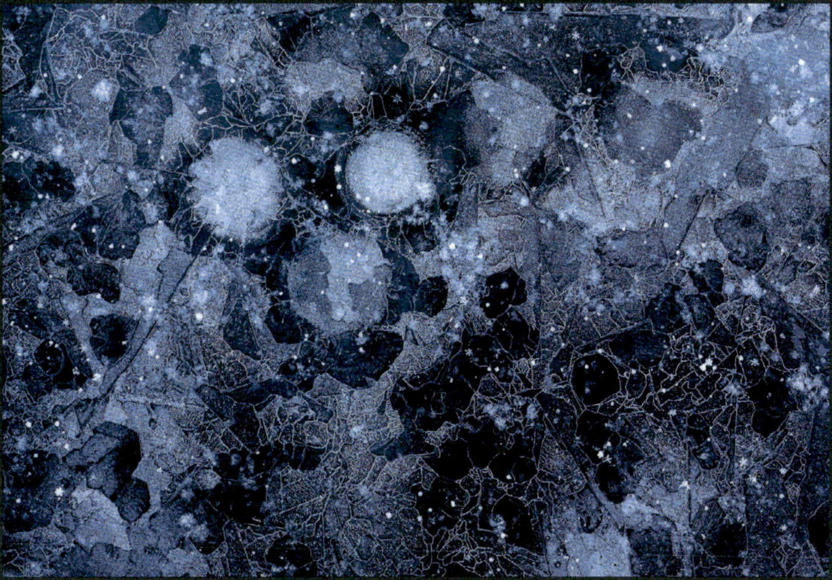

Gefrorene Pfützen bieten oft schöne Strukturen.
Hier lächelt uns ein freundliches Gesicht an.
100 mm | f/13 | 1/10 s | ISO 100

Schneeflocken

Benötigte Ausrüstung

- Makroobjektiv, Lupenobjektiv, Zwischenringe
- Stativ oder Bohnensack
- Taschenlampe

Planung

- Ein kalter Wintertag mit Schneefall ist Voraussetzung.
- Suche nach großen Schneeflocken und einem geeigneten Untergrund.

Umsetzung

Am besten eignet sich für diese Aufnahme eine glatte Oberfläche, auf der die Schneeflocken landen und nicht schmelzen. Stelle die Kamera sicher auf ein Stativ oder auf einen Bohnensack. Suche dir eine geeignete Flocke aus dem Gewirr heraus und fokussiere sie an. Ich habe für die folgenden Fotos mein Autodach gewählt, da man dort auf Augenhöhe arbeitet und schöne Spiegelungen abbilden kann.

PROFITIPP

Da es meistens bewölkt ist, wenn es schneit, kannst du eine Taschenlampe oder eine andere punktuelle Lichtquelle benutzen. Umkreise deine Schneeflocke damit, um die Wirkung des Lichtes zu beobachten. Falls dein Motiv dadurch zu hell wird, belichte etwas unter.

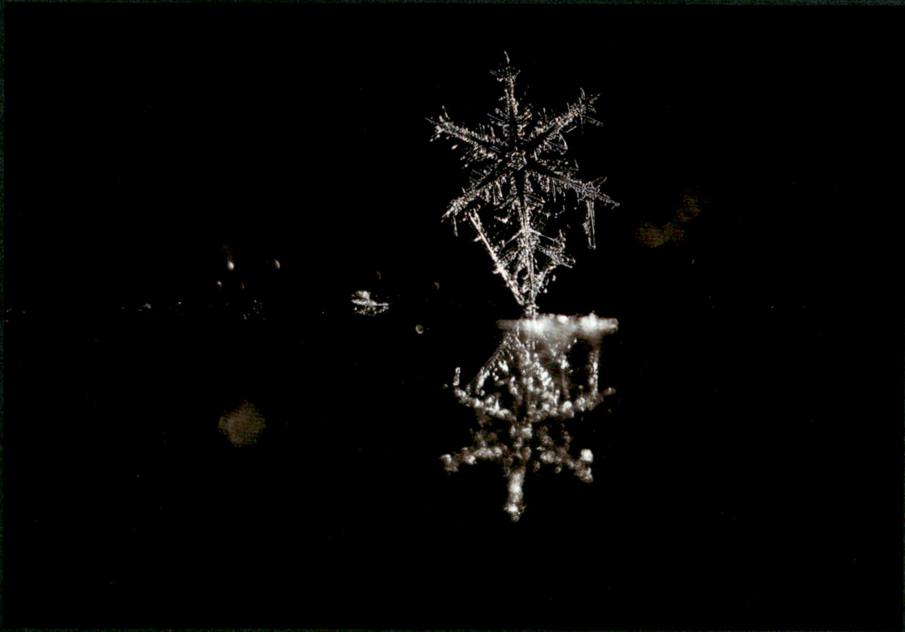

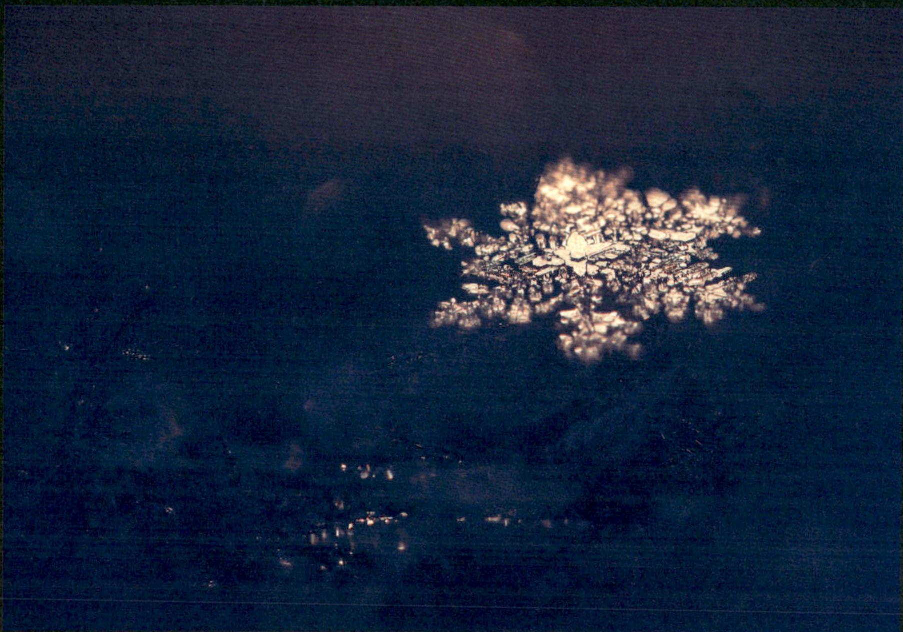

Anmutig und elegant: freigestellte Schneeflocken auf dem Autodach
oben: 100 mm | f/4 | 1/125 s | ISO 800; unten: 100 mm | f/4.5 | 1/620 s | ISO 640

Tautropfen

Benötigte Ausrüstung

- Makroobjektiv, Lupenobjektiv
- ggf. Zwischenringe
- Bohnensack, Stativ

Planung

- Suche morgens bei entsprechend kühlen Nachttemperaturen eine Wiese auf.

Umsetzung

Wenn es morgens im Frühling und Sommer noch kühl ist von der vergangenen Nacht, sind die Wiesen oft bedeckt von Tau. Du musst gar nicht weit in die Wiese laufen; es reicht, wenn du dir am Rand einen Spot suchst und dich zu den Pflanzen auf Augenhöhe begibst.
Hast du schon einmal einen Tautropfen aus der Nähe betrachtet? Es spiegelt sich die gesamte Umgebung darin. Wenn die Sonne scheint, dann wird zusätzlich der Sonnenstrahl reflektiert, und dein Tautropfen erstrahlt geradezu. Tautropfen findest du an Grashalmen, Wiesenblumen, Spinnennetzen oder an Insekten, die noch starr sind von der Morgenkühle.

PROFITIPP

Zum Üben eignen sich künstlich erzeugte Wassertropfen aus einer Sprühflasche, denn nicht immer gibt es morgens Tau.

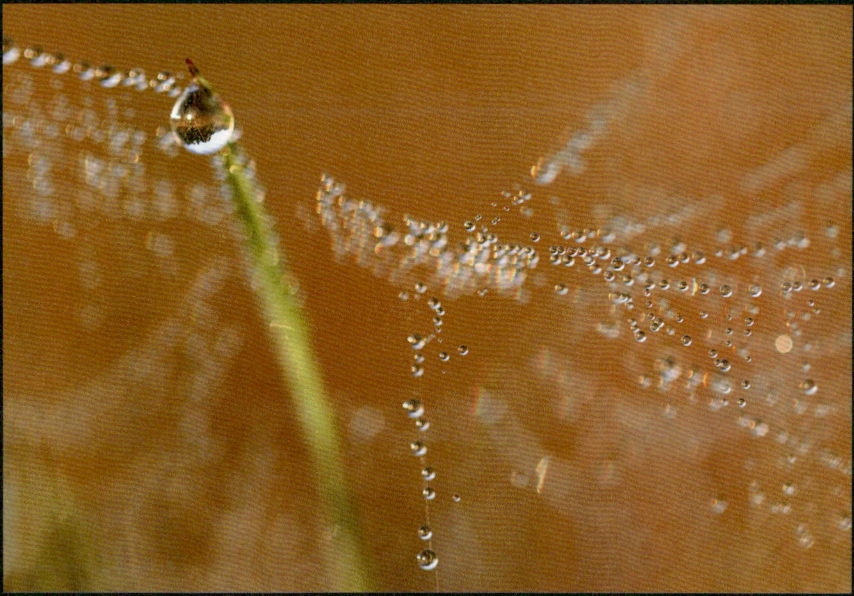

Dieses Spinnennetz bietet am frühen Morgen ein wahres Tautropfen-Feuerwerk.
100 mm | f/3.5 | 1/640 s | ISO 250

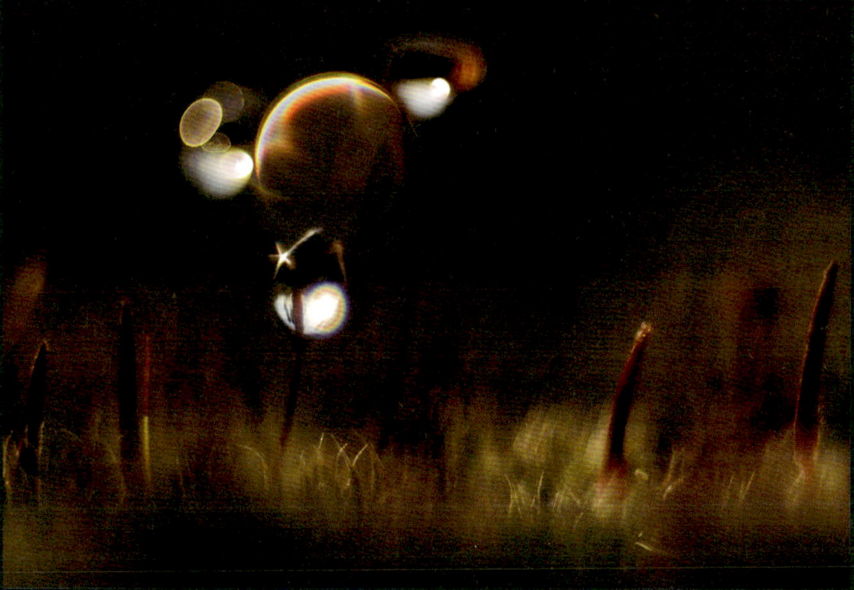

Diese Tautropfen an Moos-Sporophyten wurden mit einem Spezialobjektiv aufgenommen, dem Trioplan Meyer/Görlitz 50 mm 2.8. Zudem wurden Zwischenringe verwendet.
50 mm | f/2.8 | 1/800 s | ISO 100

Waldwischer

Benötigte Ausrüstung

- Weitwinkel- oder leichtes Teleobjektiv

Planung

- Suche dir einen passenden Waldausschnitt mit geraden Baumstämmen, die sich nicht überschneiden.
- Am günstigsten ist ein leichter Anstieg im Gelände für den Abschluss der Bäume.

Umsetzung

Wichtig für einen gelungenen Waldwischer ist der Wischgrad, den du mittels der richtigen Belichtungszeit und deiner Bewegung der Kamera erreichst. Ob du nach unten, nach oben oder leicht schräg wischst, ist ganz deinem Geschmack überlassen. Versuche es am Anfang am besten mit einer leichten, geraden Wischbewegung deiner Kamera nach unten oder oben. Die Stämme werden verwischt dargestellt, und der Wald wird auf die geraden Linien und die Farben reduziert.

PROFITIPP

Am schönsten wirken Waldwischer im Abendlicht, wenn die Baumstämme von der untergehenden Sonne angestrahlt werden. Achte dabei auf deinen Standpunkt, damit du keinen Schatten wirfst. Eine Konvertierung in Schwarz-Weiß kann ebenfalls seinen Reiz haben – der Wald wirkt dann fast gespenstisch.

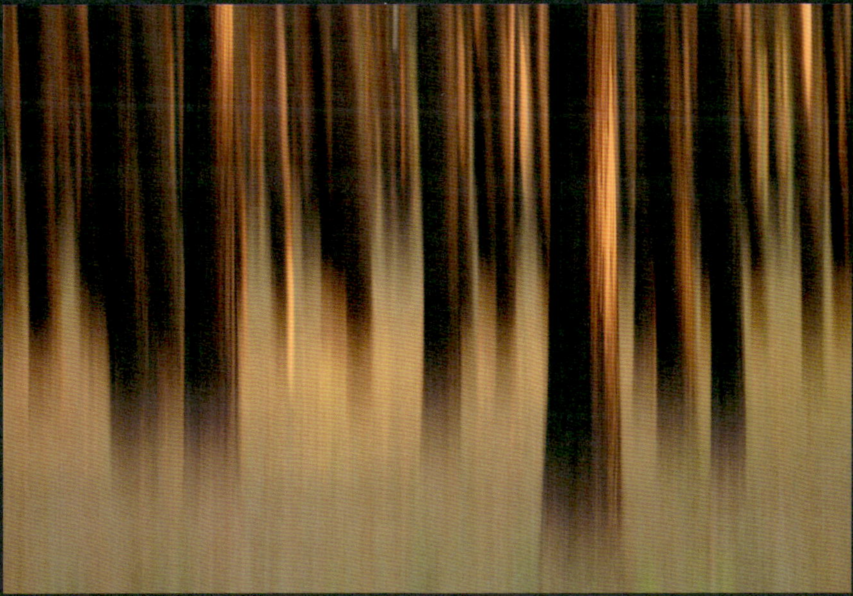

„Gewischte" Bäume im Abendlicht
100 mm | f/4.5 | 1/13 s | ISO 100

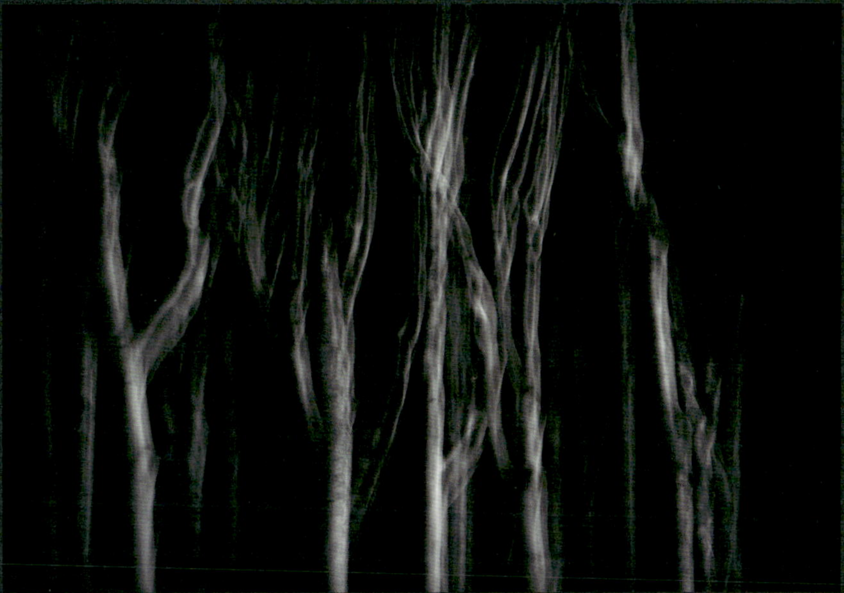

Durch leichtes „Ruckeln" während des Auslösens der Kamera und die Konvertierung in Schwarz-Weiß entsteht ein Geisterwald.
205 mm | f/5 | 1/5 s | ISO 100 | -1.7 EV

Out Of Focus (OOF)

Benötigte Ausrüstung

- Zwischenbrennweite, Teleobjektiv

Planung

- Insekten, Pilze oder Pflanzen eignen sich besonders gut.

Umsetzung

Scharfe Fotos kann jeder schießen. Doch manchmal wird man durch Ausprobieren neuer Techniken positiv überrascht. Der Begriff „Out Of Focus“ wird normalerweise verwendet, wenn der Autofokus nicht gegriffen hat und der Fokus entweder zu weit vorne oder hinten liegt. In diesem Fall handelt es sich jedoch um ein gewolltes Defokussieren. Du erreichst diesen Effekt, indem du den Autofokus deaktivierst und am Fokussierring drehst. Das Motiv wird dann unscharf, aber es gibt verschiedene „Unschärfestufen“. Bei OOF-Aufnahmen ist es wichtig, dass man das Motiv an seiner Kontur noch gut erkennen kann, es also nicht zu verschwommen ist.

PROFITIPP

Ich selbst verwende den Effekt vor allem bei Pflanzen- oder Insektenfotografie, da ich dort mehr Zeit habe, um gestalterische Überlegungen anzustellen und unterschiedliche Ideen auszuprobieren.

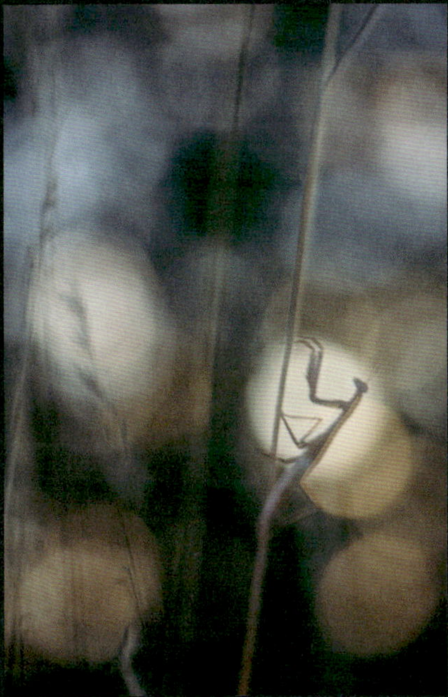

Diese Gottesanbeterin wurde gegen den Himmel durch Gräser hindurch fotografiert.
100 mm | f/3.5 | 1/200 s | ISO 400

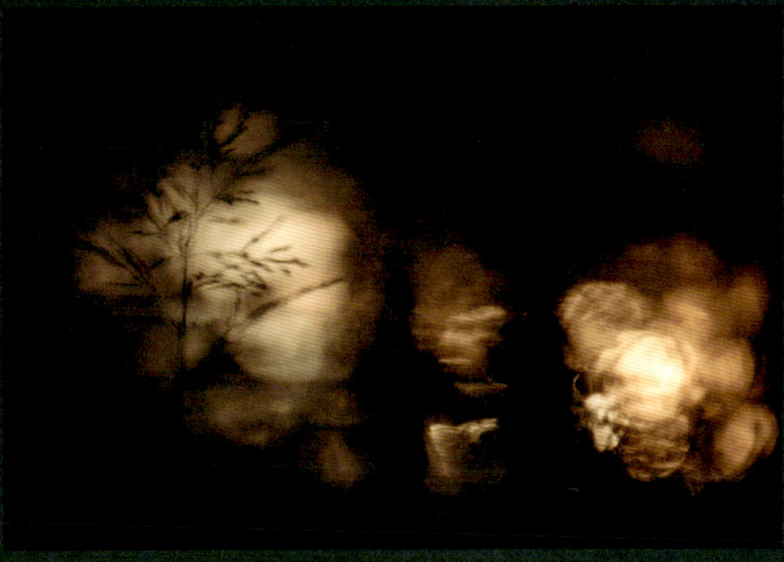

Das Motiv der zarten Gräser wird auf seine Umrisse reduziert,
die noch schemenhaft zu erkennen sind.
483 mm | f/6.3 | 1/400 s | ISO 100

DOS AND DON'TS

Zum Abschluss habe ich dir noch einmal ein paar bildliche Eindrücke zusammengestellt und all das zusammengefasst, was du im Verlauf dieses Buches gelernt hast. So kannst du bei Bedarf immer darauf zurückgreifen und dir in Erinnerung rufen, wie man bestimmte Situationen am besten darstellen und gestalten kann.

Bei den folgenden Gegenüberstellungen siehst du links immer eine Aufnahme, die nicht so gut gelungen ist. Rechts daneben siehst du, wie man es besser machen kann.

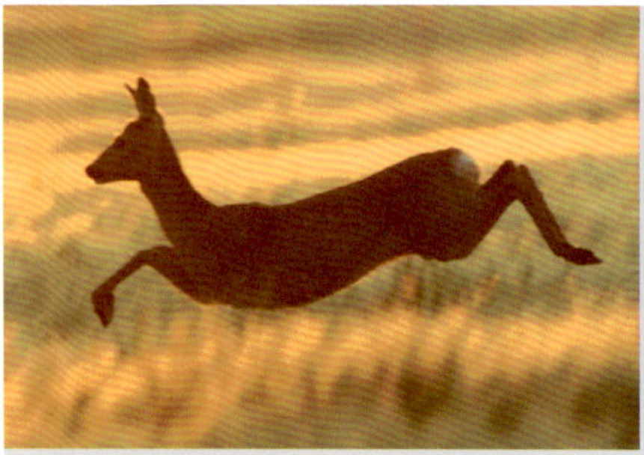

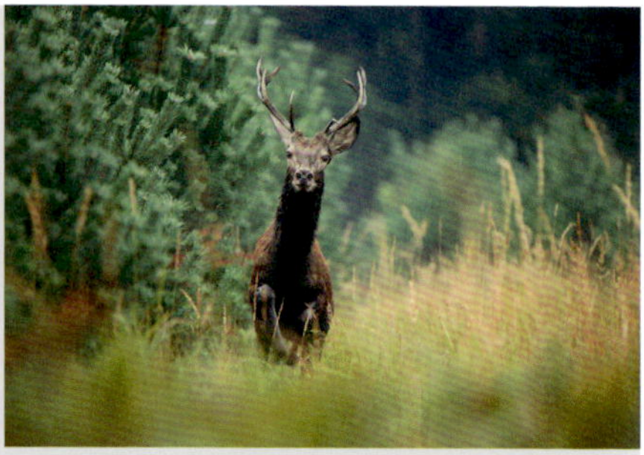

Achte darauf, dass bei Tieraufnahmen stets prägnante Stellen fokussiert sind. Um Unschärfe zu vermeiden, nutze bei bewegten Motiven möglichst kurze Verschlusszeiten.

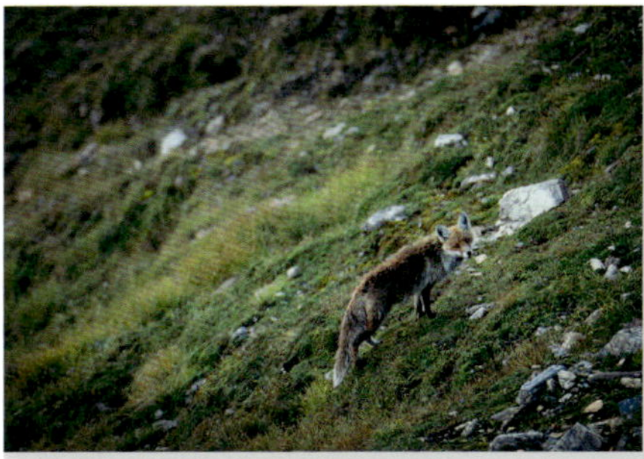
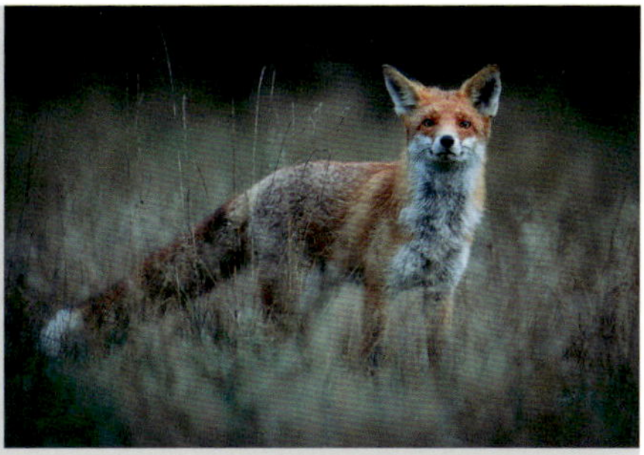

Begib dich auf Augenhöhe, um dem Betrachter das Gefühl zu geben, „mittendrin" zu sein.

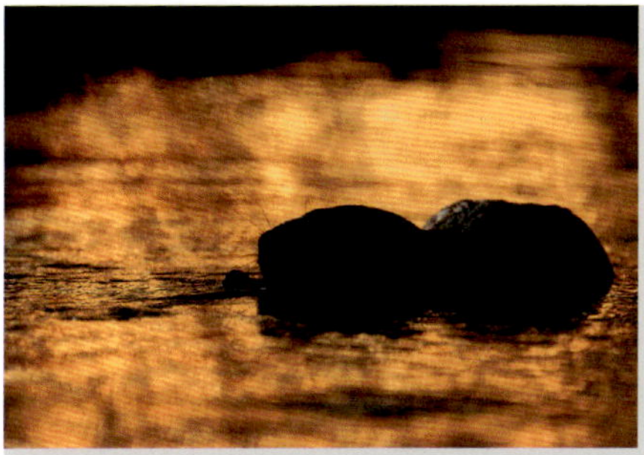
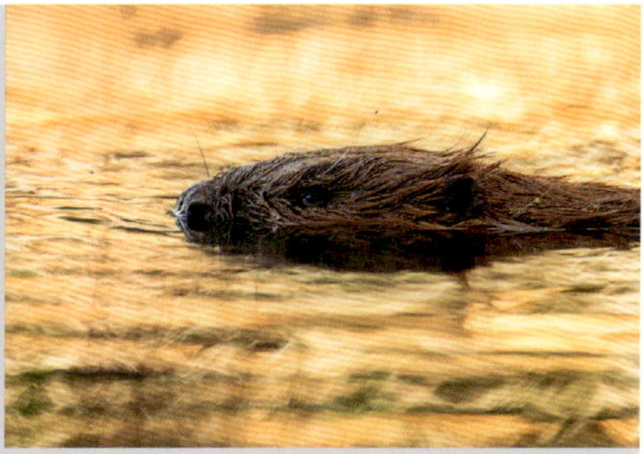

Achte auf eine korrekte Belichtung, da sonst dein Motiv schnell zu dunkel oder zu hell wird. Nutze wenn nötig die Belichtungskorrektur.

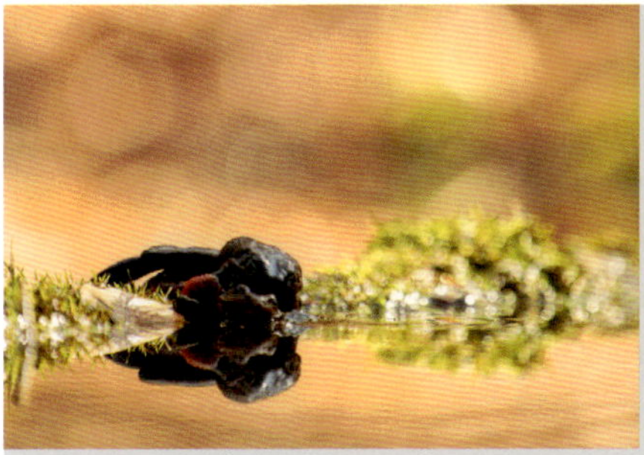
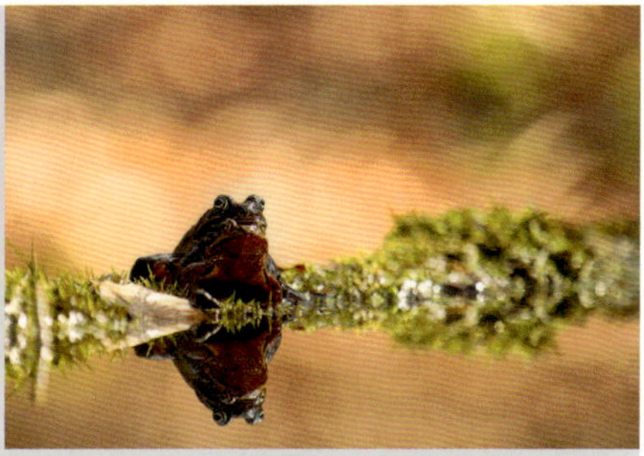

In der Naturfotografie braucht es ein gewisses Maß an Geduld. Leg dich gut getarnt auf die Lauer und nutze bei Bedarf die Serienbildfunktion, um im richtigen Moment auszulösen.

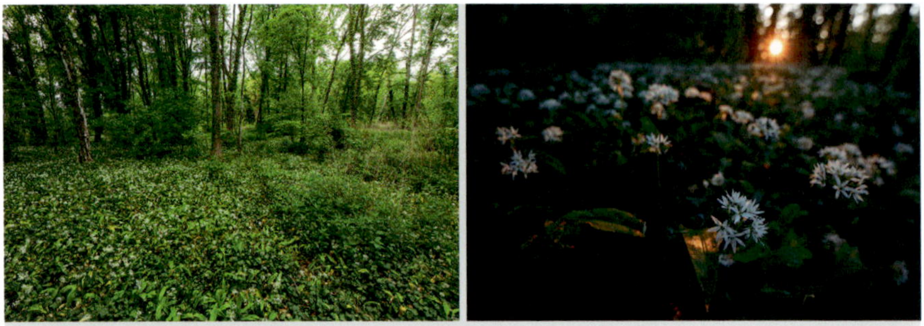

Ein Bild „im Vorbeigehen" kann jeder schießen. Trau dich, wähle spannende Perspektiven und lass deiner Kreativität freien Lauf.

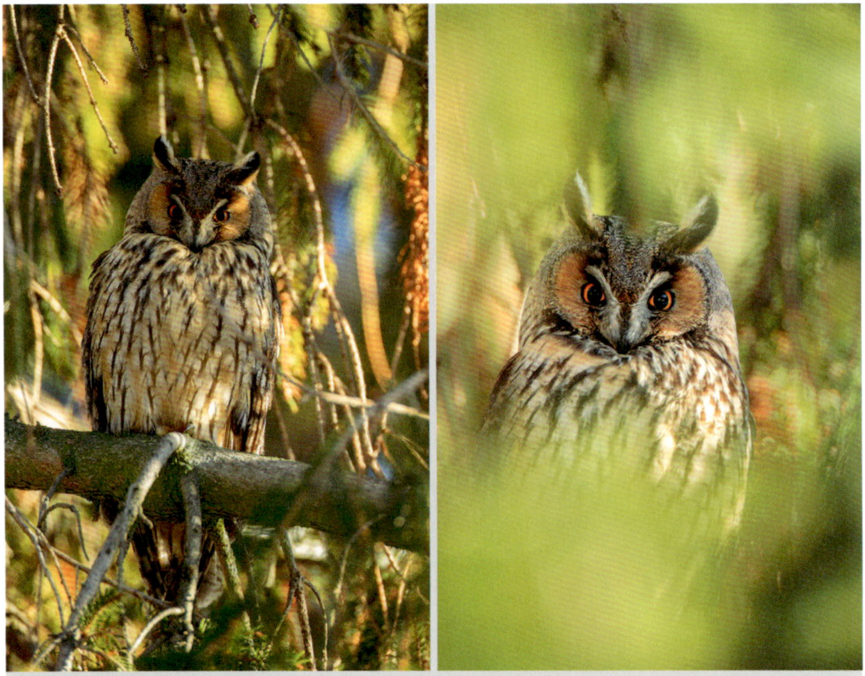

Noch spannender wirkt dein Motiv, wenn du es beispielsweise in einen Rahmen einbettest. Nutze die Umgebung, um deine Aufnahme zu bereichern.

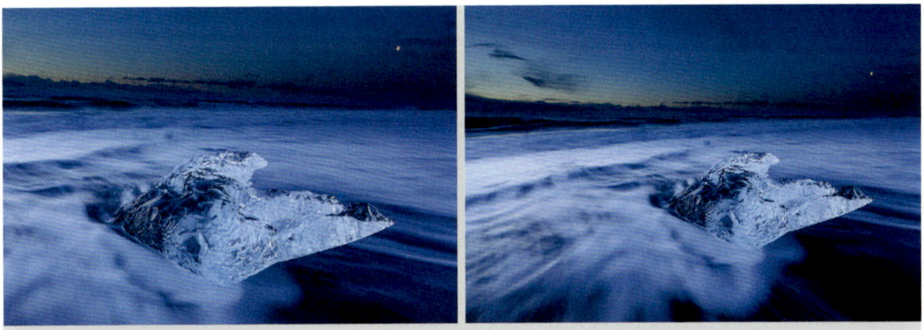

Achte bei der Bildgestaltung auf grundlegende Aspekte wie beispielsweise die Drittelregel oder den Goldenen Schnitt, um dein Motiv passend zu positionieren.

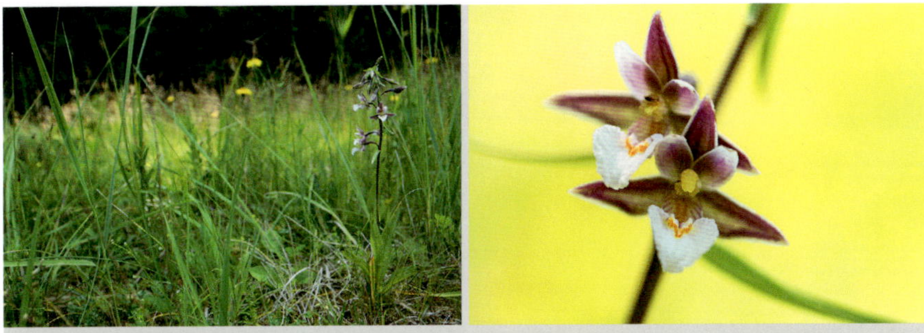

Wenn du den Abbildungsmaßstab veränderst, verändert sich auch die Bildwirkung. Geh auch mal nah an dein Motiv heran und stelle es frei, um es bestmöglich in Szene zu setzen.

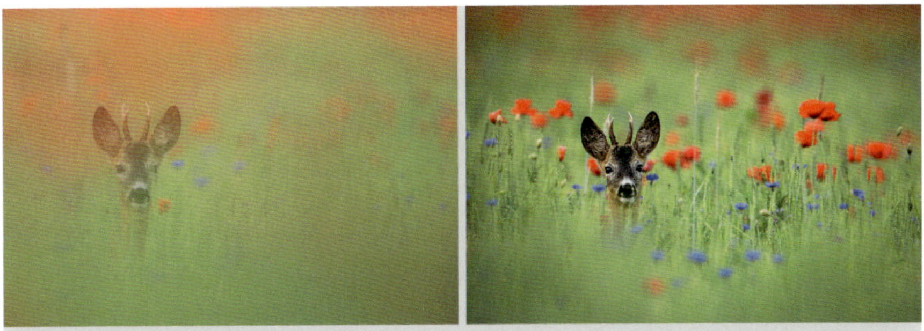

Wichtige Bildteile sollten nicht verdeckt sein, da sonst dein Motiv nicht ganz klar abgebildet wird. Wähle ggf. eine Lücke, um hindurchzufotografieren.

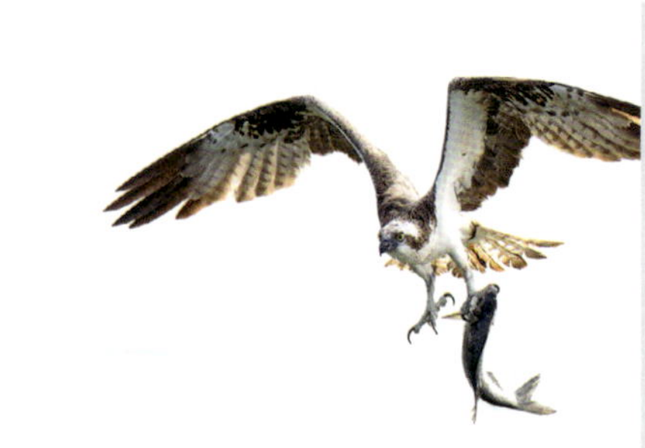
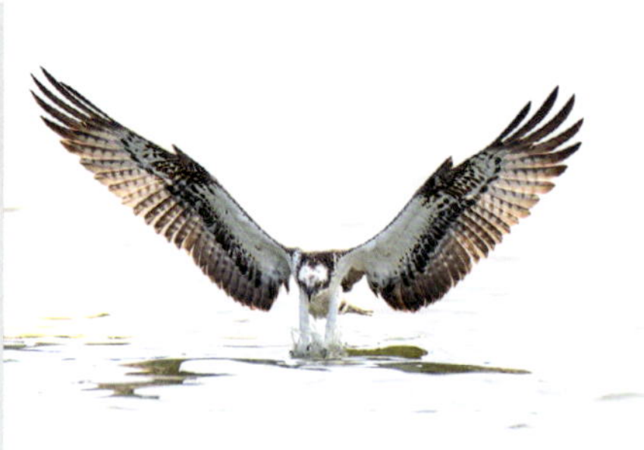

Nichts ist so ärgerlich wie ein ungewollter Anschnitt. Achte bei schnellen Motiven darauf, dein Motiv erst einmal vollständig abzulichten; den Bildausschnitt kannst du im Nachhinein noch verändern. Nutze zudem die Serienbildfunktion.

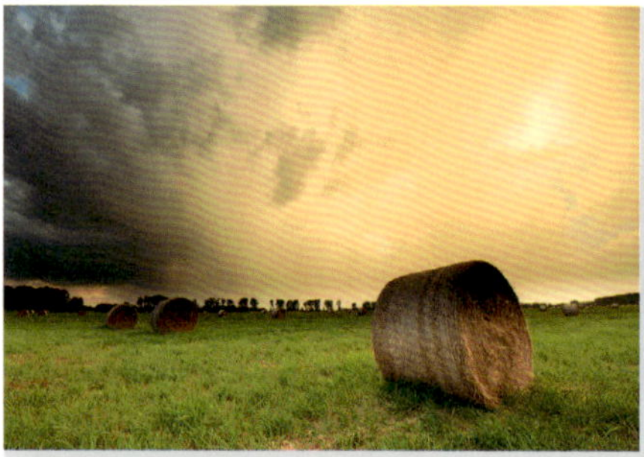
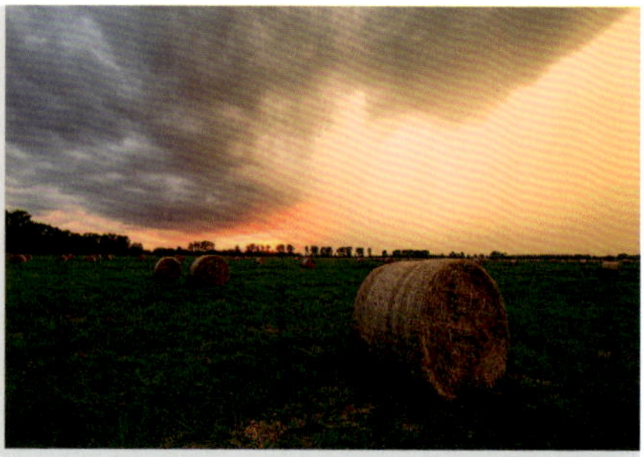

Achte beim Filtereinsatz auf einen korrekten Sitz des Filters zur Horizontlinie und darauf, dass der Filter der richtige für die jeweilige Situation ist. Gerade bei Verlaufsfiltern ist das enorm wichtig.

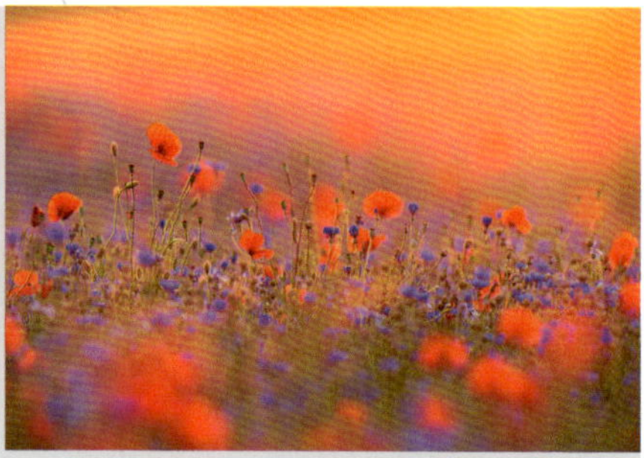

Achte auf die passende Lichtstimmung und verändere deine Position zum Motiv, um das optimale Ergebnis zu erhalten, denn das Licht ändert sich im Minutentakt.

EXKURS: PROJEKTFOTOGRAFIE

Ab einem gewissen Zeitpunkt wirst du dich vielleicht für Projektfotografie interessieren. Das bedeutet, dass du dich in eine Materie vertiefst und dich mit einer Tier- oder Pflanzenart besonders intensiv und über einen längeren Zeitraum hinweg beschäftigst. Man lernt dabei viel über die Art dazu und kann später auf einen großen Fundus an unterschiedlichen Aufnahmen zurückgreifen.

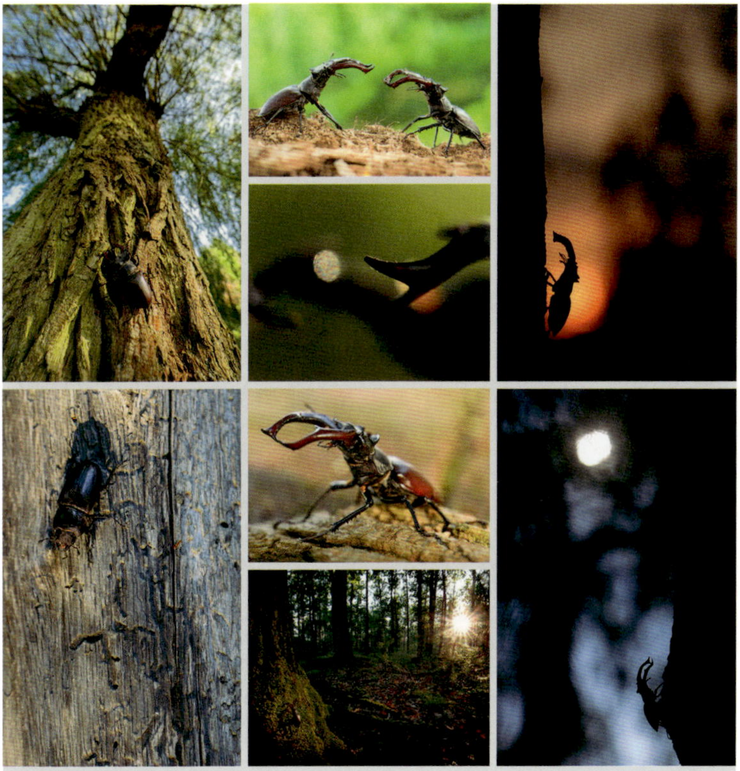

Projektfotografie zum Thema Hirschkäfer

DANKSAGUNG

Wow, es ist geschafft!

Mein erstes Buch ist entstanden – das hätte ich bei meinem chronischen Zeitmangel im Alltag nicht für möglich gehalten. Tatsächlich bescherte mir ein Unfall Anfang des Jahres unerwartete Freizeit, die ich sonst nicht gehabt hätte. So hatte das gerissene Kreuzband wenigstens einen positiven Aspekt.

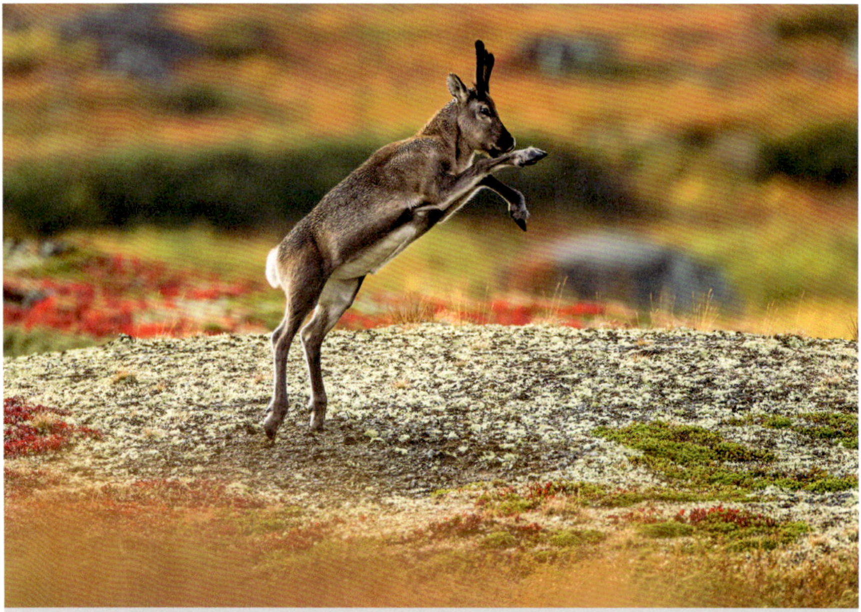

Genieße die Natur wann immer du kannst!

Ich hoffe, ich konnte dir einen kleinen Einblick in alle Sparten der Fotografie geben, dir beim Verständnis deiner Kameraausrüstung helfen und dir Anregungen liefern, um draußen in der Natur nach

Motiven Ausschau zu halten und diese auf deine Speicherkarte zu bannen. Wichtig ist, dass du den Spaß an der Sache nicht verlierst und das Ganze nicht zu verbissen siehst. Gelingt dir mal ein Foto nicht, dann probiere es einfach wieder aus. Beim nächsten Mal klappt es bestimmt schon viel besser.

Mein Dank gilt vor allem meinen Eltern, die mich immer bei meiner „Fotosucht" unterstützt haben. Ein Jahr nach meinen Anfängen haben sie sich sogar ebenfalls eine Kamera geschnappt und losgelegt. Zusammen haben wir viele schöne Abenteuer in der Natur erlebt und die eine oder andere Geschichte mit nach Hause gebracht. Auch mein Freund, meine Freunde und meine lieben Kollegen unterstützen mich bei meiner Fotografie und erfreuen sich vor allem an den Fotos der tierischen Begegnungen.

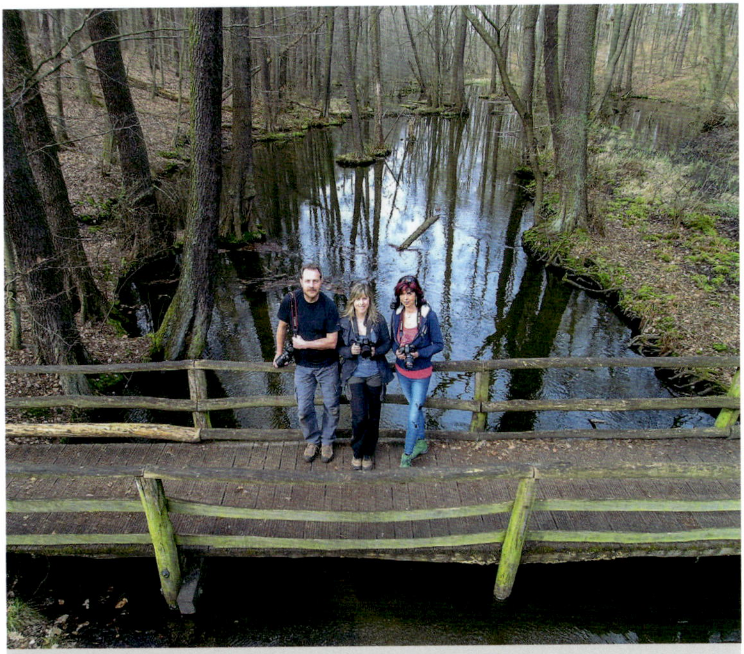

Gemeinsam in der Natur unterwegs

Man lernt außerdem durch das gemeinsame Hobby unglaublich viele tolle Menschen kennen. Oft wird man einfach angesprochen, wenn man mit der Kamera in der Gegend herumsitzt oder durch den Wald pirscht. Man kommt ins Gespräch, der andere hat auch eine Kamera ... Und siehe da, man kennt sich sogar über ein paar Foren oder hat schon einmal die Fotos des jeweils anderen bewundert. So habe ich Freunde gewonnen, die mir viel bedeuten, obwohl ich sie selten sehe und sie weit entfernt wohnen. Im Herzen ticken wir Fotografen eben alle ähnlich.

Durch die Fotografie bin ich zudem zur Kitzrettung gekommen, da ich bei einer morgendlichen Fototour mehrere vermähte (durch Mäh- und andere Landmaschinen getötete) Rehkitze auf einer Wiese entdeckt hatte. Mittlerweile haben wir den Verein „Kitzrettung OPR e. V.“ gegründet, der bereits vielen Kitzen und einigen anderen Tieren das Leben in der Zeit der Wiesenmahd retten konnte.

Dankbar bin ich vor allem für das Privileg, so viel Zeit in der Natur verbringen und mich für ihren Schutz engagieren zu können. Es ist so wichtig, dass wir versuchen, das zu erhalten, was wir noch von ihr haben. Ich hoffe, dass ich mit meinen Fotos dazu beitragen kann und den einen oder anderen dazu motiviert habe, sich mehr mit unserer Umwelt zu beschäftigen.

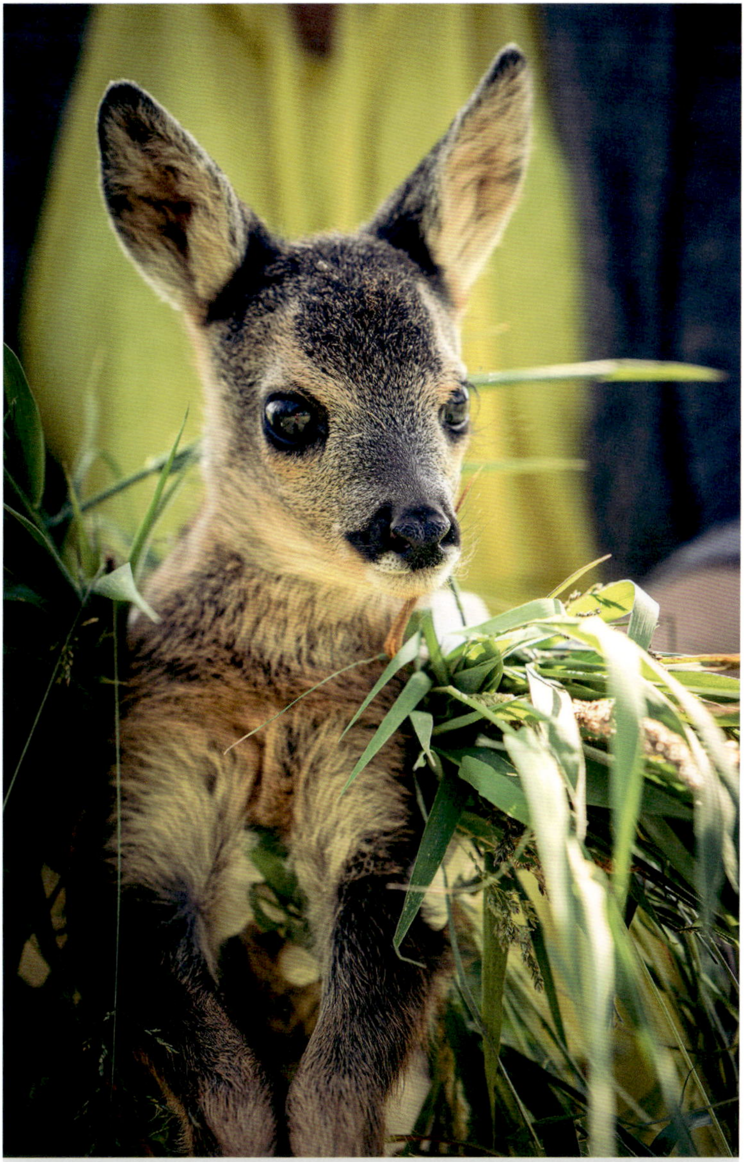

Die Natur erhalten und Kraft aus ihr schöpfen!

REGISTER

Bibliografische Information der Deutschen Nationalbibliothek
Die Deutsche Nationalbibliothek verzeichnet diese Publikation in der deutschen Nationalbibliografie; detaillierte bibliografische Daten sind im Internet über https://dnb.de abrufbar.

ISBN 978-3-8426-5571-3 (Print)
ISBN 978-3-8426-5572-0 (PDF)
ISBN 978-3-8426-5573-7 (EPUB)

Originalausgabe

Die Ratgebermarke der Schlütersche Fachmedien GmbH
Hans-Böckler-Allee 7, 30173 Hannover
www.humboldt.de
www.schluetersche.de

Lektorat: Meike Key, KeyTextwork, Cestas
Covergestaltung: ZERO, München
Covermotive: Sarah Böhm, shutterstock.com – pannat
Satz: PER MEDIEN & MARKETING GmbH, Braunschweig
Druck und Bindung: gutenberg beuys feindruckerei GmbH, Langenhagen